Ekkehard Kaier
Edwin Rudolfs

**Turbo C-Wegweiser
Grundkurs**

Mikrocomputer sind Vielzweck-Computer (General Purpose Computer) mit vielfältigen Anwendungsmöglichkeiten wie Textverarbeitung, Datei/Datenbank, Tabellenverarbeitung, Grafik und Musik. Gerade für den Anfänger ist diese Vielfalt häufig verwirrend. Hier bieten die Wegweiser-Bücher eine klare und leicht verständliche Orientierungshilfe.

Jedes Wegweiser-Buch wendet sich an Benutzer eines bestimmten Mikrocomputers bzw. Programmiersystems mit dem Ziel, Wege zu den grundlegenden Anwendungsmöglichkeiten und damit zum erfolgreichen Einsatz des jeweiligen Computers zu weisen.

Bereits erschienen:

BASIC-Wegweiser
- für den Apple II e/c
- für den IBM Personal Computer und Kompatible
- für den Commodore 64
- für den Commodore 16, 116 und plus/4
- für den Commodore 128
- für Commodore Amiga
- für MSX-Computer
- für Schneider CPC

MBASIC-Wegweiser
- für Mikrocomputer unter CP/M und MS-DOS

Turbo- Basic-Wegweiser
- Grundkurs

Turbo C-Wegweiser
- Grundkurs

Turbo Pascal-Wegweiser
- Grundkurs
- Aufbaukurs
- Übungen zum Grundkurs

Festplatten-Wegweiser
- für IBM PC und Kompatible unter MS-DOS

In Vorbereitung:
- BASIC-Wegweiser für den Atari ST
- Microsoft C-Wegweiser
- dBASE-Wegweiser

Zu allen Wegweisern sind die entsprechenden Disketten lieferbar.

(Bestellkarten jeweils beigeheftet)

Ekkehard Kaier
Edwin Rudolfs

Turbo C-Wegweiser
Grundkurs

Mit 174 Programmen, 113 Abbildungen
20 Struktogrammen und 65 Aufgaben

Friedr. Vieweg & Sohn   Braunschweig / Wiesbaden

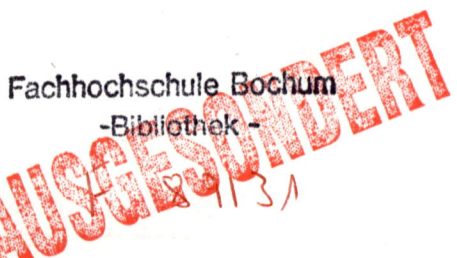
Das in diesem Buch enthaltene Programm-Material ist mit keiner Verpflichtung oder Garantie irgendeiner Art verbunden. Die Autoren und der Verlag übernehmen infolgedessen keine Verantwortung und werden keine daraus folgende oder sonstige Haftung übernehmen, die auf irgendeine Art aus der Benutzung dieses Programm-Materials oder Teilen davon entsteht.

Der Verlag Vieweg ist ein Unternehmen der Verlagsgruppe Bertelsmann.

Umschlaggestaltung: Peter Lenz, Wiesbaden
Druck und buchbinderische Verarbeitung: Lengericher Handelsdruckerei, Lengerich
Printed in Germany

ISBN 3-528-04607-4

Vorwort

Das vorliegende Wegweiser-Buch führt den Leser zum erfolgreichen Einsatz von Turbo C und ist in die drei Abschnitte *Grundlagen*, *Turbo C* und *Programmierkurs mit Turbo C* gegliedert.

Abschnitt "I Grundlagen": Das Wegweiser-Buch vermittelt aktuelles Grundlagenwissen zur Programmentwicklung allgemein:
- Was sind Datentypen und Datenstrukturen?
- Welche Programmstrukturen unterscheidet die Informatik?
- Wie lassen sich Daten- und Programmstrukturen als Software-Bausteine anordnen?
- Was versteht man unter der Datei als Datenstruktur?

Nach der Lektüre dieses Abschnitts sind Sie in der Lage, die Programmiersprache Turbo C in den Gesamtrahmen der "Datenverarbeitung bzw. Informatik" einzuordnen.

Abschnitt "II Turbo C": Das Wegweiser-Buch gibt einen detaillierten Überblick zu Bedienung und Definitionen von Turbo C als Programmentwicklungssystem:
- Wie installiert man das Turbo C-System?
- Wie erstellt man das erste Programm in Turbo C?
- Wie bedient man den Editor und den Compiler?
- Welche Befehle werden zur Softwareentwicklung bereitgestellt?
- Welche Datentypen, Operatoren und Funktionen stellt das Entwicklungssystem zur Verfügung?

Nach der Lektüre dieses Abschnitts können Sie das Turbo C-System bedienen sowie einfache Programme editieren, speichern, übersetzen und ausführen lassen.

Abschnitt "III Programmierkurs mit Turbo C - Grundkurs": Hier wird ein kompletter Programmierkurs mit den folgenden Problemkreisen angeboten:
- Programme zu den einfachen Datentypen.
- Programme zu den wichtigen Ablaufstrukturen (Folge-, Auswahl, Wiederholungs- und Unterprogrammstrukturen).
- Strukturiertes Programmieren (Funktionen, Lokalisierung von Bezeichnern, Parameterübergabe).
- Textverarbeitung mit Strings als strukturiertem Datentyp.
- Tabellenverarbeitung mit Arrays als strukturiertem Datentyp.
- Dateiverarbeitung sequentiell und im Direktzugriff.

Zahlreiche Aufgaben dienen dem Einüben, Kontrollieren und Anwenden.
Am Buchende sind die Lösungen zu allen Aufgaben komplett wiedergege-
ben. Nach der Lektüre dieses Abschnitts können Sie die grundlegenden
Sprachmöglichkeiten von Turbo C zur Lösung Ihrer Probleme nutzen.

Ergänzung zum Handbuch: Das Wegweiser-Buch kann das Turbo C-
Handbuch keineswegs ersetzen, sondern ergänzen:
- Im Handbuch werden die Befehle und Sprachmittel von Turbo C
  "lexikonähnlich" dargestellt.
- Das Wegweiser-Buch hingegen kommt in seinem didaktischen
  Aufbau mehr dem assoziativen Denken des menschlichen Gehirns
  entgegen, das sich lieber an Zusammenhänge und Problemkreise
  erinnert als an "lexikonähnlich" dargestellte Befehle.

Wegweiser-Buch für Schulungskurse, Aus- und Weiterbildung:
- Zu allen Programmbeispielen werden das C-Listing und die Aus-
  führung wiedergegeben und ausführlich kommentiert.
- Aufgaben mit Lösungen zum Einüben und Kontrollieren.
- Das Buch orientiert sich an der bewährten Gliederungsfolge der
  Informatik: Die grundlegende Programmstrukturen (Folge, Aus-
  wahl, Wiederholung und Unterprogramm) werden zunächst auf
  einfache Datentypen (Zahl, String als Einheit bzw. Einzelzeichen)
  angewendet, um sie dann zur Verarbeitung der Datenstrukturen
  Array, String, Struct (Verbund) und Datei zu nutzen.
- Theorie in Abschnitt I: Die Grundlagen der Softwareentwicklung
  werden system- und sprachenunabhängig dargestellt.
- Systembedienung und Referenz in Abschnitt II: Die Sprachmittel
  von Turbo C werden anschaulich dargestellt.
- Programmierkurs in Abschnitt III: Das Buch bietet einen komplet-
  ten Grundkurs zum Entwickeln und Testen der elementaren Algorithmen in der Programmiersprache Turbo C.

Vergleich von Programmiersprachen: Zahlreiche Abläufe des Turbo C -
Wegweisers finden sich auch in verschiedenen anderen Wegweiser-Bü-
chern. Damit eröffnet sich ein interessanter und lehrreicher Vergleich auf
der Ebene von Betriebssystem, Programmierumgebung wie Programmiersprache.

Vorgehensweise: Die Abschnitte 2.1, 2.2 und 3 bis 6 des Wegweiser-Buches bauen aufeinander auf und sollten in dieser Abfolge gelesen werden. Die Abschnitte 1, 2.3 und 2.4 hingegen können parallel dazu bearbeitet werden.

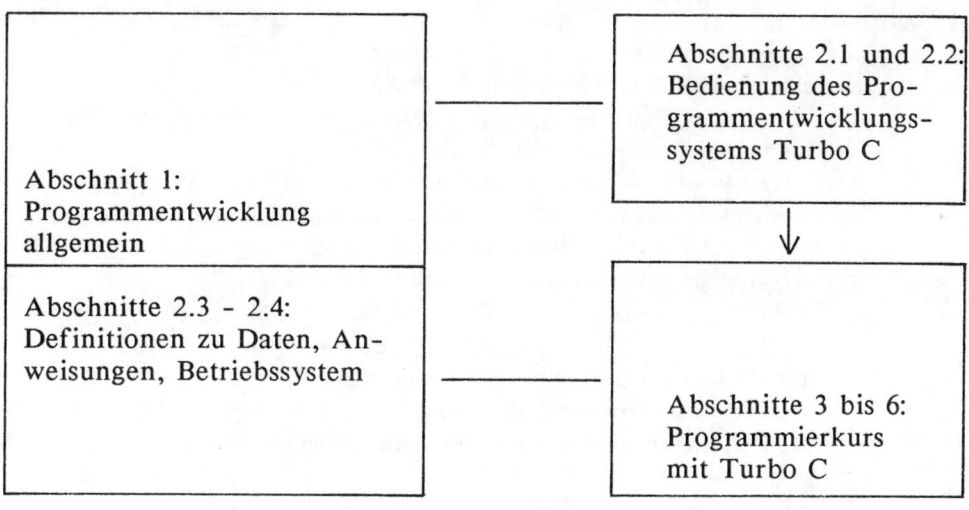

Für eilige und schnelle Turbo C-Anwender: Das Wegweiser-Buch läßt sich auch als Nachschlagewerk benutzen. Aus diesem Grunde wurden das Inhalts-, Befehls- und Sachwortverzeichnis sehr detailliert aufgegliedert.

Heidelberg, im März 1988   Dr. Ekkehard Kaier
                                                            Edwin Rudolfs

Inhaltsverzeichnis

I Grundlagen

1
Entwicklung von Software allgemein

I Grundlagen

1

Entwicklung von Software allgemein

Computer = Hardware + Software + Firmware: Jeder Computer besteht aus *Hardware* (harter Ware), aus *Software* (weicher Ware) und aus *Firmware* (fester Ware). Dies gilt für Personalcomputer wie für Großcomputer.

Hardware: Die *Hardware* umfaßt alles das, was man anfassen kann: Geräte einerseits und Datenträger andererseits. Das wichtigste Gerät ist die Zentraleinheit bzw. CPU (für Central Processing Unit), mit der periphere Einheiten als Randeinheiten verbunden sind; so z.B. eine Tastatur zur Eingabe der Daten von Hand, ein Drucker zur Ausgabe der Resultate schwarz auf weiß und eine Disketteneinheit zur langfristigen Speicherung der Daten auf einer Diskette als Datenträger außerhalb der CPU.

Software: Im Gegensatz zur Hardware läßt sich die Software als zweite Computerkomponente nicht anfassen. Software bedeutet soviel wie Information; sie umfaßt die Daten und auch die Programme als Vorschriften zur Verarbeitung dieser Daten. Ist die Hardware als festverdrahtete Elektronik des Computers fest und vom Benutzer nicht (ohne weiteres) änderbar, dann gilt für die Software genau das Gegenteil: Jeder Benutzer kann Programm wie Daten verändern, austauschen, ergänzen und auch zerstören.

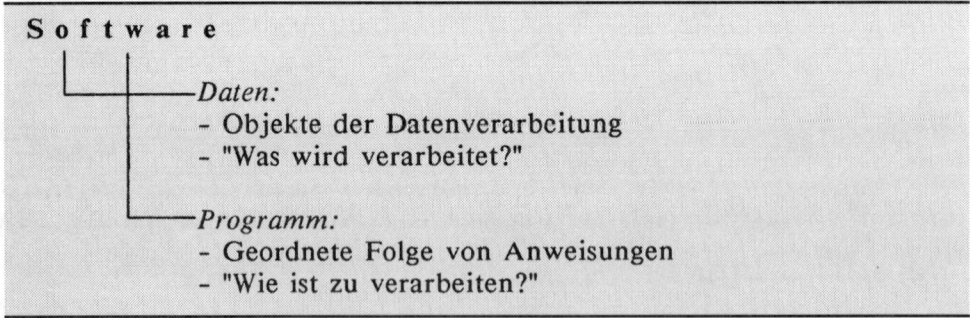

Information = Software = Daten + Programm

Firmware: Die *Firmware* als dritte Komponente des Computers kann man der Hardware oder der Software zuordnen. Sie ist deshalb "wie ein Zwitter "halb Hardware und halb Software". So ist z.B. das Rechenprogramm jedes Taschenrechners in einem speziellen Speicher ROM (Read Only Memory als Nur-Lese-Speicher) enthalten. Der Benutzer kann dieses Programm zwar laufen lassen, Information entnehmen und lesen (read), nicht jedoch Information abändern. Für den Benutzer ist es wie Hardware fest. Für den Hersteller des ROMs hingegen stellt es sich wie Software veränderbar dar, da er den Speicher ROM ja programmieren kann und muß.

Drei Komponenten des Computers: Die Hardware (fest verdrahtete Elektronik), die Software (frei änderbare Daten und Programme) und die

Firmware (hart für den Benutzer und weich für den Hersteller) stellen die drei grundlegenden Komponenten jedes Computers dar. Darüberhinaus gibt es weitere ....ware: so die *Orgware* (Organisation von Aufbau und Ablauf), die *Menware* (Personen), die *Brainware* (geistige Leistungen) und die *Teachware* (Lehren und Lernen).

Im folgenden wird auf die Software mit ihren beiden Komponenten Daten und Programme eingegangen.

1.1.1 Begriffsbildungen für Daten

In der Abbildung werden für Daten sieben Begriffspaare unterschieden.

1) Stammdaten bleiben normalerweise über einen längeren Zeitraum hinweg konstant (z.B. Artikelstammdaten, Kundenstammdaten, Personalstammdaten), **Änderungsdaten** hingegen dienen der Anpassung von Stammdaten.

2) Bestandsdaten: Im Gegensatz zu Stammdaten erfahren Bestandsdaten oftmalige Änderungen, die durch **Bewegungsdaten** vorgenommen werden (Zugang für "+" und Abgang für "-"); letztere werden kurz auch als Bewegungen bezeichnet. Die Lagerbestandsfortschreibung nach der Formel "Anfangsbestand + Zugänge - Abgänge ergibt Endbestand" gehört in diese Datenkategorie.

3) Ordnungsdaten legen eine Speicherungs-, Sortier- bzw. Verarbeitungsfolge fest, **Mengendaten** hingegen eine Anzahl (Stück, Größe, Gewicht, Preis).

4) Numerische Daten und Textdaten: Mit numerischen Daten bzw. Zahlendaten rechnet jeder Computer, nicht jedoch mit Textdaten. Letztere umfassen beliebige Zeichen, die stets zwischen Gänsefüßchen (z.B. in Basic, dBASE und C) oder Hochkommata (z.B. in Pascal und wiederum auch dBASE) stehen. Sie werden auch als alphanumerische Daten, als Zeichenkettendaten oder als Strings bezeichnet.

5) Unformatierte Daten weisen keine einheitliche Form auf. In der kommerziellen Datenverarbeitung jedoch überwiegen **formatierte** Daten: Auf einem Rechnungsformular stehen z.B. die Dezimalpunkte der DM-Beträge untereinander jeweils auf zwei Nachkommastellen gerundet.

6) Einfachen Datentypen und strukturierte Datentypen (Datenstrukturen): *Einfache Datentypen* bestehen aus jeweils nur einem einzigen Datum, so aus einer Ganzzahl (INTEGER), aus einer Dezimalzahl (REAL) oder aus einem Textwort (STRING).

Datenstrukturen als strukturierte Datentypen hingegen umfassen jeweils mehrere Daten, die unterschiedlich z.B. als Feld (ARRAY), Menge (SET), Verbund (RECORD) oder Datei (FILE) angeordnet sein können. In Abschnitt 1.5 werden die Datentypen im Zusammenhang mit der Datei erklärt.

7) Datei, Datenbank: Einzeldaten und kleinere Datenbestände lassen sich innerhalb eines Programmes speichern, so z.B. der Rabattsatz in einem Rechnungsschreibungsprogramm. Die umfangreichen zu verarbeitenden Datenbestände werden getrennt vom Programm als *Datei* auf Externspeichern wie Platte und Band untergebracht. Mehrere Dateien lassen sich zu einer *Datenbank* verknüpfen.

---

1) Stammdaten (1019 als Kundennummer)
   oder
   Änderungsdaten (1019007 als neue Kundennummer mit PLZ=7)

2) Bestandsdaten (256 als Lagermenge)
   oder
   Bewegungsdaten (70 Stück als Lagerbestandszugang)

3) Ordnungsdaten (6 für die Artikelfarbe "gelb")
   oder
   Mengendaten (8 kg als Bestellmenge)

4) Numerische Daten (Zahl 10950.25 als Rechnungspreis)
   oder
   Text- bzw. Stringdaten ("Francs" als Währungsbezeichnung)

5) Unformatierte Daten (z.B. ein Brief)
   der
   Formatierte Daten (z.B. Rechnungsformular)

6) Einfache Datentypen (z.B. 50 als eine Mengenangabe)
   oder
   Strukturierte Datentypen (z.B. drei Mengen 50 24 98)

7) Im Programm gespeicherte Daten (z.B. 6% in Variable R)
   oder
   getrennt vom Programm gespeicherte Daten (z.B. Kundendatei)

Sieben grundlegende Begriffspaare für Daten

1.1.2 Begriffsbildungen für Programme

1.1.2.1 Anwenderprogramme und Systemprogramme

Man unterscheidet *Anwenderprogramme* und *Systemprogramme*. Dazwischen sind die Software-Werkzeuge bzw. *Tools* einzuordnen.

A n w e n d e r p r o g r a m m e :
- Vom Anwender selbst erstellt (z.B. Rechnungsschreibung)
- Von Softwarehaus fremd bezogen (z.B. Standardpaket)

W e r k z e u g e   (T o o l s) :
- Dateiverwaltung (z.B. dBASE)
- Textverarbeitung (z.B. Word)
- Tabellenkalkulation (z.B. Multiplan)
- Grafik (z.B. Chart)
- Kommunikation

S y s t e m p r o g r a m m e :
- Steuerprogramm (z.B. COMMAND.COM von MS-DOS)
- Dienstprogramm (z.B. Utility zum Sortieren von Dateien)
- Übersetzerprogramm (z.B. C-Compiler)

Anwenderprogramme (Problem), Systemprogramme (Computer)
und Tools (dazwischen)

Anwenderprogramme lösen die konkreten Probleme des jeweiligen Anwenders und werden auch Benutzer- bzw. *Arbeitsprogramme* genannt oder unter der Bezeichnung Anwender-Software zusammengefaßt. Anwenderprogramme können vom Anwender selbst erstellt und programmiert oder fremd von einer Softwarefirma bezogen sein. Zwischen diesen beiden Extremen gibt es zahlreiche Abstufungen: so z.B. die individuelle Anpassung standardisierter Anwender-Software.

Systemprogramme sind das Gegenstück zu den Anwenderprogrammen; ihre Gesamtheit wird als **Betriebssystem** bezeichnet. Ein Betriebssystem gewährleistet den geordneten Betrieb des jeweiligen DV-Systems. Ganz allgemein wird das Betriebssystem oft als *OS (Operating System)* und als *DOS (Disk Operating System, da plattenorientiert)* bezeichnet. Jedes Betriebssystem umfaßt drei Arten von Systemprogrammen: Steuer-, Dienst- und Übersetzerprogramme.

- *Steuerprogramme* steuern das Zusammenwirken der Peripherie mit der CPU und die Ausführung eines Programms.

- *Dienstprogramme bzw. Utilities* sind zwar nicht unbedingt notwendig, werden aber als unerläßlicher Komfort zum einfachen und
  benutzerfreundlichen Betrieb des Computers angesehen (ein Programm zur Herstellung einer Diskettenkopie gehört eben einfach
  "dazu"). Steuer- und *Dienstprogramme* bilden oft eine Einheit: Ein
  Editor z.B. dient zumeist nicht nur dem Eintippen und Bearbeiten
  von Programmtext über einen Bildschirm, dem sogenannten Editieren also, sondern ebenso dem Abspeichern dieser Texteingabe
  auf Diskette oder Band, und damit der Ein-/Ausgabesteuerung.

- *Übersetzerprogramme* übersetzen den in einer Programmiersprache
  codierten Quelltext in die Muttersprache des Computers (maschi-
  nensprachliche Befehle, die 0/1-Form, Objektcode). Man unterscheidet zwei Übersetzertypen:

Interpreter übersetzen den Quelltext bei jeder Programmausführung Anweisung für Anweisung neu. Das ist vergleichbar mit der Tätigkeit eines
Simultan-Dolmetschers, der Sätze aus einer Fremdsprache (z.B. Englisch)
in die eigene Muttersprache (z.B. Deutsch) übersetzt.

Compiler übersetzen den gesamten Quelltext in einem gesonderten Übersetzungslauf. Der so entstandene Objektcode kann nach dem Linken auf
Diskette gespeichert und bei Bedarf sofort ausgeführt werden.

Programmstrukturen kennzeichnen die Form des Programmablaufes. In
der Informatik unterscheidet man Folge-, Auswahl-, Wiederholungs- und
Unterprogrammstrukturen.

---

(1) F o l g e s t r u k t u r e n :
   - Lineare Programme

(2) A u s w a h l s t r u k t u r e n :
   - Verzweigende Programme
   - Ein-, zwei- und mehrseitige Auswahl, Fallabfrage

(3) W i e d e r h o l u n g s s t r u k t u r e n :
   - Programme mit Schleifen
   - Abweisende und nichtabweisende Schleife, Zählerschleife

(4) U n t e r p r o g r a m m s t r u k t u r e n :
   - Programme mit Unterabläufe
   - Prozeduren und Funktionen

Vier grundlegende Programmstrukturen

Diese Programmstrukturen werden als *"Bausteine der Software"* bezeichnet, da die Analyse noch so komplexer Programmabläufe stets zu diesen Strukturen als Grundmuster führt. In Abschnitt 1.3 werden die Programmstrukturen an kleinen Beispielen und Abschnitt 1.4 im Zusammenhang mit den Datenstrukturen erklärt.

1.1.2.2 Vier Standard-Programmpakete

Software-Tools: Die vier Programme

1. Tabellenkalkulation
2. Textverarbeitung
3. Datei bzw. Datenbank
4. Grafik

werden auch als Tools bzw. Werkzeuge bezeichnet. Sie werden als eigenständige Programme oder als integrierte Programmpakete angeboten. Die folgende *Software-Pyramide* zeigt, daß die Tools zwischen den Programmiersprachen und den (fertigen) Anwenderlösungen einzuordnen sind.

*Individuelle
Anwendungen* ("Maßanzug")

*Standard-
Anwendungen* ("von der Stange")

Werkzeuge bzw. Tools
(dBASE, Multiplan, Word, Chart;
Pakete: Lotus 1-2-3, Framework)

Programmiersprachen
(Basic, COBOL, C, Pascal, Modula-2, Prolog)

Betriebssysteme
(8-Bit: CP/M, 16-Bit: MS-DOS, Unix, OS/2)

Hardware, Maschinensprache
(Assembler des jeweiligen Systems)

Software-Pyramide mit sechs Ebenen der Nutzung eines PCs

Tabellenkalkulationsprogramme als "Spread Sheets" bzw. "Ausgebreitete Papierbogen" übertragen alles das, was bislang mit Bleistift, Papier und

Taschenrechner vorgenommen wurde, in den Hauptspeicher und auf den Bildschirm. Der Benutzer baut jedes Arbeitsblatt als Tabelle auf, kann in die Tabellenzeilen und -spalten numerische oder auch Textwerte eintragen und durch eine Vielzahl von Formeln verknüpfen. Arbeitsblätter können auf einem externen Speicher aufbewahrt werden. Tabellenkalkulationsprogramme lassen sich "zweckentfremden": Trägt man Text anstelle von Zahlen in die Tabelle ein, so kann leicht ein kleines Informationssystem realisiert werden. Genauso sind Anwendungen zur Fakturierung, zum Bestellwesen, zur Bilanzierung usw. denkbar. Das Beiwort "Kalkulation" verweist also eher auf die Ursprünge als auf deren heute universellen Nutzungsmöglichkeiten.

Textverarbeitungsprogramme für Personalcomputer sind aus den *Editoren* entstanden, also aus den Programmhilfen zum Eingeben und Aufbereiten von Programmtext am Bildschirm. Man hat sie zur Verarbeitung anderer Dokumente (Briefe, Rechnungen, Manuskripte, Formulare usw.) weiterentwickelt. Damit treten sie in Konkurrenz zur Schreibmaschine, zum Textautomaten sowie zur Großrechner-Textverarbeitung. Die Textverarbeitung umfaßt die Teilprogramme Editor, Ausgabeformatierer und Verarbeitung; diese Programme können zu einem Paket integriert oder getrennt sein.

- **Editor als Eingabe- und Bearbeitungsprogramm:** Der Bildschirm wird ähnlich wie eine Lupe über den Text bewegt bis zu einem Bildschirmausschnitt, der cursorgesteuert zu bearbeiten ist (verschieben, einfügen, kopieren, Rand ausgleichen usw.).
- **Formatierer zur Aufbereitung der Druckausgabe:** Beim *WYSIWYG*-Formatierer (*What you see is what you get*) erscheint der Text am Bildschirm so, wie er später ausgedruckt wird. Beim Steuerzeichen-Formatierer sind in den Bildschirmtext Befehle zur Steuerung des Druckformates eingefügt.
- **Eigentliches Verarbeitungsprogramm:** Dieses richtet sich nach den Anforderungen der unterschiedlichen Benutzer wie Sekretärin, Abteilungsleiter, Schriftsteller, Schriftsetzer: Textbausteine als häufig vorkommende Textteile speichern, Serien- sowie Ganzbriefe erstellen, Formulararbeiten, Textdateien anlegen, Autorenkorrektur usw.
- **Desktop-Publishing:** Dieses Gebiet der Textverarbeitung wird auch als CAP (Computer Aided Publishing) bezeichnet und wurde mit dem Macintosh (Laserdrucker, Grafikfähigkeit, Benutzeroberfläche, Grafiksprache Postskript, Programm Pagemaker) bekannt. Bei der "Druckerei auf dem Schreibtisch" stellt die Laserdruckerausgabe entweder das Endprodukt dar, oder er dient als Vorlage für eine Belichtungsmaschine, wie z.B. Linotype.

Datei/Datenbank: Nach den Programmen zur Tabellenkalkulation und Textverarbeitung nun zur Datei/Datenbank, auf die noch in Abschnitt 1.5 eingegangen wird. Die kommerziellen Programm-Pakete hierzu werden unter den unterschiedlichsten Bezeichnungen angeboten, z.B. als Dateiverwaltung, Datenmanager, Datenbankmeister, Datenbank-System oder schlicht als Datei-System. Da solche Begriffe kaum etwas aussagen, ist es sinnvoll, einzelne Eigenschaften dieser Software-Produkte wie folgt zu überprüfen:

- **Dateiaufbau:** Anzahl der gleichzeitig geöffneten Dateien? Satzanzahl einer Datei? Anzahl der Datenfelder je Satz? Feste Satzlänge? Datentypen? Maximale Feldlänge? Maximale Dateigröße? Eine Datei auf mehreren Disketten?

- **Systemverwaltung:** Schnittstelle zu höheren Programmiersprachen? In Mehrplatzumgebung einsetzbar? Abfragesprachen, Listen- bzw. Programmgeneratoren? Dynamische Dateiverwaltung? Kompatibilität zu anderen Dateien (z.B. aus Textverarbeitung)? Datensatzaufbau nachträglich änderbar? Implementierungen für welche Mikros? Datei-Sicherheitskopien leicht erstellbar? Daten nach Löschen wiederherstellbar? Datenschutz durch Datei- bzw. Satzpaßwort? Realisierung als Datenbankmaschine? Eingebaute eigene Programmiersprache?

- **Speicherung:** Aufwand zum Neueinrichten der Datenbank? Cursorsteuerung? Datenprüfung bei Eingabe? Daten aus anderen Dateien kopierbar? Speicherung satz-, block- oder dateiweise? Eingabefehlerkorrektur möglich? Ablegen als Binärdatei oder Textdatei?

- **Zugriff:** Zugriffsmodus direkt oder indirekt? Anzahl der Suchbegriffe? Schlüssel aus einem oder mehreren Datenfeldern bestehend? Sortierbegriffe für wieviele Datenfelder? Sortierprogramme? Index intern als Tabelle? Möglichkeiten zur Datenausgabe? Ausgabeeinheiten für Listen? Zwischensummenbildung in Listen möglich?

Grafikprogramm als viertes Standard-Paket: Programme dieser Kategorie erlauben es, Kuchen-, Säulen- sowie Liniengrafiken menügesteuert über einen hochauflösenden Bildschirm und z.B. einen Matrixdrucker mit Einzelpunktansteuerung zu erstellen und auszugeben. Die Skalierung der Bilder kann im Dialog festgelegt werden. Oft können dreidimensionale Grafiken bzw. räumliche Formen erzeugt werden. Gerade für kommerzielle Veranschaulichungen sind Grafikprogramme mit den statistischen Grundfunktionen von Vorteil.

Schnittstellen für Tools: Ein Grafikprogramm kann nur dann sinnvoll genutzt werden, wenn man Daten aus anderen Programmen übergeben kann. Wir kommen zur Frage der Verbindung bzw. Kompatibilität dieser Programme. Sollen Tabellenkalkulation, Textverarbeitung, Datenbank sowie Grafik nicht isoliert, sondern als eine Einheit genutzt werden, müssen entsprechende Schnittstellen zu den Programmen gegeben sein. Zur Verbindung dieser Programme ein Beispiel:

In einem Tabellenkalkulationsprogramm verknüpft man Zahlen, um diese dann an ein Grafikprogramm zwecks Diagrammdarstellung zu übergeben. Anschließend wird über das Textverarbeitungsprogramm ein Bericht verfaßt, in den diese Zahlen als Tabelle wie auch als Diagramm bildlich eingebunden sind. Schließlich kann man die Teile dieser Arbeit über das Dateiprogramm extern und langfristig speichern. Wie können die vier Programme nun verbunden werden?

-   Zum Beispiel über Textdateien (alle Zeichen als Text im ASCII-Code gleichermaßen dargestellt) als gemeinsamer Schnittstelle. Die Steuerung kann über ein übergeordnetes Menüprogramm erfolgen, das die einzelnen Programme aufruft und den Datenaustausch überwacht.
-   Benutzeroberflächen wie Windows und GEM unterstützen den Informationstransfer zwischen einzelnen Tools.
-   Bei integrierten Paketen wird die Schnittstelle zur Verknüpfung von Text, Tabelle, Datei und Grafik natürlich im Programm mitgeliefert.

I Grundlagen

1
Entwicklung von Software allgemein

Datentypen und Datenstrukturen: Im vorangehenden Abschnitt wurden sieben Datenbegriffe angeführt, darunter der Begriff des Datentyps. Dieser Begriff ist grundlegend für die Programmierung. Wir wollen ihn erklären: Es gibt *einfache* und *strukturierte, statische* und *dynamische* sowie *standardmäßig vorhandene* und *benutzerseitig definierbare Datentypen.*

1.2.1 Einfache Datentypen als "Moleküle"

Einfache Datentypen lassen sich nicht weiter zerlegen und werden deshalb auch als elementare, skalare sowie unstrukturierte Datentypen bezeichnet. Diese Typen enthalten deswegen stets nur ein einziges Datum und stellen sozusagen die "Moleküle" der Daten dar, da sie vom Programmierer nicht - so ohne weiteres - unterteilt werden können.

C h a r :
- Einzelzeichen wie z.B. "D"
- Wertebereich: Zeichen (Buchstabe, Ziffer, Sonderzeichen)

I n t e g e r :
- Ganze Zahl wie z.B. 126
- Wertebereich: Ganze Zahlen z.B. von -32768 bis 32767

R e a l :
- Dezimalzahl wie z.B. 126.75
- Wertebereich: Reelle Zahlen, Zahlen mit Dezimalpunkt

B o o l e a n :
- Ja/Nein-Entscheidung wie z.B. ja bzw. True bzw. wahr
- Wertebereich: True (-1, wahr) oder False (0, unwahr)

S t r i n g :
- Zeichenkette, Text (als Dateneinheit)
- Wertebereich: Gesamter Zeichenvorrat des Computers

Fünf einfache bzw. elementare Datentypen

Der Datentyp CHAR umfaßt nur ein Zeichen. Als STRING (Text) gilt alles, was zwischen Gänsefüßen oder Hochkommata steht, also auch der Text "99.50 DM Summe". Numerische Typen sind INTEGER oder REAL. Der Datentyp BOOLEAN kennt nur die zwei Werte True (z.B. Stammkunde, wahr) oder False (kein Stammkunde, unwahr).

1.2.2 Datenstrukturen als strukturierte Datentypen

Strukturierte Datentypen sind neben anderen der ARRAY, der RECORD, der SET und der FILE. Dabei werden jeweils mehrere Daten unter einem Namen zusammengefaßt abgelegt. Der ARRAY wird auch als Feld, Tabelle und Bereich bezeichnet und enthält Komponenten bzw. Elemente gleichen Typs. Beim RECORD können die Datentypen verschieden sein. Verarbeitet man den STRING nicht als Einheit, sondern element- bzw. zeichenweise, dann kann man ihn auch zu den Datenstrukturen zählen.

A R R A Y (eindimensional, Vektor, Liste):
- Komponenten haben alle den gleichen Datentyp
- Beispiel:

| 12 | 3 | 44 | 56 | 21 |

A R R A Y (zweidimensional, Matrix):
- Komponenten haben alle den gleichen Datentyp
- Beispiel mit 4 Zeilen und 3 Spalten:

33.5	36.7	11.2
24.0	99.1	74.5
10.5	10.0	75.3
99.5	22.6	44.2

R E C O R D (Verbund, Satz):
- Komponenten mit unterschiedlichen Datentypen
- Beispiel: Kundensatz mit Typen Integer, String und Real:

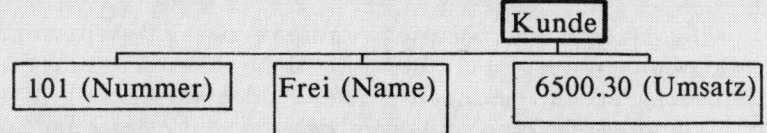

Kunde

| 101 (Nummer) | Frei (Name) | 6500.30 (Umsatz) |

S E T (Menge):
- Komponenten sind Teilmengen einer Grundmenge
- Beispiel: () (1) (2) (12) für einen SET OF 1..2

F I L E (Extern auf Diskette abgelegte Datei):
- Datei als Sammlung zusammengehörender Datensätze
- Beispiel: über 1000 Datensätze einer Kundendatei

Vier Datenstrukturen Array, Record, Set und File

Datenstruktur Array: Beim eindimensionalen ARRAY sind die Elemente
in Reihe angeordnet. Beispiel: Fünf Wochentagsabsatzmengen 12, 3, 44, 56
und 21. Der zweidimensionale ARRAY hingegen dehnt sich in zwei
Richtungen aus: waagerecht in Zeilen (hier vier Zeilen) und senkrecht in
Spalten (hier drei Spalten). Es gibt nicht nur Integer-Arrays (alle Elemente sind ganzzahlig) und Real-Arrays (alle Elemente sind Kommazah-
len), sondern z.B. auch String-Arrays wie "MO,DI,MI,DO,FR,SA,SO" und
"Hammer, Säge, Axt" (alle Elemente sind Textworte).

Datenstruktur Record: Im Gegensatz zum ARRAY können im RECORD
auch Daten verschiedener Datentypen abgelegt sein. Der oben wie-
dergegebene RECORD verbindet drei Komponenten vom Typ INTEGER
(Kundennummer ganzzahlig), STRING (Kundenname stets Text) und
REAL (Kundenumsatz als Dezimalzahl) - deshalb auch die Bezeichnungen
Verbund und *Struktur* bzw. *Strukt.* In der kommerziellen DV entspricht
diese Datenstruktur häufig den Datensätzen bzw. Komponenten von Dateien, wie hier der Kundendatei.

Datenstruktur File: Unter einer Datei versteht man allgemein eine Sammlung von Datensätzen, die getrennt vom Programm auf einem Externspeicher (Diskette, Platte, Kassette, Band) als selbständige Einheit gespeichert
sind. Die Datensätze stellen die Datei-Komponenten dar und weisen alle
denselben Datentyp auf, d.h. sie sind alle z.B. vom Typ RECORD oder
alle vom Typ ARRAY. Eine Datei bzw. ein FILE kann viel größer sein
als der im Hauptspeicher verfügbare Speicherplatz.

1.2.3 Statische und dynamische Datentypen

Statische Datentypen behalten während der Programmausführung ihren
Umfang unverändert bei. Beispiel: Beim Beginn eines Programms wird
vereinbart, daß ein eindimensionales Feld bzw. Array mit fünf Elementen
zur späteren Aufnahme und Verarbeitung der Absatzmengen für die fünf
Wochentage eingerichtet wird. Statisch heißt, daß die Anzahl der Feld-
elemente während der Programmausführung gleich bleibt, während sich
ihre jeweiligen Inhalte ändern können.

Dynamische Datentypen erlauben es, die Anzahl der Komponenten nicht
bereits beim Schreiben des Programms festzulegen, sondern erst im Zuge
der Programmausführung. Die Datei bzw. das FILE ist stets als dynami-
scher Datentyp vereinbart. Warum? Beim Anlegen einer Kundendatei
werden z.B. 455 Kunden in 455 Datensätzen auf Diskette erfaßt. Diese
Zahl von 455 Dateikomponenten muß veränderbar sein, um neue Kunden
aufnehmen und Ex-Kunden löschen zu können. Da die Änderungen aber

"trivialer Natur" sind (so Niklaus Wirth, der Erfinder von Pascal), zählt man eine Datei zu den statischen Datenstrukturen. Die dynamischen Datenstrukturen können vom Programmierer selbst durch Verknüpfung der standardmäßig angebotenen Datentypen konstruiert werden. Das heißt, daß alle dynamischen Strukturen auf einer tieferen Komponenten-Ebene irgendwo wieder statisch sind; Listen (z.B. verkettete Liste) und Baumstrukturen gehören dazu.

-    **Zeiger** (auch Pointer, Verweis, Referenz genannt) werden dabei als Hilfsmittel zur Strukturierung verwendet.
-    Die **Rekursion** als Ablauf, der sich selbst aufruft bzw. zur Ausführung bringt, bildet (generiert) dynamisch lokale Variable und wird deshalb häufig im Zusammenhang mit dynamischen Datenstrukturen genannt.

S t a t i s c h e   D a t e n s t r u k t u r e n :

  - Werte ändern sich, niemals aber die Anzahl der Komponenten
  - Anzahl der Komponenten und belegter Speicherplatz konstant
  - Unstrukturiert: Char, Byte, Integer, Real, String, Boolean, Array (Feld), Menge (Set), Verbund (Record)

D y n a m i s c h e   D a t e n s t r u k t u r e n :

  - Werte und Struktur (Anzahl, Aufbau) ändern sich
  - Anzahl und Aufbau der Komponenten ist variabel
  - Belegter Speicherplatz ist variabel
  - Unstrukturiert: Zeiger (Pointer) als Hilfsmittel
  - Strukturiert: *Datei* (File), *Stapel* (Stack), *Schlange*, *Gekettete Liste* (Linked List), *Binärbaum*

Einige statische und dynamische Datentypen

1.2.4 Vordefinierte und benutzerdefinierte Datentypen

Vordefinierte Typen: Die bislang dargestellten einfachen und strukturierten Datentypen sind vordefiniert in dem Sinne, daß sie als Standardtypen vom DV-System bereitgestellt werden. Daneben gestatten Programmiersprachen wie z.B. C und Pascal dem Programmierer, selbst eigene Datentypen zu definieren, die dann eben als benutzerdefiniert bezeichnet werden.

Benutzerdefinierte Aufzählungstypen: Eine einfache Möglichkeit besteht darin, alle Werte aufzuzählen, die der Datentyp umfassen soll - deshalb der Begriff Aufzählungstyp. (Mo,Di,Mi,Do,Fr,Sa,So) ist ein solcher Aufzählungstyp für die Wochentage.

Benutzerdefinierte Unterbereichstypen: Eine weitere Möglichkeit bietet sich dem Benutzer dadurch, daß er einen Datentyp als Unterbereich z.B. eines vordefinierten Datentyps definiert - einen Unterbereichstyp (auch Teilbereichstyp genannt). Drei Beispiele:
- *0..7* umfaßt als Unterbereich des Datentyps INTEGER die acht Ganzzahlen 0, 1, 2, ... ,7.
- *"A".."Z"* umfaßt als Unterbereich des Datentyps CHAR alle Großbuchstaben.
- *Di...Fr* umfaßt als Unterbereichstyp des obigen Aufzählungstyps vier Werktage. Angegeben wird also stets das kleinste und das größte Element des gewünschten Unterbereiches.

Zeigertypen: Neben den Aufzählungs- und Unterbereichstypen zählen auch die Zeigertypen zur Kategorie der benutzerdefinierten Datentypen.

1.2.5 Datentypen bei den verschiedenen Programmiersprachen

Es hängt vom jeweiligen Programmier-System ab, mit welchen Datentypen Sie arbeiten können.

- *Unstrukturierte Programmiersprachen* wie **GwBasic** und BasicA lassen den Programmierer bei der Bildung von Datenstrukturen weitgehend allein, oder anders: sie unterstützen ihn kaum. Oft fehlen der *Verbund* bzw. *Record* (was gerade bei der Dateiverarbeitung von Nachteil ist) wie auch die benutzerdefinierten Typen.

- *Strukturierte Programmiersprachen* stellen die oben angeführten Datentypen bereit. Aber auch hier gibt es Unterschiede. So ist **Pascal** - was die standardmäßige Vorgabe von Datentypen angeht - eher sparsam, aber die wenigen Datentypen können sehr flexibel zum Entwurf komplexer Datenstrukturen genutzt werden. Sprachen wie ADA und auch **Modula 2** sind weniger sparsam ausgestattet.

- *Universelle Programmiersprachen:* Es gibt Sprachen, die man aufgrund ihrer Flexibilität und Vielseitigkeit sowohl zu den unstrukturierten Sprachen (im Hinblick auf den großen Freiheitsspielraum, den sie dem Programmierer lassen), als auch zu den strukturierten Programmiersprachen (im Hinblick auf das breite Angebot an vordefinierten Strukturen) zählen kann. Die **Programmiersprache C** gehört z.B. zu diesen Sprachen.

I Grundlagen

1

Entwicklung von Software allgemein

Vier grundlegende Programmstrukturen: Die Programmstrukturen *Folge*, *Auswahl*, *Wiederholung* und *Unterprogramm* sind die grundlegenden Ablaufarten der Informatik überhaupt. Grundlegend in zweifacher Hinsicht:

- *Analyse:* Zum einen gelangt man beim Auseinandernehmen noch so umfangreicher Programmabläufe immer auf diese vier Programmstrukturen als Grundmuster (Analyse von Programmen).

- *Synthese:* Zum anderen kann umgekehrt jeder zur Problemlösung erforderliche Programmablauf durch geeignetes Anordnen dieser vier Programmstrukturen konstruiert werden (Synthese von Programmen).

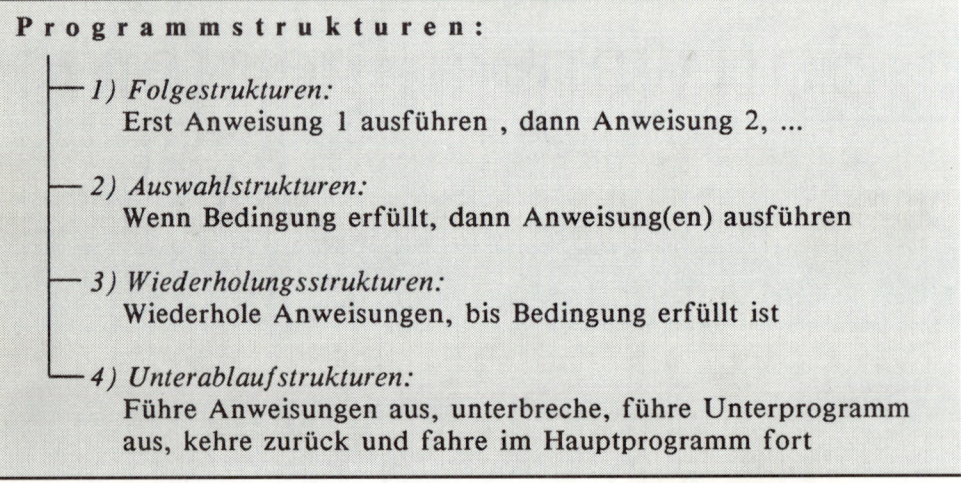

Vier grundlegende Programm- bzw. Ablaufstrukturen

1.3.1 Folgestrukturen

Linearer Ablauf: Jedes Programm besteht aus einer Aneinanderreihung von Anweisungen an den Computer (vgl. Abschnitt 1.1). Besteht ein bestimmtes Programm nur aus einer Folgestruktur, dann wird Anweisung für Anweisung wie eine Linie abgearbeitet. Man spricht deshalb auch vom linearen Ablauf bzw. unverzweigten Ablauf, vom Geradeaus-Ablauf oder von einer *Sequenz*.

Ablaufbeispiel mit vier Darstellungsformen: Das Beispiel zeigt ein Programm, bei dem fünf Anweisungen in Folge ausgeführt werden: Über Tastatur wird ein Rechnungsbetrag eingegeben, um nach der Berechnung den Skonto- und Überweisungsbetrag als Ergebnis am Bildschirm auszugeben. Das Ablaufbeispiel wird in vier Darstellungsformen wiedergegeben:

- als *Ablaufregel* (verbale Kurzform)
- als *Entwurf* (algorithmischer Entwurf, Pseudocode, Entwurfsprache)
- als *Dialogprotokoll* (Dialog zwischen Benutzer und Computer)
- als *Struktogramm* (Nassi-Shneiderman-Diagramm)

---

1) Allgemeine Regel:
Erst Anweisung 1 ausführen, dann Anweisung 2, dann ...

2) Beispiel in Entwurfsprache:
Ausgabe Fragestellung
Eingabe RECHNUNGSBETRAG
berechne SKONTOBETRAG
berechne UEBERWEISUNGSBETRAG
Ausgabe der Ergebnisse

3) Beispiel als Dialogprotokoll:

Rechnungsbetrag eintippen:
<u>200</u>
Skontoabzug: 6 DM
Überweisung: 196 DM

4) Ablauf als Struktogramm:

Anweisung 1
Anweisung 2
Anweisung 3
Anweisung 4
Anweisung 5

Vier Darstellungsformen eines Ablaufs mit Folgestruktur

Algorithmischer Entwurf: Um unabhängig von den Formalitäten der vielen Programmiersprachen Programmabläufe beschreiben zu können, verwenden wir eine einfache Entwurfsprache (auch algorithmischer Entwurf oder Pseudocode genannt), die umgangssprachlich formuliert wird. Im Beispiel werden die umgangssprachlichen Anweisungsworte *Ausgabe*, *Eingabe* und *berechne* verwendet. Die Beschreibung von Abläufen mittels einer Entwurfsprache ist in der Informatik weit verbreitet.

Das Dialogprotokoll zum Ablaufbeispiel gibt den "Dialog" zwischen Benutzer (der Werte eintippt) und Computer (der Information ausgibt) wieder, wie er bei der Programmausführung am Bildschirm erscheint bzw. protokolliert wird. Im Beispiel gibt der Benutzer den Befehl RUN ein, worauf der Computer mit der Ausgabe *Rechnungsbetrag eintippen:* antwortet; nach der Benutzereingabe von 200 rechnet der Computer (im Dialogprotokoll nicht sichtbar) mit 3%, um dann den Skonto- und den Überweisungsbetrag in zwei Ausgabezeilen am Bildschirm anzuzeigen.

Struktogramm: Nach dem Entwurf und dem Dialogprotokoll ist das Programmbeispiel zeichnerisch als Struktogramm dargestellt. Die Sinnbilder von Struktogrammen sind nach DIN 66261 genormt (Abschnitt 1.6.3). Für jede Programmstruktur gibt es ein gesondertes Strukturblock-Sinnbild.

1.3.2 Auswahlstrukturen

1.3.2.1 Zweiseitige Auswahl

Die Auswahlstrukturen dienen dazu, aus einer Vielzahl von Möglichkeiten bestimmte Fälle auszuwählen: In der folgenden Abbildung sind es die beiden Fälle *Skontoabzug bei Bezahlung in weniger als acht Tagen nach Rechnungserhalt (Bedingung TAGE kleiner 8 erfüllt)* sowie *Zahlung rein netto bei späterer Überweisung (Bedingung TAGE kleiner 8 nicht erfüllt)*. Dieses Beispiel bezeichnet man deshalb als zweiseitige Auswahl(-struktur).

1) Allgemeine Regel:
   Wenn Bedingung 1 erfüllt ist, dann führe Anweisung 2 aus,
   sonst führe Anweisung 3 aus, um dann gemeinsam fortzufahren.

2) Beispiel in Entwurfsprache:
   Ausgabe der Fragestellung
   wenn TAGE kleiner 8
       dann überweise mit Skonto
       sonst überweise rein netto
   Ende-wenn

3) Zwei Ausführungsbeispiele als Dialogprotokolle:

```
Anzahl der Tage                      Anzahl der Tage
=?                                   =?
6                                    14
Skontoabzug möglich                  Zahlung rein
                                     netto
```

4) Ablauf als Struktogramm:

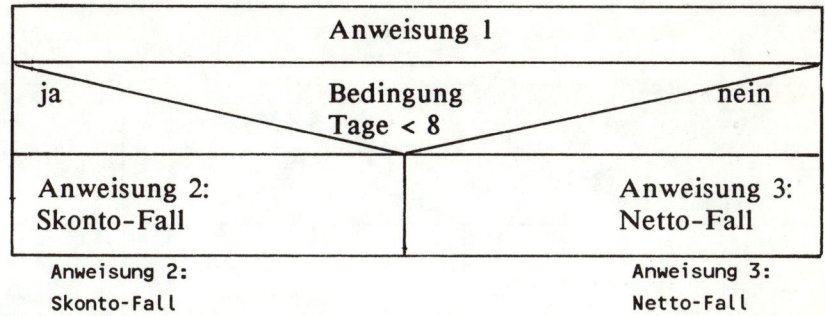

Anweisung 2:   Anweisung 3:
Skonto-Fall   Netto-Fall

5) Allgemeiner Ablauf in Entwurfsprache:
Anweisung(en) 1
wenn Bedingung 1 erfüllt
dann Anweisung(en) 2
sonst Anweisung(en) 3
Ende-wenn

Fünf Darstellungsformen eines Ablaufs mit zweiseitiger Auswahlstruktur

1.3.2.2 Einseitige Auswahl

Neben der zweiseitigen Auswahl gibt es zwei weitere Auswahltypen: die einseitige Auswahl mit nur einem Fall und die mehrseitige Auswahl bzw. Fallabfrage mit mehr als zwei Fällen. Bei der einseitigen Auswahl ist ein Zweig leer:

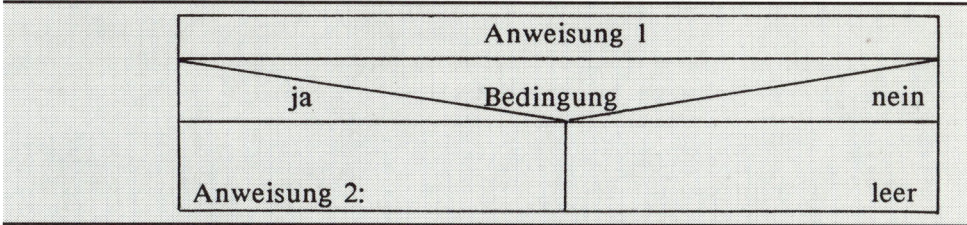

Einseitige Auswahlstruktur als Struktogramm

1.3.2.3 Mehrseitige Auswahl

Bei der mehrseitigen Auswahl werden mehrere Fälle unterschieden; im folgenden Beispiel sind es drei Fälle. Das Struktogramm zeigt, daß die mehrseitige Auswahl als *Schachtelung* von zweiseitigen Auswahlen aufgefaßt werden kann.

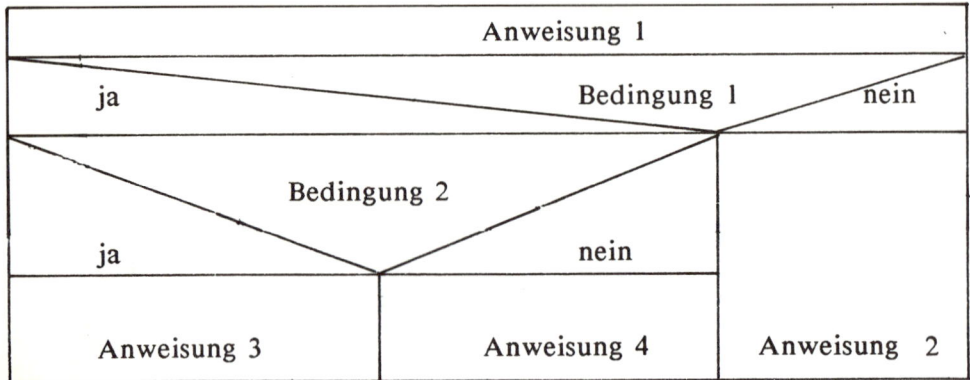

Mehrseitige Auswahlstruktur als Struktogramm

Mehrseitige Auswahlstruktur als Fallabfrage: Die mehrseitige Auswahl läßt sich entweder als *Schachtelung* von zweiseitigen Auswahlen darstellen (siehe obiges Struktogrammbeispiel), oder aber vereinfacht als *Fallabfrage (Fallunterscheidung)*. Dazu werden in zahlreichen Programmiersprachen spezielle Kontrollanweisungen vorgesehen (z.B. case, switch). Das folgende Struktogramm zeigt eine Fallabfrage mit vier Fällen und einem Restfall:

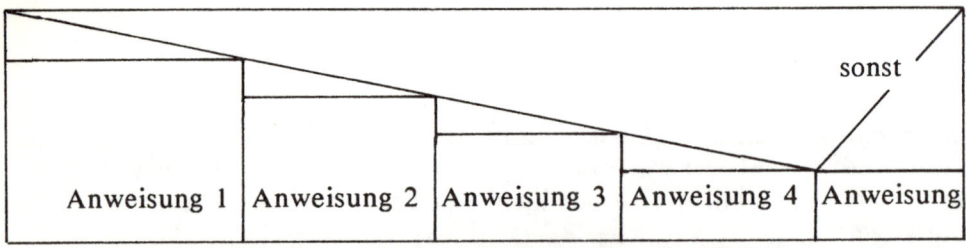

Fallabfrage mit Unterscheidung von vier Fällen

Auswahlstrukturen werden auch als Alternativstrukturen, Abläufe mit (Vorwärts-)Verzweigungen bzw. als Selektion bezeichnet.

1.3.3 Wiederholungsstrukturen

Schleifen: Wiederholungsstrukturen führen zu Programmschleifen, die mehrmals durchlaufen werden. In dem unten wiedergegebenen Beispiel wird die Anweisungsfolge *Eingabe, berechne, berechne und Ausgabe* wiederholt durchlaufen, bis die Bedingung *RECHNUNGSBETRAG = 0* erfüllt ist; diese Bedingung wird über die Tastatur als Signal zum Beenden der Schleife eingetippt. Wiederholungsstrukturen werden auch als Repetitionen und Iterationen bezeichnet.

1) Allgemeine Regel:
    Wiederhole die Anweisungen 1, 2, 3, ... so lange, bis eine
    bestimmte Bedingung zum Beenden der Schleife erfüllt ist.

2) Beispiel in Entwurfsprache:
Ausgabe Überschriftszeile
wiederhole
   wenn RECHNUNGSBETRAG=0 dann Ende
   berechne SKONTOBETRAG
   berechne UEBERWEISUNGSBETRAG
   Ausgabe Ergebnis
Ende-wiederhole
Ausgabe Hinweis für Programmende

3) Ausführungsbeispiel als Dialogprotokoll:

Programm mit Schleife
Rechnungsbetrag =?
<u>100</u>
Überweisungsbetrag: 97 DM
Rechnungsbetrag =?
<u>200</u>
Überweisungsbetrag: 194 DM
Rechnungsbetrag =?
<u>0</u>
Programmende.

4) Ablauf als Struktogramm (Abfrage im Schleifenkörper):

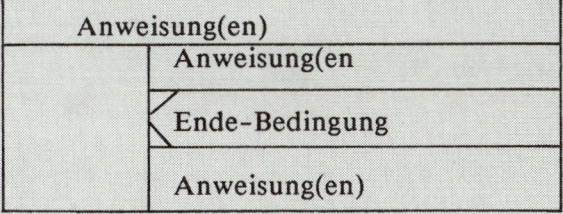

5) Allgemeiner Ablauf in Entwurfsprache:
Anweisung 0
wiederhole
   Anweisung 1
   Anweisung 2
   .....
   Anweisung n
   wenn Bedingung erfüllt ist, dann Schleifenende
   Anweisung n+1
   Anweisung n+2
   .....
Ende-wiederhole

Fünf Darstellungsformen eines Ablaufs mit Wiederholungsstruktur

1.3.4 Unterprogrammstrukturen

Unterprogrammstrukturen (auch Unterablaufstrukturen genannt) werden aus drei Gründen verwendet:

1. **Wirtschaftlichkeit:** Eine Aufgabe wird während eines Programmablaufes mehrmals benötig. Beispiel: Im unten wiedergegebenen Beispiel ist die Aufgabe *Runde kaufmännisch auf zwei Dezimalstellen* zweimal zu erledigen; das Unterprogramm RUNDEN wird zweimal aufgerufen.

2. **Übersichtlichkeit:** Gliederung eines komplexen Programmes in übersichtliche Unterprogramme, die dann von einem übergeordneten Hauptprogramm aufgerufen werden.

3. **Programmentwicklung im Team:** Jeder Mitarbeiter entwickelt ein Unterprogramm; diese werden einzeln ausgetestet und später als Module zum Gesamtprogramm(-paket) zusammengesetzt.

Drei Gründe zur Verwendung von Unterprogrammen

1) **Allgemeine Regel:**
Führe die Anweisungen A1 aus, unterbreche die Tätigkeit A, um die Anweisungen B auszuführen, kehre zurück und fahre mit der Ausführung der Anweisungen A2 fort (A im Haupt- und B im Unterprogramm).

2) **Beispiel in Entwurfsprache:**
Beginn Hauptprogramm
  Eingabe RECHNUNGSBETRAG
  berechne SKONTOBETRAG
  Aufruf Unterprogramm RUNDEN
  berechne UEBERWEISUNGSBETRAG
  Aufruf Unterprogramm RUNDEN
  Ausgabe ERGEBNIS
Ende Hauptprogramm

  Beginn-Unterprogramm
  runde BETRAG auf zwei Stellen
  ersetze BETRAG durch den gerundeten BETRAG
  Ende-Unterprogramm

Zwei Darstellungsformen eines Ablaufs mit Unterprogrammstruktur

Prozeduren und Funktionen: Auf verschiedenen Typen von Unterprogrammen wie Prozeduren und Funktionen gehen wir in Abschnitt 3 konkret an Beispielen ein.

1.3.5 Mehrere Strukturen in einem Programm

Die meisten Programme umfassen natürlich mehrere dieser Strukturen. Dabei sind zwei Anordnungsprinzipien zu unterscheiden. Programmstrukturen können entweder hintereinander oder aber geschachtelt angeordnet sein.

- **Anordnung hintereinander:** Mit der jeweils folgenden Struktur wird erst dann begonnen, nachdem die gerade in Ausführung befindliche Struktur beendet wurde.

- **Anordnung geschachtelt:** Mit der äußeren Struktur kann erst fortgefahren werden, nachdem die innere Struktur vollständig ausgeführt wurde. Teilweises Einschachteln bzw. Überlappen von Programmstrukturen ("Wilde GOTO's") ist folglich nicht erlaubt.

Zwei Anordnungsmöglichkeiten von Programmstrukturen

Programmkonstrukte: In DIN 66262 werden Programmstrukturen als Programmkonstrukte bezeichnet. Diese Bezeichnung verdeutlicht, daß durch entsprechendes Hintereinanderreihen und Einschachteln der vier Programmstrukturtypen jeder Algorithmus computerverständlich formuliert werden kann.

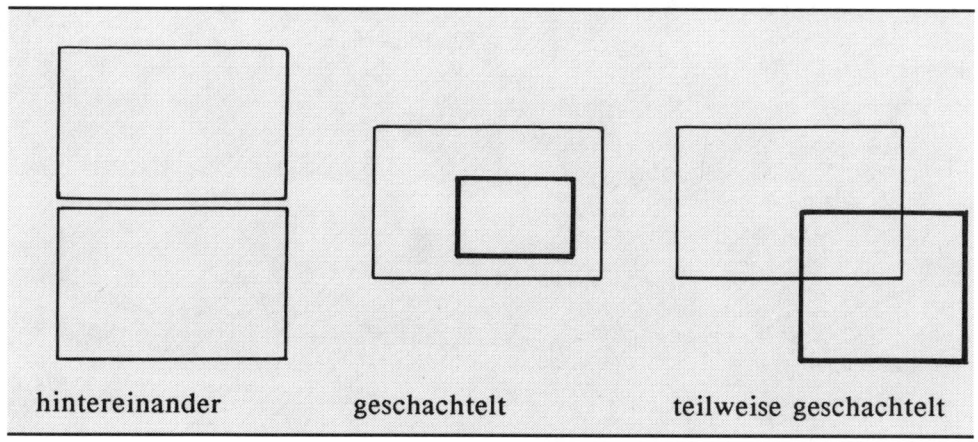

| hintereinander | geschachtelt | teilweise geschachtelt |

Teilweises Einschachteln von Strukturen nicht erlaubt

I Grundlagen

1
Entwicklung von Software allgemein

Daten- und Programmstrukturen als Bausteine: In den beiden vorange-
gangenen Abschnitten wurden die wesentlichen Datenstrukturen *(was
wird verarbeitet?)* sowie Programmstrukturen *(wie ist zu verarbeiten?)* allgemein dargestellt. Diese Strukturen mit ihren unterschiedlichen Ausprä-
gungen können insofern als Software-Bausteine aufgefaßt werden, als aus
ihnen bausteinartig die zur Lösung eines Problems erforderlichen Abläufe
gebildet werden können.

Einfache Datenstrukturen:
- CHAR für einzelnes Zeichen
- INTEGER für ganze Zahl
- REAL für Dezimalzahl
- STRING für Text bzw. Zeichenkette
- BOOLEAN für Wahrheitswert bzw. Logische Daten

Strukturierte Datentypen (=Datenstrukturen):
- ARRAY für Feld bzw. Bereich
- RECORD für Verbund bzw. Datensatz
- FILE für Datei (genauer: Datendatei)
- SET für Menge

S O F T W A R E - B A U S T E I N E

Programmstrukturen bzw. Ablaufstrukturen:
- Folge für linearen Ablauf
- Auswahl für verzweigenden Ablauf
- Wiederholung für schleifenförmigen Ablauf
- Unterprogramm als Prozedur oder Funktion

Daten- und Programmstrukturen als Software-Bausteine

Wie werden Daten(-strukturen) im Hauptspeicher abgelegt und verarbeitet? Wie werden Programm(-strukturen) abgespeichert? Wie sind Programme aufgebaut? Zu diesen Fragen kommen wir nun.

1.4.1 Modell des Hauptspeichers RAM als Regalschrank

Adressen: Der Hauptspeicher (auch Intern- und Arbeitsspeicher genannt)
ist als Speicher RAM bzw. Schreib-/Lese-Speicher vorgesehen. Im Hauptspeicher befinden sich die zur Verarbeitung benötigten Daten und Programme. Den RAM können wir uns als Regalschrank mit sehr vielen
Speicherstellen vorstellen, wobei in jede Stelle ein Zeichen abgelegt wer-

den kann. Ein RAM mit 64 KB umfaßt genau 65536 solcher Speicherstellen (64*1024), die von 0 an fortlaufend durchnumeriert sind. Die Nummern 0,1,2, ... ,65535 stellen die tatsächlichen Adressen der Speicherstellen dar.

Name als symbolische Adresse: Soll ein Rechnungsbetrag über 200.50 DM ab Adresse 2210 oder ab Adresse 58934 gespeichert werden? Um diese tatsächlichen Adressen muß sich der Benutzer nicht kümmern. Wie allen Daten gibt man auch dem Rechnungsbetrag einen Namen, z.B. BETRAG, der dann als symbolische Adresse zur Speicherung dient. Der Computer sucht sich selbständig einen für BETRAG freien Speicherplatz und legt die 200.50 DM dort ab. Wo soll das zugehörige Programm abgespeichert werden? Auch darum muß sich der Benutzer nicht kümmern. Man gibt dem Programm einen Namen wie z.B. RECHNUNG1, und der Computer reserviert selbständig die erforderliche Anzahl von Speicherstellen und bestimmt dann einen geeigneten Speicherort. *Daten wie Programme werden also über ihre Namen adressiert.*

Modell des RAM als Regalschrank: Einige Regale sind leer. In ihnen ist nichts gespeichert. Auf anderen Regalen aber befinden sich Schachteln, und zwar Daten-Schachteln mit Daten als Inhalt sowie Programm-Schachteln mit Anweisungen als Inhalt. Jede Schachtel ist mit dem von uns jeweils gewählten Namen beschriftet. Durch Angabe dieser Namen ist es möglich, Inhalte von Schachteln zu lesen und zu ändern. Für die ausreichende Größe einer Schachtel (= Anzahl von Speicherstellen) sowie das passende Regal (= tatsächliche Adresse) sorgt der Computer selbst.

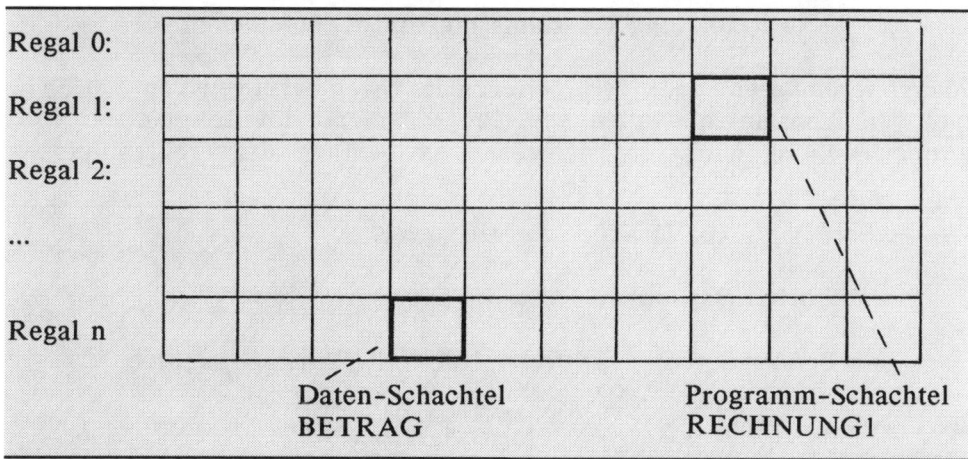

Modell des RAM als Regalschrank

1.4.2 Daten als Variablen und Konstanten vereinbaren

Daten sprechen wir mit Namen an. Dies gilt für Variablen als veränderliche bzw. variable Daten wie auch für Konstanten als feste bzw. konstante Daten.

Variablen und Konstanten mit drei Komponenten: Das Einrichten von Daten-Schachteln bezeichnet man als Deklaration oder als *Vereinbarung*.

- **Variable als Schreib-Lese-Speicher:** Für eine Variable müssen wir vereinbaren, welchen Namen (z.B. den Namen BETRAG) und welchen Datentyp (z.B. Dezimalzahl bzw. REAL) sie haben soll. Mit dem Datentyp wird der Wertebereich angegeben. Den Inhalt als den Wert der Variablen können wir dann später im Rahmen des jeweiligen Wertebereichs beliebig verändern.

- **Konstante als Nur-Lese-Speicher:** Im Unterschied zur Variablen wird der Konstanten bereits im Zuge der vereinbarung ein fester Wert zugewiesen, der später nicht mehr verändert (wohl aber gelesen) werden kann.

1. Name   (bezeichnet die Speicheradresse)
2. Datentyp   (legt den Wertebereich und die
                                 zulässigen Operatoren fest)
3. Inhalt bzw. Wert   (aktueller Schachtelinhalt)

Variable und Konstante mit drei Komponenten

Zuerst vereinbaren, dann verarbeiten: Die Vereinbarungen von Variablen und von Konstanten werden vom Programmierer im Rahmen der Programmerstellung getroffen; sie stehen am Anfang des Programmtextes.

Vereinbarung von BETRAG in Entwurfsprache:

 BETRAG: Dezimalzahl bzw. REAL

Variable BETRAG vom Typ 'Dezimalzahl' als Daten-Schachtel:

BETRAG als Name

REAL als Datentyp

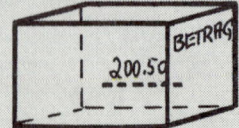

200.50 als derzeitiger Wert bzw. Inhalt der Variablen BETRAG

Variable als Schreib-Lese-Speicher

Das Sprachsystem muß eine Daten-Schachtel zuerst einrichten, um dann mit ihr gemäß den im Programm weiter angegebenen Anweisungen arbeiten zu können.

Schachteln können sehr klein (wie die für den BETRAG) oder auch sehr umfangreich (wie z.B. ein String-Array mit 100 Zeilen und mit fünf Spalten für 100*5=500 Artikelmengen) sein.

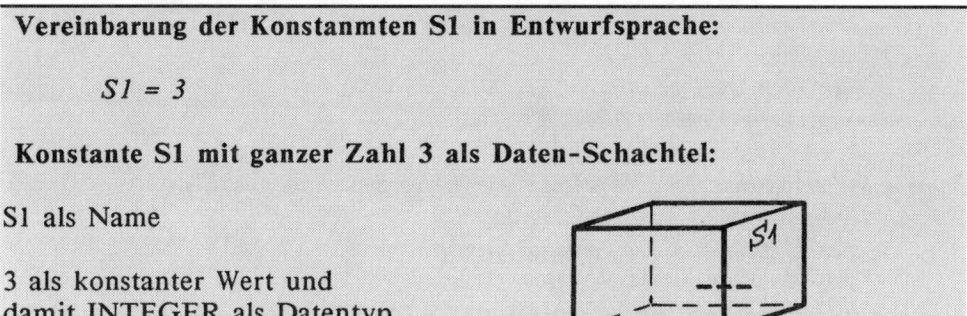

Vereinbarung der Konstanmten S1 in Entwurfsprache:

$S1 = 3$

Konstante S1 mit ganzer Zahl 3 als Daten-Schachtel:

S1 als Name

3 als konstanter Wert und
damit INTEGER als Datentyp

Konstante als Nur-Lese-Speicher

1.4.3 Programm mit Vereinbarungsteil und Anweisungsteil

Jedes Programm weist neben dem Programmnamen (Programmkopf) zwei weitere Bestandteile auf: den Vereinbarungsteil und den Anweisungsteil. Anstelle von Vereinbarung spricht man auch von Deklaration.

Der *Programmname* dient zum Aufrufen des Programms. Das Programm kann dabei im RAM als dem internen Speicher wie auch auf Diskette bzw. Festplatte als externen Speichereinheiten abgelegt sein.

Im *Vereinbarungsteil* legt der Programmierer fest, mit welchen Bezeichnern gearbeitet werden soll, welche Variablen und Konstanten einzurichten sind. In Abschnitt 3 werden wir sehen, daß ggf. auch selbstdefinierte Datentypen und Unterprogramme (Prozeduren und Funktionen) vereinbart werden können.
Im *Anweisungsteil* werden die vereinbarten Objekte dann Anweisung für Anweisung verarbeitet. Die jeweilige Anweisungsfolge kontrolliert die jeweilige Ausführung. In den Programmiersprachen wird unterschiedlich vereinbart. So muß in Pascal im Vereinbarungsteil in jedem Fall jeder Name explizit deklariert werden. In BASIC können Vereinbarungen auch implizit durch die Wahl des im Anweisungsteil genannten Variablennamens getroffen werden.

1) Welcher Name hat das Programm, und damit: Wo gespeichert?
   Programm .....

2) Was wird verarbeitet? Welche Bedeutung haben die Namen?
   Vereinbarungsteil mit Deklarationen
   - von *Sprungmasken (LABEL)*
   - von *Konstanten (CONST)*
   - von *selbstdefinierten Datentypen (TYPE)*
   - von *Variablen (VAR)*
   - von *Funktionen (FUNCTION)*
   - von *Prozeduren (PROCEDURE)*

3) Wie ist zu verarbeiten? Welche Anweisungen sind auszuführen?
   Anweisungsteil mit Anweisungen
   - zur *Eingabe (z.B. Tastatureingabe)*
   - zur *Ausgabe (z.B. auf den Drucker)*
   - zur *Wertzuweisung (Zuweisungszeichen "=" bzw. ":=")*
   - zur *Ablaufsteuerung (z.B. Schleife mit FOR)*

Drei Bestandteile eines Programmes:
Name, Vereinbarungsteil und Anweisungsteil

Der Anweisungsteil als Folge von Anweisungen an den Computer enthält das eigentliche Programm. Auf die einzelnen Anweisungsarten zur Eingabe, Ausgabe, Wertzuweisung und Ablaufsteuerung gehen wir in Abschnitt 3 an Beispielen ein.

I Grundlagen

1

Entwicklung von Software allgemein

Zum Dateibegriff: Allgemein teilt man Dateien (Files) in Programmda-teien (Program-Files) und Datendateien (Data-Files) ein.

- Eine *Programmdatei* besteht aus einer Folge von Anweisungen bzw. Befehlen. Man spricht kurz vom Programm.
- Eine *Datendatei* besteht aus einer Sammlung von Daten; dies kön-nen Textzeilen, Bytes odet Datensätze sein.
- Wenn im folgenden ohne nähere Bezeichnung von "Datei" gespro-chen wird, dann ist damit die Datendatei (Data-File) gemeint.

Kundendatei als Beispiel: Die Datei stellt die typische Datenstruktur zur langfristigen Speicherung von Massendaten in der kommerziellen DV dar. Am Beispiel der in Abschnitt 1.2.2 bereits angesprochenen Kundendatei wollen wir auf die Dateiverarbeitung kurz eingehen. Andere Begriffe für Dateiverarbeitung sind Dateiverwaltung, File Handling (File für Datei). Die Kundendatei ist bewußt sehr einfach aufgebaut: Zu jedem der derzeit 1580 Kunden einer Handelsfirma werden die drei Angaben NUMMER, NAME und UMSATZ als Kundendatei auf einem Externspeicher abge-legt. Man sagt auch: Die Kundendatei umfaßt derzeit 1580 Datensätze (Kundensätze bzw. Sätze), wobei jeder Satz aus drei Datenfeldern als Komponenten besteht. Für diese Felder wiederum sind Variablen mit un-terschiedlichen Datentypen vereinbart: eine Variable namens NUMMER für die Kundennummer ganzzahlig, eine Variable NAME als Text und eine Variable UMSATZ für den getätigten DM-Umsatz vom Datentyp Dezimalzahl. Die Datensätze stellen jeweils Verbunde (Records) dar. Der

---

1) Vier Datensätze der Kundendatei namens KUNDDATEI ausgedruckt:

(1)	101	Frei	6500.00
(2)	104	Maucher	295.60
(3)	109	Hildebrandt	4590.75
(4)	110	Amann	1018.75
(5)	......		

2) Datensatz namens KUNDSATZ als Verbund vereinbart:

KUNDSATZ: Verbund bzw. Record
  NUMMER: Ganzzahl
  NAME: Text
  UMSATZ: Dezimalzahl
Ende-Verbund

3) Vereinbarung der Datei in Entwurfsprache:

KUNDDATEI: Datei mit Datensätzen vom Typ KUNDSATZ

Inhalt und Vereinbarungen zur Kundendatei namens KUNDDATEI

Datensatz hat den Namen KUNDSATZ, und die Datei heißt KUNDDAT. Wie die in der Abbildung dargestellten vier Sätze zeigen, sollen die Kunden nach Kundennummern aufsteigend sortiert gespeichert sein. Mit (1),(2),... werden die Datensatznummern innerhalb der Datei angegeben.

Dateihierarchie: Eine Datei umfaßt mehrere Datensätze. Jeder Satz wiederum hat mehrere Datenfelder. Jedes Feld besteht aus mehreren Zeichen und jedes Zeichen wird als Byte bzw. Kombination von acht Bits gespeichert. Jeder Datensatz ist gleich aufgebaut und gleich lang (konstante Datensatzlänge für die meisten Dateisysteme). Die Überordnung Datei - Satz - Feld - Zeichen bezeichnet man auch als Dateihierarchie.

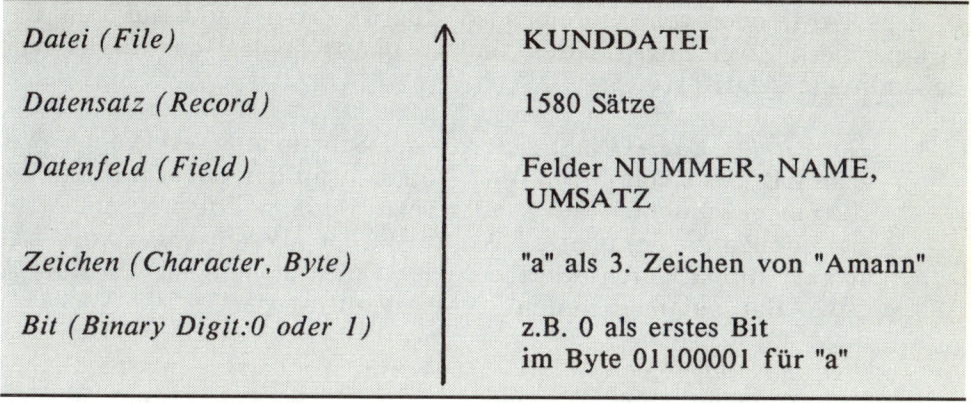

Datei (File)	KUNDDATEI
Datensatz (Record)	1580 Sätze
Datenfeld (Field)	Felder NUMMER, NAME, UMSATZ
Zeichen (Character, Byte)	"a" als 3. Zeichen von "Amann"
Bit (Binary Digit:0 oder 1)	z.B. 0 als erstes Bit im Byte 01100001 für "a"

Hierarchischer Aufbau einer Datei: Datei-Satz-Feld-Zeichen-Bit

1.5.1 Zugriffsart, Speicherungsform und Verarbeitungsweise

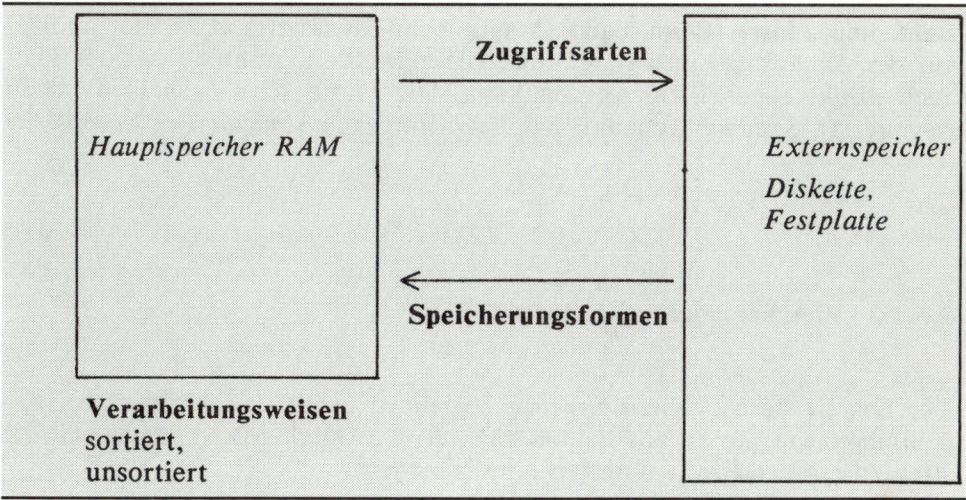

Zugriff, Speicherung und Verarbeitung einer Datei

Zwei Zugriffsarten:	indirekt (sequentiell) und direkt
Vier Speicherungsformen:	seriell, gestreut, indiziert und verkettet
Zwei Verarbeitungsweisen:	sortiert und unsortiert

1.5.1.1 Zwei Zugriffsarten

Auf eine Datei wird stets datensatzweise zugegriffen, sei es in den RAM hinein *(Lesen = Eingabe)* oder aus dem RAM hinaus *(Schreiben = Ausgabe)*. Entsprechend spricht man vom lesenden Zugriff (vom Externspeicher in den RAM) oder vom schreibenden Zugriff (vom RAM auf den Externspeicher). Zwei Zugriffsarten sind zu unterscheiden: der direkte und der indirekte Zugriff.

- *Der direkte Zugriff* läßt sich mit der Schallplatte vergleichen: Will man z.B. das siebte Musikstück hören, kann der Tonarm direkt bei diesem gewünschten Stück aufgesetzt werden. Entsprechend kann bei der Platte (Festplatte, Diskette) in der DV ein bestimmter Datensatz direkt durch Angabe seiner Datensatznummer als Adresse bzw. "Hausnummer" in den RAM gelesen werden.

- *Der indirekte Zugriff* ist - wie beim Tonband - umständlicher: Das Tonband muß z.B. zum siebten Musikstück gespult werden; wir können nur in der Reihenfolge zugreifen, in der früher einmal aufgenommen wurde. Dementsprechend muß in der DV Datensatz für Datensatz gelesen werden, bis z.B. der siebte Kunde gefunden ist.

Band und Platte: Beim Band (Magnetband, Kassette) kann nur indirekt auf den Datensatz einer Datei zugegriffen werden, während bei der Platte auch direkt zugegriffen werden kann. Die Platte wird deshalb auch *Direktzugriff-Speicher* genannt, das Band hingegen *sequentieller Speicher*.

1.5.1.2 Vier Speicherungsformen

Der Begriff der Speicherungsform bezieht sich auf das Abspeichern bzw. Schreiben von Sätzen aus dem RAM auf die Datei. Man kann seriell, gestreut/direkt, indiziert und verkettet speichern.

1. Serielle Speicherungsform:

Seriell speichern heißt starr fortlaufend speichern: Der nächste Neu-kunde wird als nächster Kunde hinter den zuvor gerade geschriebenen Datensatz gespeichert.

2. Gestreute Speicherungsform:

Gestreut speichern heißt, daß die Sätze zufällig über die Plattenoberfläche hinweg streuend abgelegt werden. Zur Erklärung folgendes Beispiel:

- In einem Betrieb seien die Kundennummern 101, 104, 109, 110, ..., 50000 vergeben. Würde man nach dem Verfahren *Kundennummer ergibt Datensatznummer* vorgehen, so würde man auf der Platte 50000 Speicherorte für die nur 1580 Kundensätze zu reservieren haben.
- Man versucht, die Anzahl der Speicherorte durch die Wahl eines geeigneten Adreßrechnungsverfahrens zu verdichten, wie z.B. mit dem *Divisions-Rest-Verfahren*. Das führt dann dazu, daß Kunde 48236 als 237. Satz und Kunde 3973 als 1831. Satz abgelegt ist, daß also gestreut gespeichert ist. Der Nachteil solcher Verfahren: Für mehrere Kundennummern kann sich ein und dieselbe Datensatznummer ergeben (Problem der Überläufer).

3. Indizierte Speicherungsform:

Nach der seriellen Speicherung und der gestreuten Speicherung nun zur indizierten Speicherung als dritter Form. Zur Erklärung folgendes Beispiel:

- Zusätzlich zur Kundendatei wird in einer Indexdatei zu jedem Namen die Datensatznummer gespeichert, unter der dieser Name in der Kundendatei zu finden ist: Kunde Maucher so z.B. als zweiter Satz. Wie die Kundendatei (zur Unterscheidung Haupt- oder Datendatei genannt) vier Kundensätze hat, so hat auch die Indexdatei vier Indexsätze.
- Dann wird diese Indexdatei nach Namen sortiert abgespeichert. Möchte man sich nun später alle Kunden nach Namen sortiert ausdrucken lassen, so geht man wie folgt vor:

1. Indirekter Zugriff auf den jeweils nächsten Indexsatz der sortierten Indexdatei.

2. Direkter Zugriff auf den Kundensatz, dessen Datensatznummer gerade zuvor aus der Indexdatei gelesen wurde. Dann mit 1) fortfahren, bis das Ende der Indexdatei erreicht ist.

1. **Zugriff indirekt** auf die Indexdatei bzw. auf den
   nächsten Indexsatz (Satznummer S gelesen).
2. **Zugriff direkt** auf die Datendatei bzw. auf den Satz
   mit Satznummer S.

Index-sequentieller Zugriff erfolgt stets in zwei Schritten

Indexdatei als Inhaltsverzeichnis: Eine Indexdatei kann als Inhaltsverzeichnis aufgefaßt werden, das - ähnlich den Seitenangaben in einem Buchinhaltsverzeichnis - die Satznummern der zugehörigen Datendatei anzeigt (indizieren bedeutet anzeigen). Zu der Kundendatei sind zumindest drei Indexdateien möglich: je eine für NUMMER, NAME und UMSATZ.

1) Kundendatei mit den ersten vier Datensätzen:

101	Frei	6500.00
104	Maucher	295.60
109	Hildebrandt	4590.75
110	Amann	1018.75

2) Indexdatei für Ordnungsbegriff NAME unsortiert:

Frei	1
Maucher	2
Hildebrandt	3
Amann	4

3) Indexdatei für NAME sortiert:

Amann	4
Frei	1
Hildebrandt	3
Maucher	2

Kundendatei als Datendatei mit zwei Indexdateien

Schneller Zugriff über den Index: Das Anlegen einer Indexdatei gestattet einen schnellen Zugriff sowie vielseitige Verarbeitungsarten. Zunächst zur Geschwindigkeit:

- In der kaufmännischen Praxis ist ein Kundensatz mit z.B. 300 Zeichen viel länger als unser Beispielsatz, der Indexsatz hingegen unverändert kurz, da er ja nur die beiden Komponenten NAME als Schlüsselfeld und SATZNR als Adreßfeld umfaßt. Das Durchsuchen oder Sortieren einer Indexdatei geht somit schneller vonstatten als das der zugehörigen Datendatei. Zumal die Indexdatei aufgrund ihres geringen Umfanges dabei komplett im Hauptspeicher gehalten werden kann, während die Datendatei aufgrund ihrer Größe zum Sortieren wiederholt ein- und ausgelagert werden muß.

- *Vielseitige Verarbeitung über Index:* Ein zweiter Vorteil besteht in der Vielseitigkeit: Hat man zu den Schlüsseln NAME, UMSATZ, PLZ, WOHNORT, VERTRETER, RABATT, KUNDESEIT, OFFENERPOSTEN je eine Indexdatei sortiert angelegt, so können die Kunden jederzeit nach diesen acht Ordnungsbegriffen sortiert in einer Übersicht ausgedruckt werden. Ebenso kann ein bestimmter Kunde über schnelle Suchverfahren wie etwa über das *binäre Suchen* am Bildschirm angezeigt werden.

4. Verkettete Speicherungsform:

Als vierte Speicherungsform wurde oben die verkettete Speicherung genannt. Dazu folgendes Beispiel:

- Der Kundensatz wird um zwei Datenfelder erweitert, in denen Zeiger bzw. Pointer gespeichert sind, die auf den jeweils nächsten Kundensatz zeigen. Das erste Zeigerfeld verkettet die Sätze nach Namen aufsteigend sortiert: Nach dem Lesen von Amann (A für Ankeradresse) verweist Zeigerfeldinhalt 1 auf Frei, der dann eingelesen wird; dann zeigt Zeiger 3 auf Hildebrandt als drittem Satz, worauf mit Zeiger 2 auf Maucher zugegriffen wird, dessen Zeiger 0 das Ende der Kette signalisiert.

- Über diese Kette 3-0-2-1 können die Kunden rasch alphabetisch geordnet aufgelistet werden. Die zweite Kette 0-4-1-3 verkettet Kunden nach deren Umsatz geordnet.

Logische Ordnungen: Das Beispiel zeigt, daß über die verkettete Speicherung beliebig viele logische Ordnungen gebildet werden können, ohne die Datensätze dazu physisch auf dem Externspeicher umspeichern zu müssen.

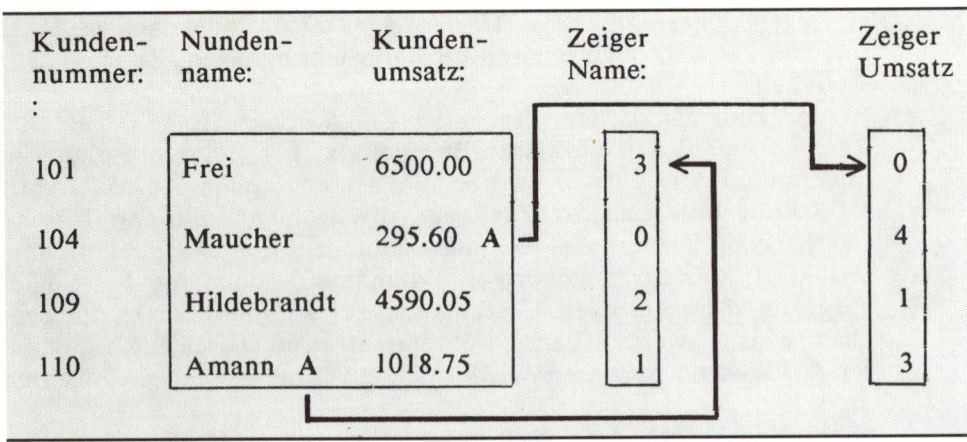

Kunden- nummer: :	Nunden- name:	Kunden- umsatz:	Zeiger Name:	Zeiger Umsatz
101	Frei	6500.00	3	0
104	Maucher	295.60 A	0	4
109	Hildebrandt	4590.05	2	1
110	Amann A	1018.75	1	3

Kundendatei mit Verkettung über zwei Zeigerfelder (A=Anker)

1.5.1.3 Zwei Verarbeitungsweisen

Nach den zwei Zugriffsarten und den vier Speicherungsformen nun zu den zwei Verarbeitungsweisen: zur sortierten und zur unsortierten Verarbeitung.

Sortierte Verarbeitungsweise: Eine Datei sortiert verarbeiten heißt, daß eine physisch oder logisch zusammenhängende Folge von Datensätzen verarbeitet wird. Beispiele: Auflisten des gesamten Dateiinhaltes; Gehaltsabrechnung für alle Angestellten eines Betriebes. Wenn die Bewegungsdatei (Lagerzugänge und -abgänge) genauso sortiert vorliegt wie die Bestandsdatei (Artikel insgesamt), so wird von einer sortierten Verarbeitung gesprochen.

Unsortierte Verarbeitungsweise: Bei der unsortierten Verarbeitung werden einzelne Sätze einer Datei ggf. mehrmals direkt angesprochen. Beispiele: Verarbeiten einzelner Kundenaufträge; Auskunft erteilen über den derzeitigen Kontostand.

1.5.2 Vier Organisationsformen von Dateien

Je nach Kombination von *Zugriffsart* (Eingabe eines Datensatzes vom Externspeicher in den Hauptspeicher RAM), *Speicherungsform* (Ausgabe vom RAM auf den Externspeicher) und *Verarbeitungsweise* (Verarbeitung intern im Hauptspeicher) kann eine Vielzahl von Datei-Organisationsformen unterschieden werden. Folgende vier Organisationsformen werden heute am häufigsten genannt - wenn auch kaum einheitlich ausgelegt.

Sequentielle Datei:
- Indirekter Zugriff, serielle Speicherung und sortierte Verarbeitung bei zumeist sortierter Speicherungsfolge.
- Typische Banddatei (Magnetband, Kassette).

Direktzugriff-Datei:
- Direkter Zugriff, oft gestreute Speicherung und unsortierte Verarbeitung.
- Typische Plattendatei (Magnetplatte, Diskette, Festplatte).
- Bezeichnungen: Random-Datei, Relative Datei.

Index-sequentielle Datei:
- Kombination von sequentieller - und Direktzugriff-Datei.
- Alle Zugriffsarten, Speicherungsformen und Verarbeitungsweisen möglich.
- Kennzeichnend ist die indizierte Speicherung.

Verkettete Datei:
- Indirekter Zugriff, Verkettete Speicherungsform bei sortierter Verarbeitung.

Vier grundlegende Organisationsformen von Dateien

Die rein sequentiell organisierte Datei wird mit der zunehmenden Verbreitung von Wechselplatte, Festplatte und Diskette immer mehr durch die Direktzugriff-Datei und die index-sequentielle Datei verdrängt.

1.5.3 Grundlegende Abläufe auf Dateien

Die Dateiverarbeitung umfaßt viele Abläufe: So müssen Daten zunächst einmal erfaßt bzw. computerlesbar gemacht werden, um sie dann auf einem Externspeicher abzulegen, später wieder zu suchen, abzuändern, auszudrucken, zu löschen usw. Zusammenfassend kann man hierzu elf grundlegende Abläufe zum Einrichten, Verwalten und Auswerten von Dateien unterscheiden. Jedes kommerzielle Datei-System mit dem Anspruch auf eine universelle Verwendbarkeit wird diese Abläufe bereitstellen.

Datei-Algorithmen: Die elf grundlegenden Abläufe beziehen sich auf die vier Datei-Organisationsformen (sequentiell, Direktzugriff, index-sequentiell, verkettet) gleichermaßen. Man spricht auch von den grundlegenden Datei-Algorithmen (ein Algorithmus ist eine Folge von Anweisungen, der in einer endlichen Schritt-Anzahl zur Lösung eines Problems führt).

1) Anlegen:
  Datei(-struktur) auf einem Externspeicher leer einrichten.

2) Neu schreiben:
  Datensätze erfassen und neu in die Datei hinzufügen.

3) Lesen:
  Einen oder mehrere Sätze in den RAM lesen und dann anzeigen.

4) Bewegen:
  Zu- und Abgänge mengenmäßig (Lagerbestandsfortschreibung)
  oder wertmäßig (Kontoführung) aktualisieren.

5) Ändern:
  Sätze löschen (entfernen) oder inhaltlich abändern.

6) Sortieren:
  Sätze in eine auf- oder absteigende Sortierfolge bringen.

7) Mischen:
  Quelldateien zu einer Zieldatei sortiert zusammenfügen.

8) Kopieren:
  Datei abbildgetreu (Back up) oder geändert (Teildatei bilden)
  übertragen bzw. kopieren.

9) Auswählen:
  Sätze, die bestimmten Bedingungen genügen, heraussuchen
  bzw. selektieren (Satzgruppen bilden).

10) Klassifizieren:
  Datei nach bestimmten Größenklassen auswerten.

11) Verdichten:
  Sätze nach Merkmalen gruppieren und Gruppensummen
  bilden (Gruppenwechsel).

Elf grundlegende Abläufe bzw. Algorithmen auf Dateien

Zum Ablauf "1) Anlegen": Hier wird die Struktur als das Definitionsgerüst einer neuen Datei festgelegt. Spezielle Dateiverwaltungssysteme wie z.B. dBASE sehen dazu gesonderte Befehle vor (z.B. CREATE).

Zum Ablauf "4) Bewegen": Bewegungen werden in der Regel gesammelt (gestapelt), als Bewegungsdatei gespeichert und dann zu einem Termin wie z.B. zum Wochenende in einem Arbeitsgang verarbeitet.

Zum Ablauf "5) Ändern": Sätze können tatsächlich (= physisch) oder nur durch eine bestimmte Markierung wie BESTAND=-99 (= logisch) gelöscht werden; die Inhaltsänderung kann ein oder mehrere Datenfelder betreffen.

Zum Ablauf "6) Sortieren": Es kann intern im RAM und/oder extern auf Band bzw. Platte sortiert werden. Dabei werden die Datensätze selbst oder aber nur deren Adressen (Speicherplätze) in eine neue Reihenfolge gebracht.

Zum Ablauf "8) Kopieren": Beim Back Up duplizieren wir eine Datei unverändert. Ebenso läßt sich eine Datei als Kopie von einer anderen Datei bei gleichzeitigem Ändern (Verkürzen, Erweitern, Modifizieren) erstellen.

Zum Ablauf "9) Auswählen": Hat die Datei n Sätze, so kann man genau einen Kunden (110), mehrere vorgegebene Sätze (Kunden 101, 104 und 110) oder eine unbestimmte Satzanzahl (alle Kunden unter 10.000 DM Umsatz) auswählen.

Zum Ablauf "10) Klassifizieren": Hier wird z.B. eine Artikeldatei nach Lagerorten und Umschlagshäufigkeit tabellarisch ausgewertet.

Zum Ablauf "11) Verdichten": Der Gruppenwechsel kann einstufig (Absatz je Vertreter) oder zweistufig (Absatz je Vertreter und Artikel) vorgenommen werden.

Vier Dateiarten: In Abschnitt 1.1.1 wurden Bestands- und Bewegungsdaten sowie Stamm- und Änderungsdaten unterschieden. Entsprechend gibt es dem Inhalt nach vier Dateiarten:
- die Bestandsdatei (z.B. Artikelbestandsdatei)
- die Bewegungsdatei (z.B. Zu-/Abgänge von Artikellagerbeständen)
- die Stammdatei (z.B. Kundenstammdatei)
- die Änderungsdatei (z.B. Anschriftsänderung von Kunden)
Die obigen Datei-Algorithmen beziehen sich auf die Dateiarten gleichermaßen.

1.5.4 Datei öffnen, verarbeiten und schließen

Beim Lesen, Schreiben oder Ändern einer Datei geht man immer in drei Schritten vor: *Datei öffnen, verarbeiten und schließen.*

1. Datei öffnen:
- Verbindung zwischen Datei und Programm herstellen (Dateiname, Zugriffsart, Verbindungskanal usw.).

2. Datei verarbeiten:
- Lesen (eingeben), schreiben (ausgeben) und/oder ändern (ein-/ ausgeben bzw. überschreiben).

3. Datei schließen:
- Verbindung ordnungsgemäß beenden (Dateiende EOF (End of File) kennzeichnen, Directory (Inhaltsverzeichnis) auf Datei zurückübertragen).

Dateizugriff in drei Schritten

Treiber: Bei komplexen Datei-Algorithmen sind für die drei Schritte *Öffnen, Verarbeiten* und *Schließen* jeweils gesonderte Unterprogramme vorgesehen, die *Programmvorlauf, Programmtreiber* und *Programmabschluß* genannt werden.

Dateiweiser Datenverkehr: Ist eine Datei auf Band abgespeichert, liest man sie nach dem Eröffnen häufig in einem Arbeitsgang komplett in den Hauptspeicher, um sie dort z.B. als Array (Feld, Bereich, Tabelle) verarbeiten zu können. Erst unmittelbar vor dem Schließen wird die aktualisierte Datei dann - wiederum komplett - auf die Kassette zurückgeschrieben. Man bezeichnet dies als dateiweisen Datenverkehr.

Datensatzweiser Datenverkehr: Ist die Datei größer als der im RAM intern verfügbare Speicherplatz, dann ist dieses Vorgehen nicht möglich. Als Gegenstück kann man mit Schritt 2 je einen Datensatz einzeln in den RAM übertragen und umgekehrt (datensatzweiser Datenverkehr). Zwischen diesen beiden Extremen - Datenverkehr dateiweise oder datensatzweise - gibt es natürlich zahlreiche Abstufungen.

1.5.5 Eine oder mehrere Dateien verarbeiten

Dateiverkettung: In der kaufmännischen Praxis wird man nur selten eine Datei einzeln verarbeiten. Vielmehr sind zumeist mehrere Dateien in ein System eingebunden; man spricht dann häufig von Dateiverkettung. Dazu ein Beispiel: In einer Lagerverwaltung sind die "Artikelstammdatei", "Bestandsdatei", "Bestelldatei (Einkauf)" und "Auftragsdatei (Verkauf)" verkettet, um von einem Programm(-paket) verwaltet zu werden; Datenverwaltungssystem ist die oft verwendete Bezeichnung hierfür.

Integrierte DV: Wird nicht nur die Aufgabe der Lagerverwaltung gelöst, sondern werden sämtliche betrieblichen Aufgaben in einem Datei-System eingebunden, dann spricht man oft von integrierter Datenverarbeitung.

1.5.6 Datenbank

1.5.6.1 Datenbank-Managementsystem

Problem der Datenredundanz: Bei isolierter Verarbeitung einzelner Dateien wie auch bei der Dateiverkettung ist nicht zu vermeiden, daß ein Datum mehrfach in verschiedenen Dateien gespeichert ist; man spricht von der *Datenredundanz*. So kann z.B. ein Kunde samt Kundenanschrift in der Kundenstammdatei, der Offene-Posten-Datei und der Weihnachtsgeschenkedatei dreifach gespeichert sein. Um dies zu vermeiden, faßt man sämtliche Daten in einer gemeinsamen Datenbasis zusammen, die **Datenbank** genannt wird. Eine solche Datenbank kann (für sich allein genommen) ebenfalls als Verkettung von Dateien angesehen werden. Neu dabei ist, daß auf alle Elemente der Datenbank über ein *Datenbankmanagementsystem (DBMS)* zentral zugegriffen wird. Das DBMS besteht aus mehreren Systemprogrammen zur Durchführung von Aufgaben wie dem Ändern von Daten der Datenbank, dem gleichzeitigen Zugriff mehrerer Benutzer, dem Abfragen von Daten, dem Überprüfen der Zugriffsberechtigung usw.

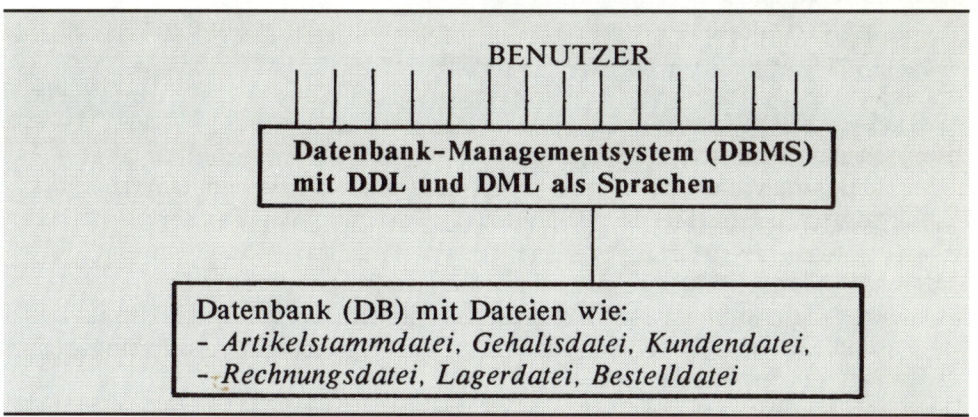

Das Datenbank-System (DBS) besteht aus Datenbank (DB) und DBMS

Mit dem DBMS werden dem Benutzer unter anderem zwei sprachliche Hilfsmittel zur Verfügung gestellt:
- Zum einen die **Daten-Definitions-Sprache DDL** (Data Definition Language) zum Aufbau und zur Pflege der Datenbank. Mit der DDL werden z.B. die Datensätze definiert (Name, Anzahl, Daten-

typ, Länge der Satzkomponenten). Sie richten sich mehr an den Programmierer bzw. an den Datenbankverwalter.

- Zum anderen eine **Daten-Manipulations-Sprache DML** (Data Manipulation Language) zur eigentlichen Behandlung der Daten. Diese DML richtet sich mehr an den Sachbearbeiter, der ein Abfragen wie "Drucke eine Übersicht aller Kunden aus, die offene Rechnungen über DM 5000.- zu begleichen haben" laufen läßt. Die DML wird auch als Abfragesprache bzw. Query-Language bezeichnet.

Datenbank-Sprachen weisen wie Programmiersprachen zumeist englische Anweisungsworte auf wie etwa FIND zur Suchanfrage, READ zum Lesen, WRITE zum Schreiben, DELETE zum Entfernen, INSERT zum Einfügen von Datensätzen.

SQL als Standard: Auf Großrechnern hat sich *SQL (Structured Query Language)* als Standard-Abfragesprache durchgesetzt. Heute dringt SQL immer stärker in der PC-Bereich (unter den Betriebssystemen MS-DOS, Unix, OS/2) vor.

Unterschiede Datei - Datenbank: Das herkömmliche Datei-System unterscheidet sich in zumindest drei Punkten vom Datenbank-System: in der Redundanz, Vielfachverwendbarkeit und Datenunabhängigkeit.

Redundanzfreiheit:
>   In der Datenbank werden die Daten möglichst redundanzfrei abgelegt, d.h. nicht mehrfach gespeichert.

Vielfache Verwendbarkeit:
>   In der Datenbank werden die Daten vielfach verwendbar abgelegt, um vielen Benutzern einen möglichst einfachen Direktzugriff zu gestatten.

Datenunabhängigkeit:
>   Die Programme bzw. Zugriffspfade arbeiten datenunabhängig in dem Sinne, daß bei der Änderung der Daten keine Änderung des Programms notwendig wird.

Drei Vorteile des Datenbank-Systems gegenüber dem Datei-System

1.5.6.2 Strukturiertes und unstrukturiertes Datenbank-System

Zwei grundlegende Datenbank-Systeme sind zu unterscheiden: das strukturierte und das unstrukturierte Datenbank-System. Strukturiert bedeutet, daß in der Datenbank Information zum Verweisen auf weitere Infor-

mation abgespeichert ist; damit muß bei Anfragen stets entlang der vor-
gegebenen Pfade vorgegangen werden. Im Gegensatz dazu gibt es bei der
unstrukturierten Datenbank keine vordefinierten Zugriffspfade; damit
verlangsamt sich der Zugriff, gleichzeitig jedoch hat man unbegrenzte
Möglichkeiten, Daten nach bestimmten Suchkriterien abzufragen.

Datenbank-System (DBS)

┌─── **STRUKTURIERT:**
│   - Suchbegriffe, Zugriffspfade festgelegt gespeichert.
│   - Hierarchisches DBS: Daten baumartig verkettet.
│   - *Netzwerk-Modell CODASYL:* Netz von Zugriffspfaden.
│
└─── **UNSTRUKTURIERT:**
      - Verknüpfung der Information erst im Moment der Abfrage.
      - Invertierte Dateien: Zugriff über Indexlisten.
      - *Relationen-Modell:* Anordnung der Daten in Tabellenform.

Strukturiertes und unstrukturiertes Datenbank-System

CODASYL-Modell: Beim Netzwerk-Modell gemäß dem CODASYL-Aus-
schuß (COnference of DAta SYstem Language in den USA im Jahre 1971)
sind die in der Datenbank abgelegten Daten in *Datentypen* (Item Types)
sowie in *Datensatztypen* (Record Types) zu gliedern, wobei zwischen den
verschiedenen Datensatz-Typen sogenannte Beziehungstypen (Set Types)
definiert werden.

Relationale Datenbank: Bei der relationalen Datenbank als Gegenstück
zum Netzwerk-Modell werden nur Datensätze im herkömmlichen Sinne
unterschieden, wobei die einzelnen Datensatzkomponenten bzw. Datenfelder in Beziehung zueinander stehen wie die Zeilen und Spalten einer
Matrix (Tabelle bzw. zweidimensionaler Array). Das Datenbanksystem
dBASE gilt als weitverbreiteter Vertreter der relationalen Datenbank. Als
Beispiel wird die Kundendatei von Abschnitt 1.5.1 wiedergegeben:

101	Frei	6500.00
104	Maucher	295.60
109	Hildebrandt	4590.05
110	Amann	1018.75

...

- Matrix mit n Zeilen und 3 Spalten.
- Jeder Zeile entspricht ein Datensatz.
- Jeder Spalte entspricht ein Datenfeld.
- Zugriffsbeispiel: Matrix(2,3) ergibt 295.60 (2. Zeile, 3. Spalte).

Kundendatei als Beispiel einer Relation (Matrix)

Das Relationen-Modell ist weit anschaulicher als das Netzwerk-Modell. Komplexe Datenstrukturen allerdings lassen sich in einer "flachen Matrix" nur schwer darstellen.

Mehrfunktionale Pakete: Ursprünglich lag die Aufgabe eines Datenbank-Systems in der Informationswiedergewinnung (= Information Retrieval) bzw. in der Auskunftserteilung. Zunehmend werden kommerzielle Datenbank-Systeme angeboten, die darüberhinaus andere Aufgaben bzw. Funktionen wie das Rechnen (sogenannte "rechnende Datenbanken") oder z.B. die Textverarbeitung übernehmen.

Datenbank-Maschine: "... eine dedizierte Datenbank-Maschine, die mit einem Host-Computer günstiges Datenmanagement bietet". Was beinhaltet eine solche Anzeige? Eine Datenbank-Maschine ist kein Allzweck-Computer, sondern ein Automat, dessen Hardware ausschließlich auf die Verwaltung einer Datenbank ausgerichtet bzw. dediziert ist. Darüberhinaus gibt es kein "normales" Betriebssystem, sondern nur ein Softwarepaket, das immer im Speicher resident ist und dabei sämtliche Funktionen einer relationalen Datenbank übernimmt. Damit sind wir bei der Begründung: Relationale Datenbanken benötigen viel Speicherplatz sowie CPU-Zeit, der Personalcomputer wird allzu leicht überlastet. Deshalb die Hinwendung von der "Software-Datenbank" zur "Hardware-Datenbank-Maschine", die an den Personalcomputer als Host bzw. Wirt und Gastgeber angeschlossen wird. Diese Lösung hat die folgenden Vorteile: Der PC als Host wird nicht durch die Datenbank belastet; die Größe der Datenbank ist unabhängig von der Größe des PCs.

I Grundlagen

1

Entwicklung von Software allgemein

Die Programmentwicklung wird als Teil der DV-Systementwicklung vorgenommen und vollzieht sich wie diese in Teilschritten. Mag die Terminologie auch unterschiedlich sein, die Programmentwicklung wird stets in der Schrittfolge

>A. AUFGABENBESCHREIBUNG
>B. ABLAUFBESCHREIBUNG
>- Problemanalyse
>- Entwicklung des Algorithmus
>- Programmierung im engeren Sinne
>- Dokumentation

durchgeführt werden. Am Beispiel der Rechnungsstellung wollen wir diese Teilschritte im Abriß kurz erläutern.

A. Aufgabenbeschreibung

>1. Beschreibung der Problemstellung
>2. Strukturbaum mit Ebenengliederung, Teilproblem-Abgrenzung

B. Ablaufbeschreibung

>3. Problemanaylse
>- AEV-Analyse (Ausgabe-Eingabe-Verarbeitung)
>- Variablenliste
>
>4. Entwicklung und Darstellung des Algorithmus
>- Struktogramm nach DIN 66161 und 66162
>- Programmablaufplan (PAP)
>- Schrittplan
>- Halbformale Beschreibung: Pseudocode, Entwurfsprache
>- Codierung in einer Programmiersprache
>
>5. Programmierung im engeren Sinne
>- Eingabe und Speicherung der Codierung (Quelltext)
>- Übersetzung von Quelltext in Objektcode
>- Schreibtischtest
>- Computertest: Ausführung von Objektcode, Korrektur
>
>6. Dokumentation für Anwendung und Wartung

Programmentwicklung in sechs Teilschritten

1.6.1 Aufgabenbeschreibung mit Problemstellung und Strukturbaum

Die Problemstellung wird verbal beschreiben. Dabei ist es häufig schon möglich, das Problem in Form eines Schrittplans zu gliedern. Zum Problem der Rechnungsschreibung könnte der Schrittplan wie folgt aussehen:

---

1. Rechnungs- und Kundennummer mit Datum eintippen.
2. Rechnungskopf drucken
3. Rehnungszeile(n) aufbereiten und drucken
4. Rechnungsabschluß drucken
5. Kundendatei aktualisieren
6. Eintrag in die Offene-Posten-Datei

Schrittplan zur Rechnungsschreibung

Nach dem Schrittplan gliedert man die gestellte Aufgabe in Form eines Strukturbaumes bzw. Blockdiagrammes in Teilaufgaben. Die Teilaufgaben werden später in getrennten Modulen oder in Unterprogrammen (Prozeduren, Funktionen) bearbeitet. Der Strukturbaum zum obigen ersten Schritt könnte so aussehen:

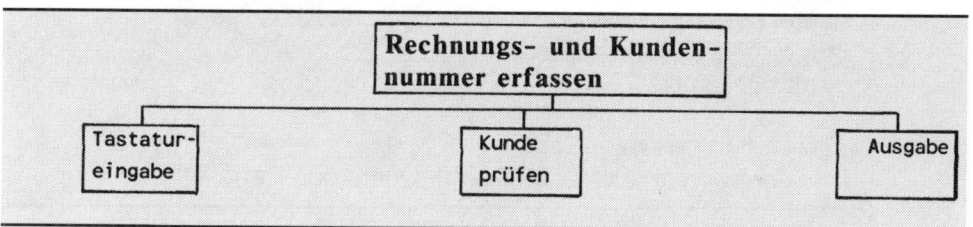

Strukturbaum gliedert hier in drei Teilaufgaben

1.6.2 Problemanalyse

Ein Problem analysieren heißt, dieses in seine Bestandteile zu zerlegen. Bei der Problemanalyse geht man nach der Idee *Vom Einfachen zum Schwierigen* von den Ausgabedaten aus, da diese ja mit der Problemstellung als dem erwartetem Resultat vorgegeben sind. Erst danach wendet man sich der Analyse der Eingabe und der Verarbeitung zu.

- **Ausgabe-Analyse:** *Daten* (z.B. Rechnungszeile mit Artikelnummer, Bezeichnung, Menge, Einheit, Einzel- und Gesamtpreis), *Form* (z.B. Drucker für Rechnung, Diskette für Offene-Posten-Datei), Listbilder zum Ausgabeformat, Zeitpunkt der Ausgabe.
- **Eingabe-Analyse:** *Daten* (Kundennummer, Artikelnummer und Anzahl sowie Datum), *Form* (z.B. Tastatur, Diskette für Kundendatei und Artikeldatei).

- **Verarbeitungs-Analyse:** Die Verarbeitungsschritte ergeben sich aus den Ausgabe- und Eingabeanforderungen (z.B. Menge * Einzelpreis ergibt Gesamtpreis).

Variablenliste: In einer Variablenliste werden sämtliche Namen mit ihren Datentypen zusammengefaßt und beschrieben. In einem Datei-Verzeichnis werden die Dateien mit den entsprechenden Datensatz-Beschreibungen festgehalten.

1.6.3 Entwicklung und Darstellung des Algorithmus

Für den nun zu entwickelnden Algorithmus bzw. Lösungsablauf stehen verschiedene Darstellungsformen zu Verfügung:

Darstellung verbal:
- Entwurfsprache, algorithmischer Entwurf bzw. Pseudocode

Darstellung grafisch:
- Datenflußlan (primär Datenträger, Geräte)
- Programmablaufplan (PAP)
- Struktogramm

Darstellung computerverständlich:
- Programmiersprache (z.B. Pascal-Quelltext, Basic-Quelltext)

Formen zur Darstellung eines Ablaufes

1.6.3.1 Datenflußplan

Im Datenflußplan werden die Datenträger bzw. Geräte, die Arten zur Bearbeitung und der Datenfluß zwischen den Datenträgern grafisch festgehalten. Der Datenflußplan ist somit hardwareorientiert.

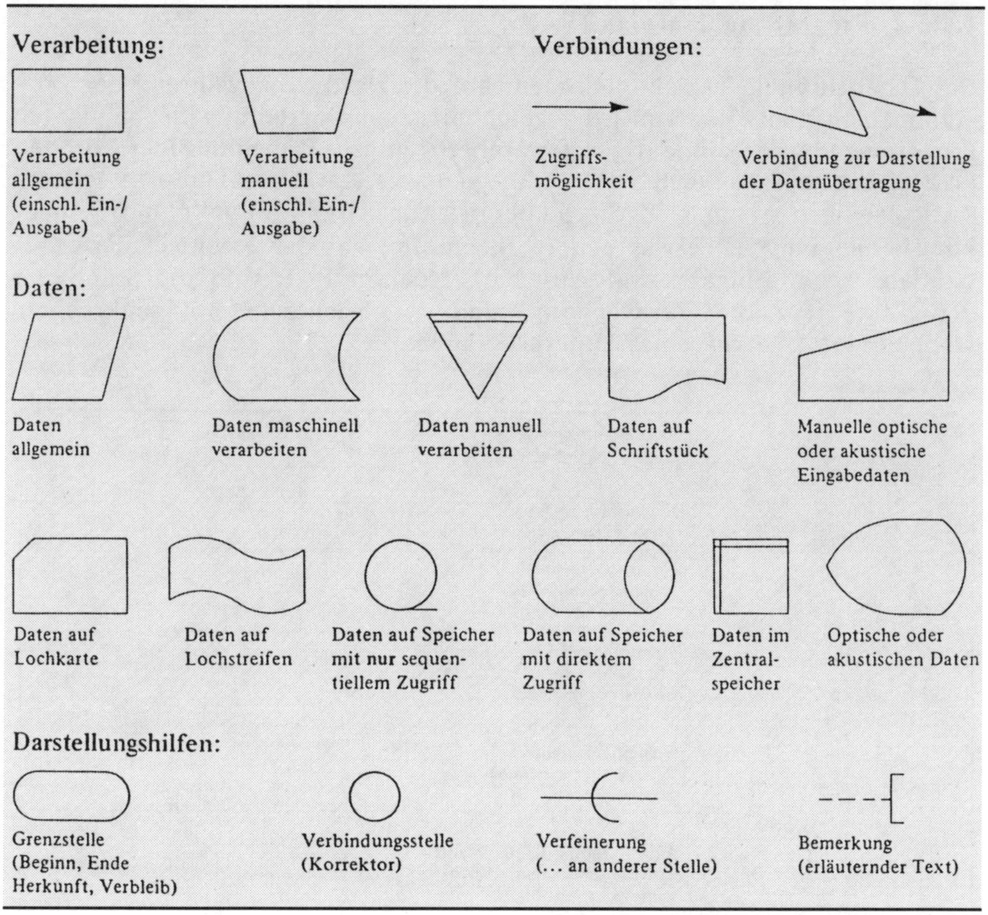

Verarbeitung:

Verarbeitung
allgemein
(einschl. Ein-/
Ausgabe)

Verarbeitung
manuell
(einschl. Ein-/
Ausgabe)

Verbindungen:

Zugriffs-
möglichkeit

Verbindung zur Darstellung
der Datenübertragung

Daten:

Daten
allgemein

Daten maschinell
verarbeiten

Daten manuell
verarbeiten

Daten auf
Schriftstück

Manuelle optische
oder akustische
Eingabedaten

Daten auf
Lochkarte

Daten auf
Lochstreifen

Daten auf Speicher
mit **nur** sequen-
tiellem Zugriff

Daten auf Speicher
mit direktem
Zugriff

Daten im
Zentral-
speicher

Optische oder
akustischen Daten

Darstellungshilfen:

Grenzstelle
(Beginn, Ende
Herkunft, Verbleib)

Verbindungsstelle
(Korrektor)

Verfeinerung
(... an anderer Stelle)

Bemerkung
(erläuternder Text)

Sinnbilder für Datenflußpläne nach DIN 66001

Für die Rechnungsschreibung könnte der Datenflußplan in seiner knapp-
sten Form etwa so aussehen:

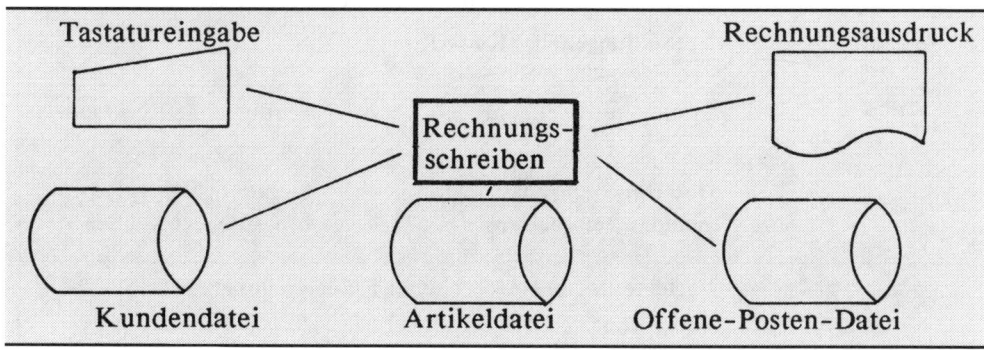

Einfacher Datenflußplan zur Rechnungsschreibung

1.6.3.2 Programmablaufplan (PAP)

Der Datenflußplan bezieht sich mehr auf die Hardware, während der Programmablaufplan (PAP) mit der zeichnerischen Darstellung des geplanten
Programmablaufes eindeutig softwarebezogen ist. Die Sinnbilder für den
PAP sind ebenfalls nach DIN 66001 genormt. Im Datenflußplan wie im
PAP gleichbedeutend sind die Sinnbilder für Anschlußpunkt und Bemerkung. Eine im PAP etwas andere Bedeutung hat das Rechteck (Wertzuweisung sowie Eingabe und Ausgabe). Neu im PAP sind die Sinnbilder
der Raute (für die Verzweigung) und des Rechtecks mit senkrechten
Doppellinien (Aufruf eines Unterprogramms).

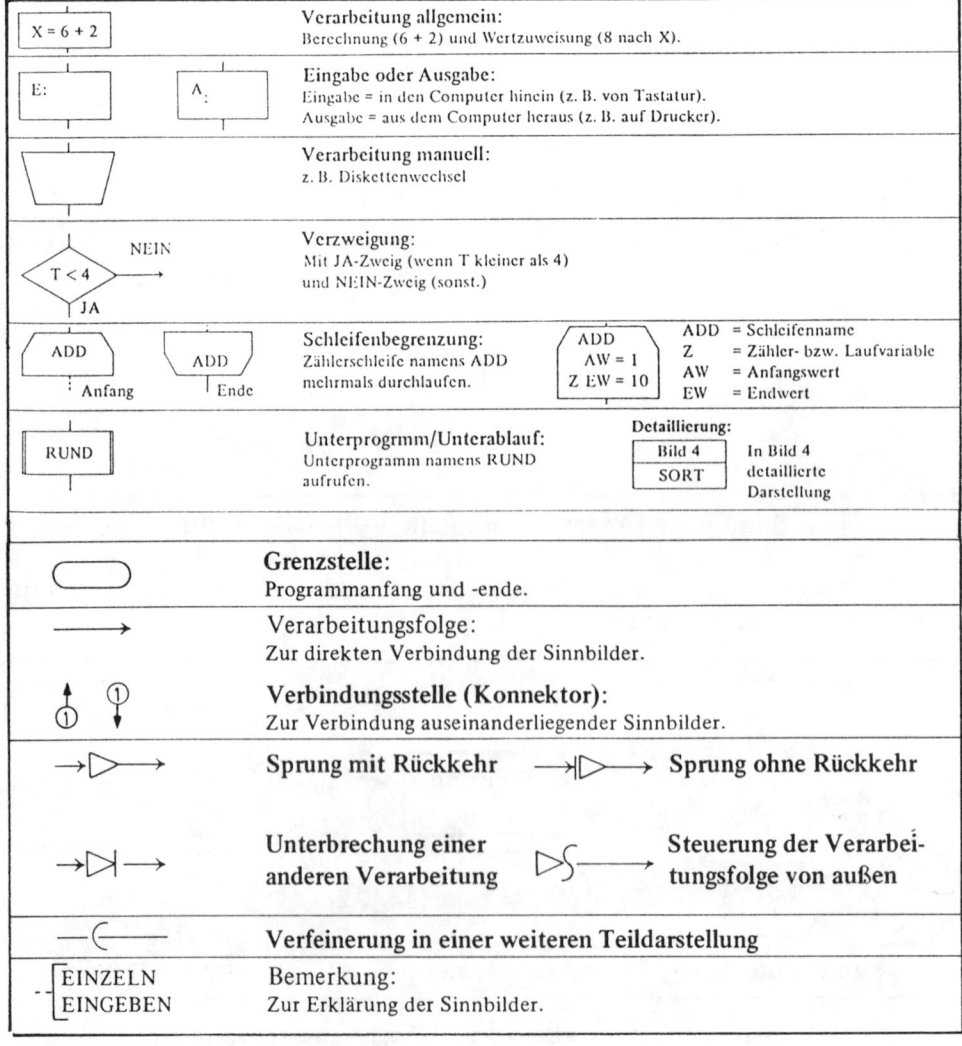

Sinnbilder für Programmablaufpläne (PAPs)

Die zum Teilschritt "Kunde prüfen" (obiger Schrittplan) zugehörige Anweisungsfolge kann als PAP z.B. so aussehen:

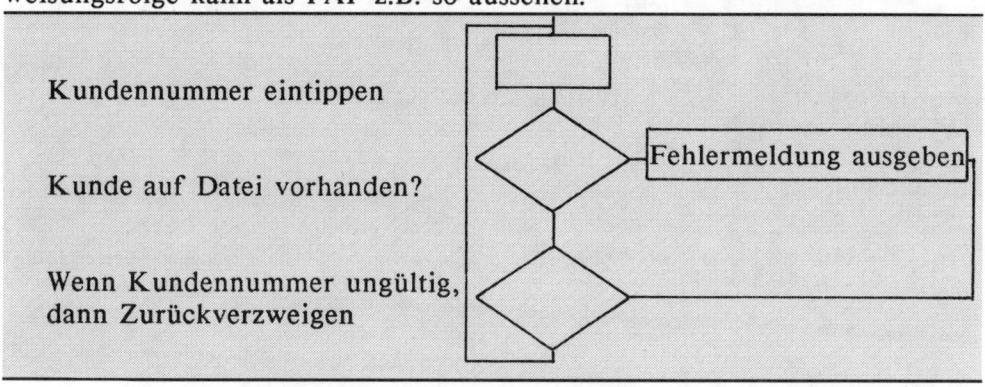

PAP zu Teilschritt "Kunde prüfen" (obiger Schrittplan)

1.6.3.3 Struktogramm

Neben dem PAP wird ein weiteres Hilfsmittel zur zeichnerischen Darstellung von Programmabläufen verwendet: das Struktogramm, auch *Struktur-diagramm* oder (nach dem Erfinder) *Nassi-Shneiderman-Diagramm* genannt. Struktogramme haben wir bereits in Abschnitt 1.3 verwendet, um damit die grundlegenden Programmstrukturen darzustellen.

Im folgenden Struktogramm wird der Ablauf "Kunde prüfen" dargestellt:

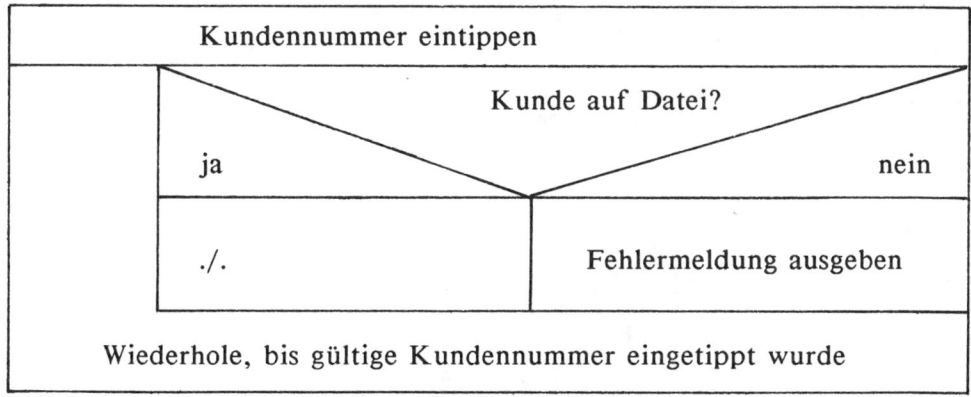

Struktogramm zu Teilaufgabe "Kunde prüfen"

Beim Struktogramm sind die Programmstrukturen deutlich erkennbar: eine nicht-abweisende Schleife, die eine einseitige Auswahl einschachtelt.

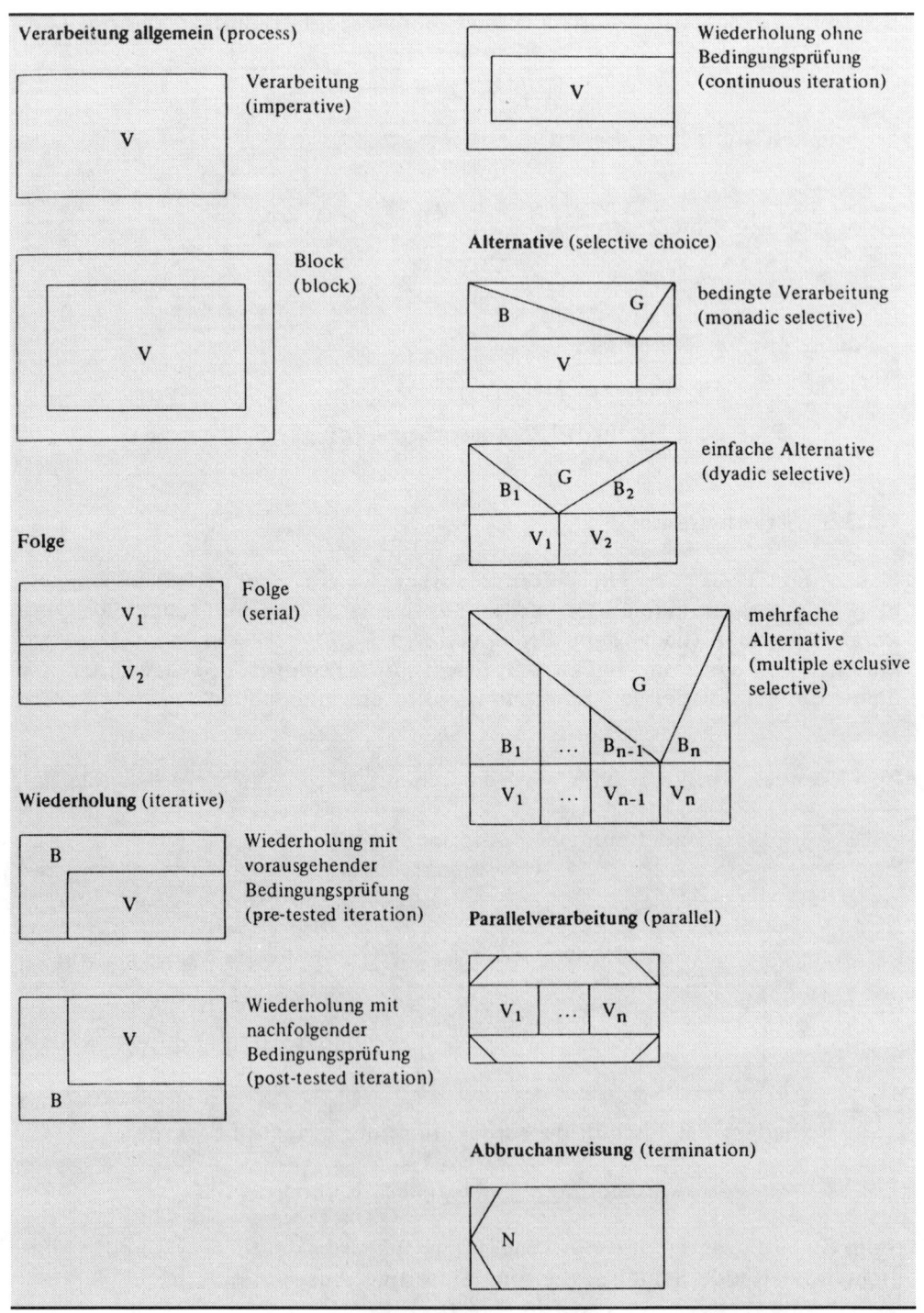

Verarbeitung allgemein (process)

Verarbeitung
(imperative)

V

Block
(block)

V

Folge

Folge
(serial)

V_1

V_2

Wiederholung (iterative)

B

V

Wiederholung mit
vorausgehender
Bedingungsprüfung
(pre-tested iteration)

V

B

Wiederholung mit
nachfolgender
Bedingungsprüfung
(post-tested iteration)

Wiederholung ohne
Bedingungsprüfung
(continuous iteration)

V

Alternative (selective choice)

B   G

V

bedingte Verarbeitung
(monadic selective)

B_1 G B_2

V_1 V_2

einfache Alternative
(dyadic selective)

G

B_1 ... B_{n-1} B_n

V_1 ... V_{n-1} V_n

mehrfache
Alternative
(multiple exclusive
selective)

Parallelverarbeitung (parallel)

V_1 ... V_n

Abbruchanweisung (termination)

N

Sinnbilder für Struktogramme nach DIN 66261

Mehrere Programmstrukturen im Struktogramm: Programmstrukturen können hintereinander oder geschachtelt angeordnet sein. Zwei Beispiele:
- Struktogramm links: Eine abweisende Schleife (Wiederholungsstruktur) schachtelt eine einseitige Auswahl (Auswahlstruktur) ein.
- Struktogramm rechts: Eine nicht-abweisende Schleife und eine zweiseitige Auswahl sind hintereinander angeordnet.

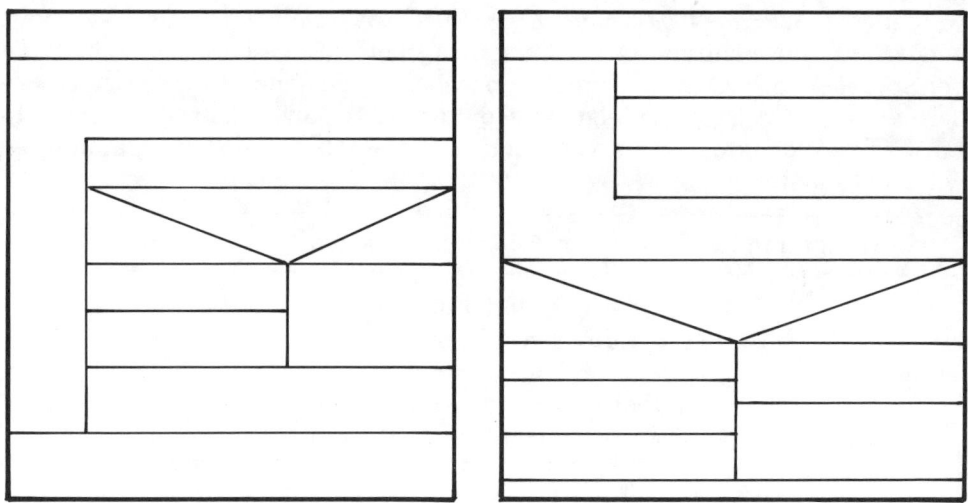

1.6.3.4 Entwurfsprache bzw. Pseudocode

Neben diesen grafischen Darstellungsmöglichkeiten des Lösungsablaufes verwendet man oft eine Entwurfsprache als Pseudocode, um den Programmentwurf umgangssprachlich darzustellen (Abschnitt 1.3.1.). Der oben als PAP sowie Struktogramm dargestellte Ablauf läßt sich in der Entwurfsprache wie folgt beschreiben:

> *Wiederhole*
>   *Tippe die Kundennummer ein*
>   *wenn die Kundennummer in der Kundendatei gefunden wurde*
>   *dann tue nichts*
>   *sonst zeige eine Fehlermeldung am Bildschirm*
>   *Ende-wenn*
> *bis eine Kundennummer als gültig erkannt wurde*

Algorithmischer Entwurf zu Teilaufgabe "Kunde prüfen"

Der algorithmische Entwurf stellt häufig die unmittelbare Vorstufe zur Programmierung dar.

1.6.4 Programmierung im engeren Sinne

Programmieren heißt, den zeichnerisch und/oder verbal dargestellten Algorithmus in eine Programmiersprache umzusetzen und auszutesten. Dabei werden die Schritte *Codierung, Eingabe, Übersetzung* und *Testen* zumeist wiederholt durchlaufen. Der Übersetzungslauf als gesonderter Schritt ist bei Sprachen mit Compiler, nicht aber bei solchen mit Interpreter erforderlich. Das Austesten erfolgt als Computertest sowie Schreibtischtest. In Form eines Struktogramms läßt sich das Vorgehen beim Programmieren wie folgt darstellen:

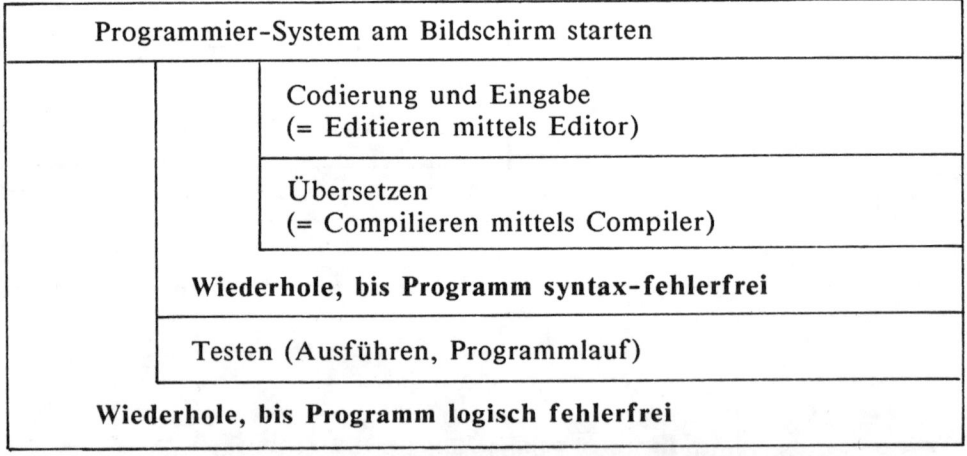

Programmieren im engeren Sinne als Struktogramm dargestellt

Dokumentation: Abschließend faßt man mit der Dokumentation alle Programmunterlagen als Gebrauchsanleitung zusammen: sei es als Anleitung für den Operator, damit dieser den Computer bei den Programmläufen auch richtig bedienen kann (Operator-Handbuch), oder als Anleitung für den Benutzer für die spätere Programmpflege und Programmkorrektur (*Benutzer-Handbuch*). Zusätzlich zum Benutzer-Handbuch sollte eine *Kurzanleitung* vorliegen, die nur die wichtigsten für den Umgang mit dem Programm notwendigen Schritte und Anweisungen für den Interessenten bereithält.

Problemanalyse und Entwicklung des Algorithmus im Mittelpunkt: Zentraler Teil der Programmentwicklung ist der Programmentwurf und nicht - wie es manchem DV-Einsteiger scheinen mag - die Programmierung

bzw. Codierung in einer Programmiersprache. Es ist denkbar, daß die Codierung eines Tages automatisiert durchgeführt werden kann.

Software-Engineering: Angesichts der steigenden Software-Kosten geht
man immer mehr dazu über, die Programmentwicklung und dabei besonders den Programmentwurf industriell und ingenieurmäßig vorzunehmen:
Software-Engineering lautet die darauf verweisende Begriffsbildung. Auf
einige der im Rahmen des Software-Engineering eingesetzten Programmiertechniken sowie Entwurfsprinzipien gehen wir nachfolgend ein.

1.6.5 Programmiertechniken und Entwurfsprinzipien

Programmiertechniken werden durch Begriffe wie Modularisierung, Nor-
mierung, Jackson-Methode, Top-Down-Entwurf, Buttom-Up-Entwurf,
Unterprogrammtechnik, Menütechnik, Overlaytechnik und Strukturierter
Entwurf geprägt. Im folgenden werden diese Begriffe erläutert:

Die Modularisierung von Software berücksichtigt, daß ein in kleine Teile
bzw. *Module* gegliedertes Problem bzw. Programm einfacher zu bearbeiten
ist. "Klein" heißt, daß ein Modul maximal 200 Anweisungen umfassen
darf. Ein Modul ist ein Programmteil mit einem Eingang und einem Aus-
gang und kann selbständig übersetzt und ausgeführt werden. Module ver-
kehren nur über Schnittstellen miteinander, über die Werte (Parameter
genannt) vom rufenden an das aufgerufene Modul übergeben werden; ein
Modul darf als *Black Box* nichts vom Innenleben eines anderen Moduls
wissen.

Die Normierung von Programmabläufen als Vereinheitlichung durch eine
standardisierte Ablaufsteuerung wird bei der Entwicklung komplexer
kommerzieller Software-Pakete vorgenommen, an der zumeist mehrere
Mitarbeiter beteiligt sind. Jedes Softwarehaus hat seine eigenen Normen.

Die Jackson-Methode geht bei der Programmentwicklung von der exakten
Analyse der Datenstrukturen aus, um dann die entsprechenden Pro-
gramm- bzw. Ablaufstrukturen zu entwerfen. Warum? In der kommerziellen DV sind die Daten zumeist bis in die Details vorgegeben, während
die Abläufe den Daten gemäß formuliert werden müssen. Anders ausge-
drückt: *Die Datenstruktur prägt die Programmstruktur.*

Dem Top-Down-Entwurf als *Von-oben-nach-unten-Entwurf* entspricht die
Technik der schrittweisen Verfeinerung: Vom Gesamtproblem ausgehend
bildet man Teilprobleme, um diese dann schrittweise weiter zu unterteilen
und zu verfeinern bis hin zum lauffähigen Programm. Der Top-Down-

Entwurf führt immer zu einem hierarchisch gegliederten Programmaufbau.

Der Bottom-Up-Entwurf als Gegenstück zum Top-Down-Entwurf geht als *Von-unten-nach-oben-Entwurf* von den oft verwendeten Teilproblemen der untersten Ebene aus, um sukzessive solche Teilprobleme zu integrieren. Beide Entwurfsprinzipien werden in der Praxis zumeist kombiniert angewendet.

Die Unterprogrammtechnik wird in folgenden drei Fällen genutzt:
- Ein Ablauf wird mehrfach benötigt.
- Mehrere Personen kooperieren und liefern Unterprogramme ab.
- Menügesteuerter Dialog (Menütechnik).
Der Begriff des Unterprogramms (Funktion, Prozedur) entspricht dabei dem des Moduls. *Die bekannteste Schnittstelle ist der Unterprogrammaufruf mit Parameterübergabe.*

Die Menütechnik erleichtert den benutzergesteuerten Dialog. Über das Menü als Auswahlübersicht steuert der Benutzer den Ablauf des Programmes, ohne zuerst alle Befehle lernen zu müssen. Das Menü als Gedächtnisstütze bei der Eingabe kann in Tabellenform alternativ zum Bildschirm, auf dem sonst der Dialog protokolliert wird, angeboten werden. Dies setzt den schnellen Wechsel zwischen den Bildschirmseiten voraus. Das Menü kann auch als (Prompt-)Zeile ausgegeben werden, die zusätzlich zum Dialog ständig am Bildschirmrand stehen bleibt.
- Bei der *Split-Screen-Technik* werden Rechteckbereiche des Bildschirms wie eigenständige Bildschirme bzw. *Fenster (Windows)* behandelt. Über ein solches Fenstersystem kann der Benutzer Menüs an jeder Stelle des Bildschirms erscheinen lassen.
- Die Menütechnik kann sich auf das Arbeiten innerhalb eines Programmes wie auch auf das Verbinden mehrerer Programme beziehen. Im letzteren Fall wird beim Einschalten des Computers bzw. beim Beenden eines Programms automatisch ein Menüprogramm geladen, das am Monitor alle verfügbaren Programme anzeigt; der Benutzer kann durch Tippen z.B. eines Buchstabens dann das gewünschte Programm laden, ohne sich um den Speicherort auf Diskette kümmern zu müssen. Ein *Treiberprogramm* ruft die entsprechenden Unterabläufe auf.
- *Hierarchische Menüs* teilen eine Aufgabe in übergeordnete Menü-Ebenen auf. Im Hauptmenü stehen häufig verwendete Funktionen, und nach der Wahl erscheint das nächste Menü mit weiter detaillierten Funktionen.
- *Pop-up-Menüs* erscheinen auf Tastendruck, bieten mehrere Möglichkeiten zur Auswahl an und verschwinden, sobald eine Wahl

getroffen wurde. Pop-up-Menüs halten also nicht auf und lenken
auch nicht ab: Sie erscheinen nur, wenn sie auch benötigt werden.
- Die Menüwahl erfolgt durch Klartexteingabe (Fehlerrisiko groß),
   durch Tasten eines Zeichens oder dadurch, daß der Cursor auf die
   gewünschte Position gesetzt wird und dann die Return-Taste gedrückt wird. Die Menüwahl vereinfacht sich weiter bei Einsatz
   von Lichtgriffel oder Maus (siehe Abschnitt 1.6.7).

Bei der Overlaytechnik werden Module überlagert (= overlay). Dies ist
z.B. dann erforderlich, wenn der Hauptspeicherplatz nicht ausreicht, um
alle Module gleichzeitig aufzunehmen. Das im Hauptspeicher stehende
Modul ruft ein anderes Modul auf, das dann von einem Externspeicher
geladen und dem rufenden Modul überlagert wird.

Der strukturierte Entwurf beinhaltet, daß ein Programm unabhängig von
seiner Größe nur aus den vier (in Abschnitt 1.3 erklärten) grundlegenden
Programmstrukturen aufgebaut sein darf:
- Folgestrukturen
- Auswahlstrukturen
- Wiederholungsstrukturen
- Unterprogrammstrukturen
Dabei soll auf unbedingtes Verzweigen mittels GOTO verzichtet werden.

Jede Programmstruktur bildet einen Strukturblock. Blöcke sind entweder
- hintereinander angeordnet oder
- vollständig eingeschachtelt.
Die teilweise Einschachtelung (überlappung) ist nicht zulässig. Sogenannte
blockorientierte Sprachen wie Pascal, Modula-2, C und auch dBASE unterstützen das *Prinzip des strukturierten Entwurfs* weit mehr als die *unstrukturierten Sprachen* wie BASIC und APL.

Strukturierte Programmierung: Die oben nur stichwortartig dargestellten
Prinzipien dürfen nicht getrennt betrachtet werden; unter dem Informa-
tik-Sammelbegriff *strukturierte Programmierung* faßt man sie zu einem
heute allgemein anerkannten Vorgehen zusammen. Die tragenden Prinzipien sind:
    1. Top-Down-Entwurf mit der schrittweisen Verfeinerung.
    2. Strukturierter Entwurf mit der Blockbildung.

1.6.6 Kleine Mauskunde

Durch grafikorientierte Benutzeroberflächen wie OS/2, Mac-Umgebung,
GEM, Windows und Sidekick wird die Maus als Bindeglied zwischen Be-

nutzer und Bildschirm-Schreibtisch immer mehr verbreitet. In der folgenden Mauskunde werden wichtige Begriffe kurz erklärt.

Anklicken: Durch Drücken der Maustaste wird das Objekt, auf das der Mauszeiger gerade zeigt, aktiviert und somit gezeigt bzw. ausgeführt.

Desktop: Der Bildschirm bildet einen Schreibtisch nach, auf dem sich die Arbeitsmittel (dargestellt als Pictogramme) und der Papierkorb befinden. Man arbeitet mit Objekten (Inhaltsverzeichnis, Ordner, Frame bzw. Dokument), die man durch Anklicken mit der Maus öffnen und in Fenstern betrachten kann.

Dialogbox: Umrandeter Kasten, in dem Fehlerhinweise, Antworten bzw. Protokolle gezeigt werden.

Dokument: ... steht für Datei, die mittels Pictogramm als Papierblatt mit umgeknickter Ecke angezeigt wird.

Editierfeld: Unterlegtes Feld, in das der Benutzer seine Eingabe einträgt.

Fenster: Bereich des Bildschirms, in dem Information unabhängig von anderen Bildschirmbereichen (Fenstern, Windows) gezeigt und bearbeitet werden kann.

Frame: Rahmen, dessen Inhalt ähnlich wie bei einem Fenster bearbeitet werden kann (z.B. beim Paket Framework II).

Maus: Handliches Gerät, durch dessen Bewegen auf der Tischunterlage ein Mauszeiger auf dem Bildschirm verschoben wird. Die Maus hat einen oder mehrere Knöpfe; auf Knopfdruck wird das Objekt gezeigt bzw. ausgeführt, auf das der Mauszeiger gerade zeigt (anklicken).

Mausknopf: Dient dem ein- oder mehrfachen Anklicken sowie dem Verschieben eines Objekts: Beim Verschieben bewegt man das Pictogramm selbst (z.B. in den Papierkorb zwecks Löschen).

Objekte: Dateien (Dokumente), Ordner, Schalter, Papierkorb usw., die als Pictogramme auf dem Bildschirm gezeigt und durch Anklicken ausgeführt werden.

Ordner: Objekt, das als Inhaltsverzeichnis auf weitere Objekte verweist. Enthalten Ordner weitere Ordner, spricht man von Subdirectories (hierarchisches Inhaltsverzeichnis).

Papierkorb: Durch Verschieben eines Objektes in den Papierkorb (Mülleimer, Trash Can) wird es gelöscht. Objekte können aus dem Papierkorb entnommen und eingefügt (insert) werden (z.B. bei Lisa, Word), oder aber sie sind verloren (z.B. bei GEM).

Pictogramm: Grafische Darstellung eines Objekts, auch als Icon (für Bildchen) bezeichnet.

Pull-Down-Menü: Eine Menüleiste (menu bar) am Bildschirmrand nennt Wahlmöglichkeiten, die durch Anklicken mit der Maus oder durch Tastendruck heruntergezogen und damit geöffnet werden können.

II Turbo C-System

2

Bedienung und Sprachreferenz des Turbo C-Systems

II Turbo C-System

2

Bedienung und Sprachreferenz des Turbo C-Systems

2.1.1 Zwei Nutzungsformen

Zwei Nutzungsformen von Turbo C: Sie können das Turbo C-System auf zwei Arten nutzen:
- als integriertes System bzw. integrierte Entwicklungsumgebung
- oder als Kommandozeilenversion.

Integrierte Entwicklungsumgebung für den Einsteiger: Zum Erlernen von C eignet sich besonders das integrierte System. Es enthält einen Editor, mit dem Sie Ihre Programme bzw. beliebige Texte schreiben können. Direkt von der Editorebene aus können Sie Ihre Programme laufen lassen, wobei sie automatisch übersetzt (compiliert) und zu einem lauffähigen Programmpaket verbunden (gelinkt) werden. Werden Fehler entdeckt, so zeigt das Turbo C-System die fehlerhaften Stellen mit Fehlermeldungen im Quelltext an, damit sie von Ihnen verbessert werden.

Kommandozeilenversion: Diese Nutzungsform des Turbo C-Systems eignet sich mehr für erfahrene C-Programmierer und ist im Nachfolgeband *"Turbo C-Wegweiser - Aufbaukurs"* beschrieben. Im folgenden beschäftigen wir uns mit der integrierten Entwicklungsumgebung.

2.1.2 Turbo C installieren

Turbo C wird auf mehreren Disketten geliefert. Zum Installieren müssen die Dateien auf geeignete Verzeichnisse kopiert werden. Außerdem müssen Sie dem Turbo C-System mitteilen, in welchen Verzeichnissen die Dateien der Entwicklungsumgebung zu suchen sind.

Turbo C auf Festplatte installieren:
Das Turbo C-System wird (komplett mit den Bibliotheken) in einem Verzeichnis auf der Festplatte abgelegt, während die Quelltexte sowie Objektcodes jeweils auf Diskette gespeichert werden.
Sie richten drei Verzeichnisse ein, in die bestimmte Dateien zu kopieren sind:
1. *Verzeichnis TURBOC* einrichten und den gesamten Inhalt von Diskette 1 und Diskette 2 in dieses Verzeichnis kopieren.
2. *Verzeichnis TURBOC\INCLUDE* einrichten und alle Include-Dateien von der Turbo C-Diskette 3 (*.H und SYS\STAT.H) in dieses Unterverzeichnis kopieren.

3. *Verzeichnis TURBOC\LIB* einrichten und in dieses Unterverzeichnis alle Bibliotheken (*.LIB) und Startcode-Dateien (*.OBJ) von Diskette 3 und Diskette 4 kopieren.

Turbo C auf Diskette installieren (PC mit zwei Laufwerken):
Sie gehen wie folgt in vier Schritten vor.
1. *Programmdiskette* für das System und *Arbeitsdiskette* für die Bibliotheken, Quelltexte und ausführbare Programme.
2. *Programmdiskette für Laufwerk A: anlegen:* Bootfähige Systemdiskette mit den wichtigsten Dateien von MS-DOS anlegen. Auf diese Diskette dann die Programme TC.EXE (integriertes System) und TCHELP.TCH (Hilfemeldungen) von der Turbo C-Diskette 2 kopieren.
3. *Arbeitsdiskette anlegen:* Unterverzeichnis INCLUDE einrichten und alle Include-Dateien der Turbo C-Diskette 2 (*.H und SYS\STAT.H) kopieren. Unterverzeichnis LIB einrichten und folgende Dateien der Turbo C-Diskette 3 in dieses Directory kopieren:
   - C0x.OBJ, MATHx.LIB, Cx.LIB, EMU.LIB und FP87.LIB.
   - x bezeichnet das Speichermodell: l=large, s=small und t=tiny.
   - TX.EXE arbeitet standardmäßig mit dem Speichermodell.
4. *Verzeichnis TURBOC\LIB einrichten* und in dieses Unterverzeichnis alle Bibliotheken (*.LIB) und Startcode-Dateien (*.OBJ) von Diskette 3 und Diskette 4 kopieren.

Turbo C auf Diskette installieren (PC mit einem Laufwerk):
1. *Programmdiskette und Arbeitsdiskette* werden wie oben angeführt angelegt.
2. *Integriertes System starten:*
   - Programmdiskette in A: einlegen.
   - Integriertes System durch Eintippen von TC starten.
   - Programmdiskette gegen Arbeitsdiskette austauschen.
   - Beim Arbeiten ohne Hilfe bzw. ohne TCHELP.TCH wird
   - Programmdiskette nicht mehr gebraucht.
   - Zu kopieren für small: C0S.OBJ, MATHS.LIB und CS.LIB.

2.1.3 Konfigurationsdatei abspeichern

Die integrierte Entwicklungsumgebung ist in der Datei TC.EXE untergebracht. Ob Sie die Entwicklungsumgebung nun von Festplatte oder Diskette starten - in jedem Falle sucht TC.EXE im aktiven Laufwerk bzw. Pfad nach einer Konfigurationsdatei namens TCCONFIG.TC, um sie dann (falls vorhanden) auszuführen, d.h. die entsprechenden Einstellungen vorzunehmen. Falls Sie mit den oben angeführten Unterverzeichnissen IN-CLUDE und LIB arbeiten, müssen Sie eine solche Konfigurationsdatei anlegen; andernfalls stürzt das System beim Compilieren bzw. Linken ab. Das Speichern der Datei namens TCCONFIG.TC geht wie folgt vor sich:

Schritt 1: Turbo C starten
Schritt 2: Einstellungen angeben über Befehl *Options/Environment*.
Schritt 3: Einstellungen speichern über Befehl *Options/Store options*.
Schritt 4: Turbo C verlassen über Befehl *File/Quit*.

Diese vier Schritte werden im folgenden am Beispiel eines PCs mit Fest-platte aufgezeigt. Dabei wird angenommen, daß Turbo C in den Ver-zeichnissen
    SPRACHE\TURBOC
    SPRACHE\TURBOC\INCLUDE
    SPRACHE\TURBOC\LIB
abgelegt worden ist.

2.1.3.1 Schritt 1: Turbo C starten

Wir legen die Turbo C-Diskette 1 in Laufwerk A: und starten die inte-grierte Entwicklungsumgebung durch Eintippen von:

    TC (Return)

Am Bildschirm erscheint das Hauptmenü von Turbo C mit folgenden Be-standteilen:

- **Menüleiste am oberen Rand:** Die Menüleiste umfaßt die Menüs bzw. Befehle *File*, *Edit*, *Run*, *Compile*, *Project*, *Options* und *De-bug*. Die Befehle aktivieren Sie mit den Cursortasten oder durch Eintippen des jeweiligen Anfangsbuchstabens. Durch F10 (*Edit*), *Esc* bzw. eine beliebige Taste gelangen Sie von einem bestimmten Befehl wieder zur Menüleiste zurück.
- **Referenzzeile am unteren Rand:** Die Referenzzeile nennt die ge-rade gültigen Wirkungen der Funktionstasten. Nach dem Tippen der Taste *Alt* zeigt Turbo C die gerade gültigen Tastenkombinatio-nen :

```
F1-Help  F5-Zoom  F6-Edit  F9-Make  F10-Main Menu
```

- **Edit-Fenster:** Dieses Fenster dient zum Editieren von Programm-bzw. Quelltext; hier können Sie ihre Programme eintippen, ändern, laden und wieder speichern.

- **Message-Fenster:** Hier zeigen Compiler und Linker Fehlermeldun-gen an.

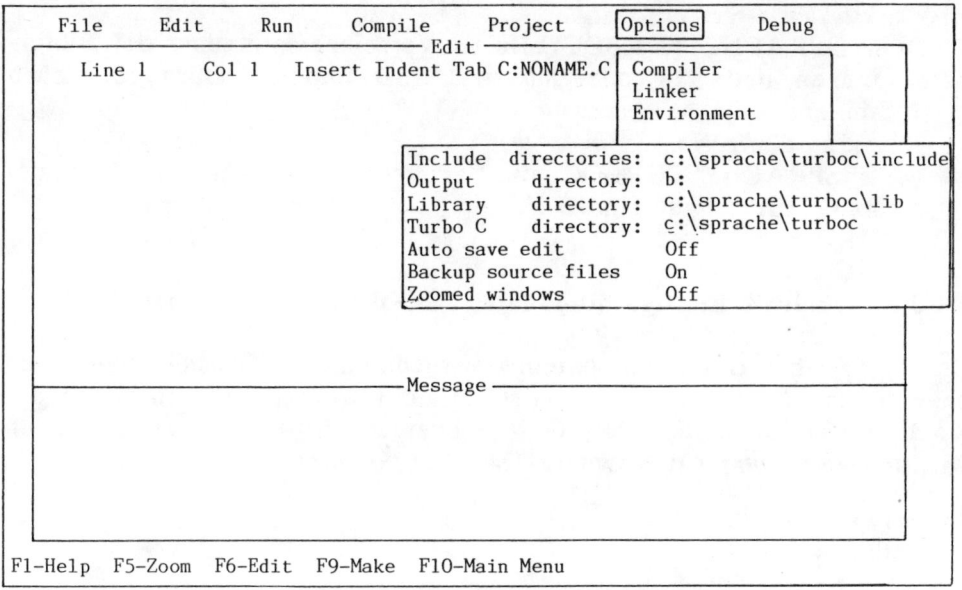

```
   File      Edit      Run      Compile     Project    Options     Debug
┌───────────────────────── Edit ──────────────────────┐
│    Line 1      Col 1     Insert Indent Tab C:NONAME.C│ Compiler
│                                                      │ Linker
│                                                      │ Environment
│                                                      │
│                          ┌──────────────────────────────────────────────────┐
│                          │Include   directories:  c:\sprache\turboc\include│
│                          │Output    directory:    b:                        │
│                          │Library   directory:    c:\sprache\turboc\lib      │
│                          │Turbo C   directory:    c:\sprache\turboc          │
│                          │Auto save edit          Off                        │
│                          │Backup source files     On                         │
│                          │Zoomed windows          Off                        │
│                          └──────────────────────────────────────────────────┘
│
│
│──────────────────────── Message ─────────────────────
│
│
│
│
│
└──────────────────────────────────────────────────────
  F1-Help  F5-Zoom  F6-Edit  F9-Make  F10-Main Menu
```

Bildschirm mit dem Hauptmenü von Turbo C (es wurde
gerade der Unterbefehl *Environment* von Befehl *Options* aktiviert)

2.1.3.2 Schritt 2: Suchwege für die Programmierumgebung einstellen

Nachdem Sie mit TC das integrierte Turbo C gestartet haben, ist das
Menü *Options* mit dem Unterbefehl *Environment* zu aktivieren:

```
Options
   Environment
```

- Cursortaste nach *Options* bewegen und Return tippen.
- Cursortaste nach *Environment* bewegen und Return tippen.

Nun sind die folgenden Suchwege über den gerade aktivierten Befehl
Options Environment festzulegen:

- *Include directories:*
  C:\SPRACHE\TURBOC\INCLUDE als Suchweg für die Include-
  Dateien angeben.
- *Output directory:*
  B: angeben, damit der Objektcode (übersetztes bzw. ausführbares
  Programm, OBJ-, EXE- und MAP-Dateien) auf der Arbeitsdis-
  kette in B: abgelegt wird.

- *Library directory:*
  C:\SPRACHE\TURBOC\LIB als Verzeichnis, in dem die Biblio-
  theken und Startcode-Dateien (*.LIB und C0?.OBJ) zu suchen
  sind.
- *Turbo C directory:*
  C:\SPRACHE\TURBOC als Verzeichnis, in dem die Hilfedatei
  TCHELP.TCH zu finden ist.

2.1.3.3 Schritt 3: Konfigurationsdatei TCCONFIG.TC speichern

Damit die über das Menü Options vorgenommenen Einstellungen auch
beim nächsten Starten von Turbo C erkannt werden, müssen sie in der
Konfigurationsdatei TCCONFIG.TC sichergestellt werden. Dazu wählen
wir im Menü *Options* den Unterbefehl *Store options* an:

```
Options
    Store options
```

Als Dateibezeichnung wird C:\SPRACHE\TURBOC\TCCONFIG.TC eingegeben. Es ist wichtig, daß die Konfigurationsdatei im gleichen Verzeichnis wie TC.EXE abgelegt ist. Nur so kann bei nachfolgenden Starts
von Turbo C die Datei TCCONFIG.TC automatisch geladen werden, um
die in ihr abgelegten Suchwege für Include-Dateien und Bibliotheken für
die anstehende Arbeit zu übernehmen bzw. einzustellen.

2.1.3.4 Schritt 4: Turbo C beenden

Das Menü *File* stellt neun Unterbefehle bereit, die das Zusammenwirken
zwischen RAM und Externspeicher kontrollieren:

Load	zum Laden einer Datei (Quelltext) bzw. zum Erzeugen einer neuen Datei.
Pick	zur Auswahl der maximal acht zu letzt bearbeiteten Dateien.
New	zum Löschen des Edit-Fensters.
Save	zum Speichern des gerade editierten Quelltextes.
Write to	zum Speichern des editierten Quell textes unter einem neuen Namen.
Directory	zum Zeigen des Inhaltsverzeichnisses.
Change dir	zum Wechseln des Suchweges.
OS shell	zu MS-DOS (zurück mit Exit).
Quit	Turbo C beenden und zu MS-DOS.

Bedeutung der neun Unterbefehle von Befehl *File*

II Turbo C-System

2

Bedienung und Sprachreferenz des Turbo C-Systems

Zur Programmeingabe wird in fünf Schritten wie folgt vorgegangen.

2.2.1 Schritt 1: Programmtext editieren

Editieren heißt Bearbeiten bzw. Eintippen. Um ein Programm schreiben
zu können, müssen wir *Edit* im Hauptmenü aufrufen. Dazu tippen wir
einfach E ein, oder wir bewegen den Cursor auf *Edit* und drücken dann
die Eingabetaste. Mit Alt-E gelangt man von jeder Stelle in Turbo C in
den Editor.
Das erste Programm soll den Namen ERSTPROG erhalten und die Textzeile "Dies ist das erste Programm in C" am Bildschirm ausgeben. Wir tippen nun die folgenden fünf Textzeilen des Programms ERSTPROG unter
der Kontrolle des Editors ein:

```
    File      Edit      Run     Compile    Project     Options     Debug
    Line 5      Col 1    Insert Indent Tab B:ERSTPROG.C
/* ====== Programm ErstProg */
main()
  {
  printf("Dies ist das erste Programm in C.");
  }
```

Das Programm ERSTPROG wird gerade editiert

Bestandteile eines C-Programms: Ein C-Programm besteht aus einer
Hauptfunktion *main( )* und mehreren Unterfunktionen.
- Das Hauptprogramm beginnt mit der Funktionsdefinition *main( )*.
  Eingeschlossen in *{ }* folgen die auszuführenden Anweisungen. Die
  geschweiften Klammern *{ }* können Sie auf einem IBM PC-Kom-
  patiblen eingeben, indem Sie die Alt-Taste festhalten und dann
  auf der Zehnertastatur 123 bzw. 125 tippen. Nach dem Loslassen
  der Alt-Taste erscheint "{" (für Alt-123) bzw. "}" (für Alt-125).
- Jede Anweisung wird mit ";" beendet.
- Mit der Funktion *printf(...)* werden Bildschirmausgaben vorgenommen. Der auszugebende Text wird in " ... " eingeschlossen.
- Kommentar wird zwischen /* ... */ geschrieben.

Die geschweiften Klammern "{" und "}" werden abgesetzt in gesonderte
Zeilen geschrieben, um den Programmanfang und das Programmende
deutlich zu kennzeichnen. Übrigens ist es in C von Bedeutung, ob Sie
Bezeichner (Namen, engl. identifiers) groß oder klein schreiben. *EVA*,
Eva, *eVa* und *eva* wären vier verschiedene Dinge. Grundsätzlich wird in C
alles klein geschrieben, was nicht als Text zwischen " " bzw. als Kommentar zwischen /* */ steht.

2.2.2 Schritt 2: Quelltext auf Diskette sichern

Befehl File/Save: Um das Programm auf die Diskette zu schreiben, tippen Sie einfach die Taste F2, oder Sie wählen den Befehl *File/Save* aus (im Menü *File* die Option bzw. den Unterbefehl *Save* aufrufen). Das System fordert Sie nun auf, den bislang angenommenen Programmnamen NONAME.C zu ändern. Nach der Eingabe von ERSTPROG wird der Quelltext unter dem Namen ERSTPROG.C auf Diskette gespeichert.

Befehl File/Directory: Zur Kontrolle rufen wir den Befehl *Directory* om Menü *File* auf. Am Bildschirm wird ERSTPROG.C als Dateiname angezeigt. Das System hat den Dateinamen ERSTPROG automatisch um den Dateityp C verlängert.

Befehl File/OS shell/DIR: Mit dem Befehl *OS shell* wechselt man in die Betriebssystemebene. Nach Eingabe des DIR-Befehls erscheint die etwas informativere Anzeige:

```
B:\>dir

     Diskette/Platte, Laufwerk B:, hat den
     Namen TURBO_C_UEB
     Verzeichnis von B:\

ERSTPROG C          97  20.12.87   2.51
         1 Datei(en)      361472 Byte frei
```

Directory mit dem Quelltext ERSTPROG.C (97 Bytes)

Durch Eingabe von *Exit* kehrt man von der DOS-Ebene wieder zur C-Ebene zurück.

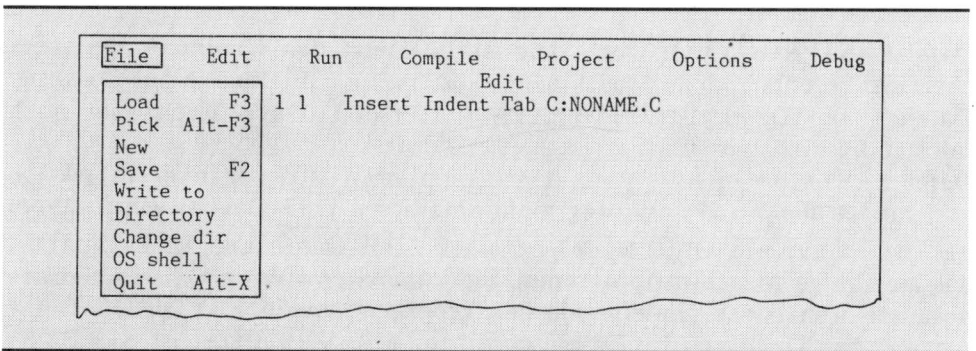

Rolladenmenu File mit Unterbefehlen auf dem Bildschirm

2.2.3 Schritt 3: Programm ausführen lassen

Befehl Run: Um das Programm laufen zu lassen, tippen Sie einfach Alt-R (die Alt-Taste festhalten und einmal kurz "R" tippen), oder Sie gehen mit F10 ins Hauptmenü und wählen dort den Befehl *Run*. Sie sehen, wie der Compiler und anschließend der Linker aufgerufen wird. Falls keine Fehler gefunden werden, erscheint auf dem Bildschirm die folgende Ausgabezeile:

```
Dies ist das erste Programm in C.
```

2.2.4 Schritt 4: Programm als C-, OBJ- und EXE-Datei anzeigen

Nach erneuter Eingabe des Befehls *File/OS shell/DIR* erscheint nun das folgende Diskettendirectory mit drei Dateien:

```
B:\>dir b:

    Diskette/Platte, Laufwerk B:, hat den
    Namen TURBO_C_UEB
Verzeichnis von B:\

ERSTPROG C          97  20.12.87    2.51
ERSTPROG OBJ       238  20.12.87    2.53
ERSTPROG EXE      5418  20.12.87    2.53
         3 Datei(en)       354304 Byte frei
```

Disketten-Directory mit Dateitypen C, OBJ und EXE

Datei ERSTPROG.C: Hierbei handelt es sich um den editierten Quelltext, der weder übersetzt noch ausführbar ist.

Datei ERSTPROG.OBJ: Der Compiler übersetzt den Quelltext und speichert das so entstandene Maschinenprogramm als Objektcode auf Diskette. Dateien vom Dateityp OBJ sind zwar übersetzt (compiliert), aber noch selbständig nicht ausführbar.

Datei ERSTPROG.EXE: Nach dem Compiler tritt der Linker in Aktion und bindet alle am Gesamtprogramm beteiligten OBJ-Dateien (in unserem Fall ist es nur ein Objectcode) zu einer EXE-Datei. Die EXE-Datei ist das lauffähige Maschinenprogramm. Sie können es von der MS-DOS-Ebene aus laufen lassen, indem Sie den Programmnamen ERSTPROG (ohne Angabe des Dateityps EXE) hinschreiben. Mit 5418 Bytes ist die EXE-Datei sehr viel größer als die OBJ-Datei (238 Bytes). Dies liegt daran, daß in der EXE-Datei ein Teil der Laufzeit-Bibliothek (*Run time Library*) gespeichert ist, damit das Programm auch ohne C-System ausgeführt werden kann.

2.2.5 Schritt 5: Programm erweitern

Das Programm ERSTPROG soll um eine zweite *printf*-Funktion erweitert werden. Anschließend ist der erweiterte Quelltext abzuspeichern, erneut zu übersetzen und auszuführen.

Befehl Edit zum erneuten Editieren: Das Programm wird wie folgt um eine Zeile erweitert:

```
/* ====== Programm ErstProg */
main()
    {
    printf("Dies ist das erste Programm in C.");
    printf(" Es gibt eine Zeile aus.");
    }
```

Quelltext zu Programm ERSTPROG mit sechs Zeilen

Befehl Run zum Übersetzen und Ausführen: Nach Eingabe von *Run* stellt das System fest, daß der bisherige Quelltext verändert worden ist. Aus diesem Grunde wird erneut der Compiler aufgerufen. Am Bildschirm erscheint kurzzeitig folgende Meldung:

```
      File     Edit     Run     Compile     Project     Options     Debug
      Line 5        Col 38   Insert Indent Tab B:ERSTPROG.C
/* ====== Programm ErstProg */
main()
    {
    printf("Dies ist das erste Programm in C.");
    printf(" Es gibt eine Zeile aus.");
    }             IMMMMMMMMMMMMMM Compiling MMMMMMMMMMMMMM;
                  :                                       :
                  : Main file: B:\ERSTPROG.C              :
                  : Compiling: EDITOR   ERSTPROG.C        :
                  :                                       :
                  :                    Total   File       :
                  : Lines compiled: 0          0          :
                  :      Warnings: 0           0          :
                  :        Errors: 0           0          :
                  :                                       :
                  : Available Memory: 82K                 :
                  :      Ctrl-Break to quit               :
                  HMMMMMMMMMMMMMMMMMMMMMMMMMMMMMMMMMMMMMMM<
```

Meldung des Compilers beim Übersetzen von ERSTPROG

Nach dem fehlerfreien Compilieren wird automatisch der Linker aktiviert.
Am Bildschirm wird folgende Meldung ausgegeben:

```
IMMMMMMMMMMMMMM Linking MMMMMMMMMMMMMMM;
:                                        :
: EXE file : B:\ERSTPROG.EXE             :
: Linking  : C:\...\TURBOC\LIB\CS.LIB    :
:                                        :
:                 Total    Link          :
:    Lines compiled: 5      PASS 1       :
:        Warnings: 0        0            :
:          Errors: 0        0            :
:                                        :
: Available Memory: 7K                   :
:          Ctrl-Break to quit            :
HMMMMMMMMMMMMMMMMMMMMMMMMMMMMMMMMMMMMMMMMMM<
```

Meldung des Linkers beim Übersetzen von ERSTPROG

Die Meldung *Lines compiled: 5* zeigt, daß die Kommentarzeile nicht
übersetzt worden ist. Das bedeutet: Einerseits verbessert das Kommentie-
ren von C-Quelltext mit */* ... */* die Lesbarkeit des Programms, andererseits jedoch hat es keinen Einfluß auf die Ausführungsgeschwindigkeit
des Programms. Mit Kommentaren sollte man demnach großzügig sein.

Befehl File/OS shell/DIR: Nach Eingabe des Befehls *File/OS shell/DIR*
zeigt das Directory nun neben Dateien vom Typ C, OBJ und EXE zusätzlich eine BAK-Datei. Der bisherige Quelltext ERSTPROG.C mit 97 KB
wird unter dem Namen ERSTPROG.BAK (Back up für Kopie) abgespeichert, während der um eine Zeile erweiterte Quelltext unter dem Namen
ERSTPROG.C abgelegt wird. Das System verwaltet somit zwei Textdatei-
en: Die alte BAK-Datei und die jeweils neue C-Datei. Ohne nähere Angabe wird stets der C-Quelltext compiliert; soll der BAK-Text übersetzt
werden, muß er z.B. mit ERSTPROG.BAK ausdrücklich genannt werden.

```
B:\>dir b:

Diskette/Platte, Laufwerk B:, hat den
Namen TURBO_C_UEB
Verzeichnis von B:\

ERSTPROG C        136   20.12.87   2.56
ERSTPROG BAK       97   20.12.87   2.51
ERSTPROG OBJ      281   20.12.87   2.57
ERSTPROG EXE     5460   20.12.87   2.57
        4 Datei(en)     353280 Byte frei
```

Disketten-Directory mit Dateitypen C, BAK, OBJ und EXE

II Turbo C-System

2

Bedienung und Sprachreferenz des Turbo C-Systems

Turbo C stellt sieben Befehle zur Programmentwicklung bereit:

| File | Edit | Run | Compile | Project | Options | Debug |

Sieben Befehle von Turbo C

2.3.1 Menübefehl File

File stellt die neun Unterbefehle *Load, Pick, New, Save, Write to, Directory, Change dir, OS shell* und *Quit* bereit:

Befehl Load oder F3: Eingabe eines Dateinamens anfordern und diese Textdatei in den Editor laden bzw. eine neue leere Datei bereitstellen. Mit den Dateigruppenzeichen "*" bzw. "?" werden die entsprechenden Dateinamen angezeigt.

Befehl Pick oder Alt-F3: Eine Liste der (maximal 8) zuletzt bearbeiteten Textdateien zur Auswahl anzeigen. Im Installationsprogramm TCINST kann festgelegt werden, daß die aktuelle Pick-Liste vor dem Beenden von Turbo C für die nächste Sitzung gespeichert wird.

Befehl New: Der aktuellen Inhalt des Editors löschen (zuvor ggf. zum Speichern auffordern)

Befehl Save oder F2: Den Inhalt des Editors als C-Datei in das aktive Laufwerk speichern; der bisherige Inhalt der C-Datei wird als BAK-Datei sichergestellt. Hat der Quelltext den Namen NONAME.C, wird der Benutzer zur Namenseingabe aufgefordert.

Befehl Write to: Nach einem Dateinamen fragen und den Inhalt des Editors unter diesem Namen abspeichern. Der aktuelle Quelltext hat nun den angegebenen Namen.

Befehl Directory: Die Namen der Dateien im angegebenen Suchweg anzeigen. Als Suchmaske ist *.* voreingestellt.

Befehl Change dir: Einen neuen Suchweg für den Zugriff auf den Externspeicher festlegen, z.B. *B:\Anwend\Artikel* oder einfach A:.

Befehl OS shell: Von der Turbo C-Ebene in die MS-DOS-Ebene wechseln, um Betriebssystembefehle zur Ausführung zu bringen. Mit Exit kehrt man wieder in die Turbo C-Ebene zurück. Wurde zuvor der Schalter *Options/Environment/Auto save edit* auf ON gesetzt, wird der gerade editierte Quelltext automatisch gesichert.

Befehl Quit oder Alt-X: Turbo C verlassen und in die MS-DOS-Ebene wechseln.

2.3.2 Befehl Edit

Durch Eingabe von *Edit* oder *Alt-E* wird der Editor aktiviert. Durch F10 kann der Editor verlassen werden; dabei bleibt sein Inhalt bis zu einem erneuten Aufruf von *Edit* erhalten.

Editiertasten: Die Tastenkombinationen, mit denen Sie Texte editieren, können Sie sich anschauen, wenn Sie in der MS-DOS-Ebene das Programm TCINST.COM laufen lassen; dabei kann man die Tastenkombinationen auch beliebig ändern. Einige häufig benutzte Tasten sind:

Ctrl-N	Einfügen einer Leerzeile, wenn der Cursor sich Zeilenanfang befindet.
Ctll-Y	Löschung einer Zeile
Ctrl-T	Löschung des Wortes rechts vom Cursor.
Ctrl-KB	Drücken von Ctrl-K und Ctrl-KB markiert den Beginn eines Blocks.
Ctrl-KK	Markiert das Ende des Blocks (der Block wird hell unter legt).
Ctrl-KC	Kopiert den markierten Block an die Stelle, wo sich der Cursor befindet. Der ursprüngliche Block bleibt erhalten.
Ctrl-KV	Verschiebt den markierten Block zu der Corsorposition. Der ursprüngliche Block wird gelöscht.
Ctrl-KY	Löscht einen markierten Block.
Ctrl-KW	Schreibt den markierten Block auf eine Datei, deren Na men Sie angeben.
Ctrl-KR	Kopiert eine Datei an die Cursorposition.
Ctrl-KH	Läßt die Markierung verschwinden.
Ctrl-KP	Druckt den markierten Block aus.

Grundlegende Tastenkombinationen zum Editieren

2.3.3 Befehl Run

Mit *Run* bzw. *Alt-R* wird ein Programm zur Ausführung gebracht (Programmlauf). Im einzelnen löst der Befehl *Run* folgende drei Tätigkeiten aus:

1. **Aufruf von Project-Make:** Für jeden Quelltext als Bestandteil einer Programms bzw. Programmpakets wird die zugehörige OBJ-Datei gesucht. Fehlt der Objektcode bzw. stimmt er nicht mit dem Quelltext überein, wird der Compiler aufgerufen, um den Quelltext neu in eine OBJ-Datei zu übersetzen.
2. **Aufruf des Linkers:** Alle OBJ-Dateien werden zu einer ausführbaren EXE-Datei gebunden.
3. **Ausführen der EXE-Datei:** Ist *O/E/Auto save edit* auf ON gesetzt, so wird vor der Ausführung noch der Quellcode des Editors als C-Datei gesichert. Nach Beendigung der Ausführung erscheint die Meldung *Press any key*; Ctrl-V liefert das Ergebnis der *main*-Funktion und der nächste Tastendruck läßt wieder das Hauptmenü von Turbo C erscheinen.

Durch den *Run*-Befehl ausgelöste Tätigkeiten

2.3.4 Menübefehl Compile

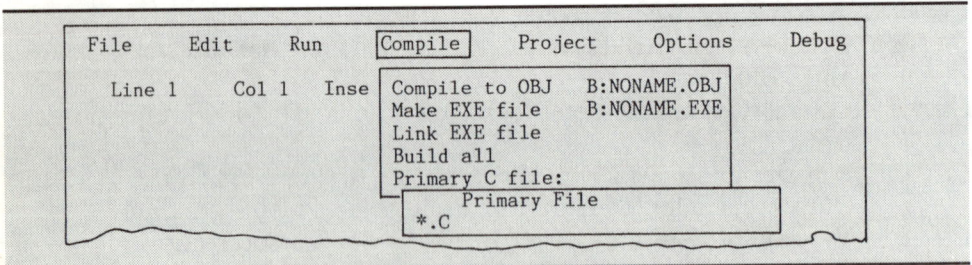

Fünf Unterbefehle des Befehls *Compile*

Befehl Compile to OBJ oder Alt-F9: Der Compiler wird aufgerufen, um den Quelltext des Editors zu übersetzen und als OBJ-Datei zu speichern. Als Name wird der über den Befehl *Primary C* angegebene Name bzw. (falls nicht angegeben) der Name der Quelltextes im Editor übernommen.

Befehl Make EXE file: *Project-Make* wird aufgerufen (vgl. oben Befehl *Run*), um eine EXE-Datei zu erzeugen. Diese Datei erhält
- den Namen des Quelltextes im Editor oder (falls angegeben)
- den unter *Primary C* angegebenen Namen oder (falls angegeben)
- den über *Project/Project name* angegebenen Namen der PRJ-Datei.

Befehl Link EXE: Aufruf des Linkers, um alle OBJ- und LIB-Dateien (ohne Prüfung) zu einer EXE-Datei zu binden.

Befehl Build all: Alle Dateien eines Programms werden neu compiliert - auch die unverändert gebliebenen Dateien.

Befehl Primary C file: Durch Angabe des Dateinamens wird festgelegt, mit welchem Quelltext die Compilierung beginnen soll. Der angegebene Dateiname gilt für die OBJ-Datei und - falls keine PRJ-Datei vereinbart wurde - auch für Make EXE file.

2.3.5 Menübefehl Project

Der Befehl *Project* dient dem Zusammensetzen von Quelltexten zu einem umfangreichen Programm bzw. Programmpaket. Drei Unterbefehle werden bereitgestellt:

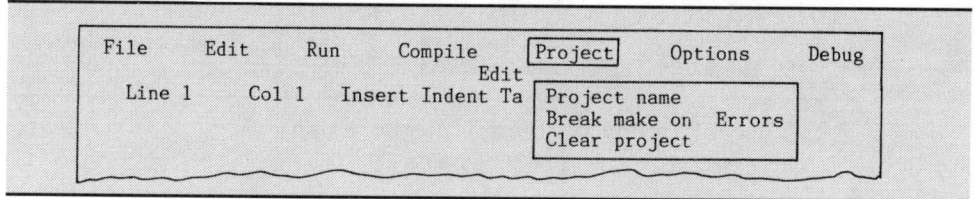

Drei Unterbefehle des Befehls Project

Befehl Project name: Hier wird der Name für eine PRJ-Datei festgelegt. In der Project-Datei werden Angaben über die einzubindenden bzw. zu compilierenden Einzeldateien abgespeichert. Der Name der PRJ-Datei gilt auch für die EXE-Datei (aus MAKE) und für die zugehörige MAP-Datei.

Befehl Break make on Errors: Soll nach Warnungen, Fehlern oder vor dem Aufruf des Linkers abgebrochen werden? Diese Einstellungen werden über die Menüpunkte *Warnings, Errors, Fatal errors* und *Link* vorgenommen.

Befehl Clear project: Der Name des aktuellen Projektes einschließlich aller Meldungen im Message-Fenster werden gelöscht. Die MAKE-Funktionen werden zur Eingabe eines neuen PRJ-Namens zurückgesetzt.

2.3.6 Menübefehl Options

Auf die vom Befehl *Options* bereitgestellten Schalter (für Compiler und Linker) sowie Suchwege wurde bereits in Abschnitt 2.1 eingegangen.

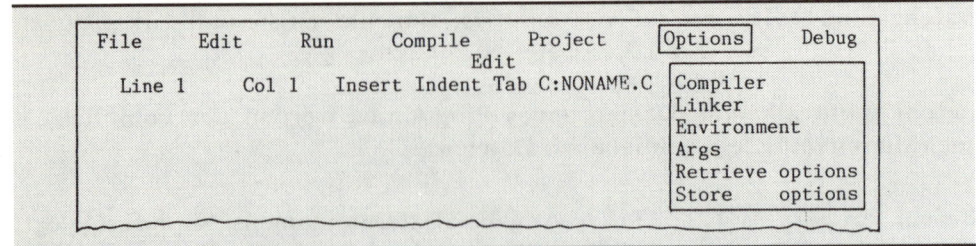

Befehl Options mit sechs Wahlmöglichkeiten am Bildschirm

2.3.7 Menübefehl Debug

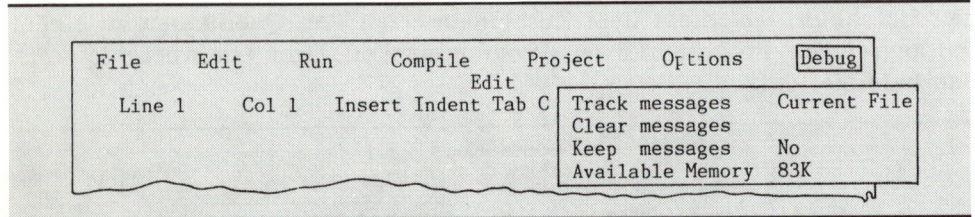

Befehl Debug mit vier Unterbefehlen

Befehl Track messages: Einstellen, ob sich die Fehlermeldungen nur auf die aktuelle Textdatei im Editor *(Current file)* bzw.auf alle am Programm beteiligte Dateien *(All files)* beziehen sollen oder ob sie abzuschalten sind *(off)*.

Befehl Clear messages: Alle Fehlermeldungen im Message-Fenster löschen.

Befehl Keep messages: Schalter mit Voreinstellung OFF (vor jeder neuen Compilierung das Message-Fenster löschen) bzw. Einstellung ON (Meldungen bleiben erhalten, neue Meldungen werden hinzugefügt).

Befehl Available memory: Den zum Compilieren noch verfügbaren Speicherplatz anzeigen.

2.3.8 Heiße Tasten

Wie Sie bereits gesehen haben, gibt es einige Tasten, mit denen Sie von jeder Stelle der Turbo C-Umgebung aus bestimmte Funktionen sofort ausführen können.

Esc	Untermenüs verlassen, ohne Änderungen
F1	Hilfestellung
F2	Absaven des gerade editierten Textes.
F3	Laden einer Datei
F5	Zoomt das aktive Fenster
F6	Wechsel zwischen dem Edit- und dem Message-Fenster
F7	Rückehr zum vorigen Fehler
F8	Weiter zum nächten Fehler
F9	Ausführung von Make
F10	Führt ins Hauptmenü
Alt-F1	Zeigt den letzten Hilfe Bildschirm
Alt-F3	Laden einer Datei
Alt-F9	Der Compiler erzeugt eine OBJ-Datei
Alt-F10	Der Versionsbildschirm wird angezeigt
Alt-C	Sie gelangen ins Compile-Menü
Alt-D	Sie gelangen ins Debug-Menü
Alt-E	Sie rufen den Editor auf
Alt-F	Sie gelangen ins File-Menü
Alt-O	Sie gelangen ins Options-Menü
Alt-P	Sie gelangen ins Project-Menü
Alt-R	Ausführung Ihres Programms
Alt-X	Sie verlassen Turbo C

Wichtige Tastenkombinationen zum Editieren

Halten Sie die Alt-Taste längere Zeit fest, dann erscheinen auf der untersten Zeile die Alt-Tastenkombinationen, die gerade zulässig sind.

II Turbo C-System

2

Bedienung und Sprachreferenz des Turbo C-Systems

Turbo C unterscheidet vier Arten von Symbolen: benutzerdefinierte Namen (als Bezeichner für Konstanten, Variablen, Datentypen und Funktionen), reservierte Wörter (z.B. *break*), reservierte Einzelzeichen (z.B. den Operator "*" für die Multiplikation) und benutzerdefinierte Einzelzeichen (z.B. die Ziffer 5).

2.4.1 Bezeichner

Mit einem Bezeichner werden Konstanten, Variablen, Datentypen, Funktionen bzw. benutzerdefinierte Objekte benannt. Dabei gelten als Regeln:

- Ein Bezeichner muß mit einem Buchstaben oder dem "_" als Unterstrich beginnen.
- Erlaubt sind Buchstaben in Groß- und Kleinschreibung (ohne Umlaute und "ß"), Ziffern und das "$"-Zeichen.
- Die ersten 32 Zeichen sind signifikant.
- Zwischen Groß- und Kleinschreibung wird unterschieden. *Klaus*, *klaus* und *klAUs* sind drei verschiedene Namen.
- Über den Befehl *Options/C/S/Identifier length* kann man die Anzahl der signifikanten Stellen zwischen 1 und 32 einstellen.

Regeln zur Angabe von Bezeichnern bzw. Namen

2.4.2 Reservierte Wörter

Reservierte Wörter können vom Benutzer nicht als als Bezeichner zur Benennung seiner Objekte verwendet werden.

an	*float*	*static*	*_AX*
auto	*for*	*struct*	*_BH*
break	*goto*	*switch*	*_BL*
case	*huge*	*typedef*	*_BX*
cdecl	*if*	*union*	*_CH*
char	*int*	*unsigned*	*_CL*
const	*interrupt*	*void*	*_CX*
continue	*long*	*volatile*	*_DH*
default	*near*	*while*	*_DL*
do	*pascal*	*_cs*	*_DX*
double	*register*	*_ds*	*_BP*
else	*return*	*_es*	*_DI*
enum	*short*	*_ss*	*_SI*
extern	*signed*	*_ah*	*_SP*
far	*sizeof*	*_AL*	

Reservierte Wörter

2.4.3 Datentypen

Folgende vordefinierte Datentypen werden vom System bereitgestellt:

Datentyp:	Bitlänge:	Wertebereich:
unsigned char	08	0 - 255
char	08	-128 - 127
enum	16	-32768 - 32767
unsigned short	16	0 - 65535
short	16	-32768 - 32767
unsigned int	16	0 - 65535
int	16	-32768 - 32767
unsigned long	32	0 - 4294967295
long	32	-2147483648 - 2147483647
float	32	3.4E-38 - 3.4E+38
double	64	1.7E-308 - 1.7E+308
long double	64	1.7E-308 - 1.7E+308
Zeiger	16	(near __cs __ds __es bzw. __ss)
Zeiger	32	(far bzw. huge)
(Boolean)	16	0 = False, <>0 = true (wie int)

14 Datentypen in C

Der Modifizierer *unsigned* (vorzeichenlos) sorgt dafür, daß vom Wertebereich nur die positive Richtung akzeptiert wird. Normalerweise ist der Wertebereich *signed* (vorzeichenbehaftet), d.h. er erstreckt sich in negativer wie positiver Richtung gleichermaßen.

2.4.3.1 Integer-Konstanten

Konstanten können dezimal, oktal oder hexadezimal angegeben werden:
- Dezimale Konstanten zwischen 0 und 4294967295 (*unsigned long*).
- Oktalkonstante durch Voranstellen von Null.
- Hexadezimalkonstante durch Voranstellen von *0X* oder *0x*.
- Speicherung im Format *long* bzw. *unsigned* durch Anhängen von l oder L bzw. u oder U.

Dezimale Konstanten:

int	0 – 32767
long	32767 – 2147483647
unsigned long	2147483648 – 4294967295
Überlauf	über 4294967295

Oktale Konstanten:

int	00 – 077777
unsigned int	01000000 – 0177777
long	010000000 – 017777777777
unsigned long	0100000000000 – 0377777777777
Überlauf bei	über 0377777777777

Hexadezimale Konstanten:

int	0x0000 – 0x7FFF
unsigned int	0x8000 – 0xFFFF
long	0x10000 – 0x7FFFFFFF
unsigned long	0x80000000 – 0xFFFFFFFF
Überlauf bei	über 0xFFFFFFFF

Wertebereiche von Integer-Konstanten

2.4.3.2 Gleitkommakonstanten

Gleit- bzw. Fließkommazahlen speichert das System im *double*-Format. Durch Anfügen von f oder F kann man die Speicherung im *float*-Format erzwingen.

2.4.3.3 Zeichenkonstanten

Jede Zeichenkonstante hat einen Wert. Drei Typen solcher Konstanten sind zu unterscheiden: Einzelzeichen, "Doppelzeichen" und Escape-Sequenzen.

Einzelzeichen:
- Zeichen zwischen Kochkomma (z.B. 'k').
- Speicherung im 16 Bit-Format

"Doppelzeichen":
- Zwei Normalzeichen hintereinander geschrieben (aber ein Wert).
- Beispiele: 'vB', '\007\007', '\n'.
- Speicherung als *int*-Konstante im 16 Bit-Format.

Escape-Sequenzen:
- Der Backslash "\" wird als Escape bezeichnet und dient zur Einleitung von Steuerzeichen.
- Dem "\" folgt ein Zeichen (z.B. '\b' für BACKSPACE) oder eine Oktalzahl (z.B. '\015' für Zeilenvorschub).
- \xhhh stellt ein Zeichen im ASCII-Code dar (hhh stehen für maximal drei hexadezimale Ziffern. Beispiel: '\xD' gleich '\n'.
- Zur Ausgabe von \ innerhalb von " " muß man \\ schreiben. Dazu zwei Beispiele:
  printf('Dach: /\') muß man als *printf/'Dach: /\\')* schreiben.
  Der in der MS-DOS-Ebene zur Bezeichnung eines Pfades gebrauchte Backslash muß stets doppelt angegeben werden; den Suchpfad *"c:\anwend\verkauf"* muß man als *"c:\\anwend\\verkauf"* schreiben.

Sequenz:	Wert:	Zeichen:	Zweck:
\a	0x07	BEL	Ton
\b	0x08	BS	Bbackspace
\f	0x0C	FF	Formfeed
\n	0x0A	LF	Linefeed
\r	0x0D	CR	Carriage return
\t	0x09	HT	Tab waagerecht
\v	0x0B	VT	Tab senkrecht
\\	0x5C	\	backslash
\'	0x2C	'	Hochkomma
\"	0x22	"	Gänsefüßchen
\?	0x3F	?	Fragezeichen
\DDD		beliebig	DDD 1 bis 3 Oktalziffern
\xHHH	0xHHH	beliebig	HHH 1 bis 3 Hex-Ziffern

Escape-Sequenzen

2.4.3.4 String-Konstanten

Eine Stringkonstante wird zwischen " " eingeschlossen.
- *"Tillmann und Klaus"* ist eine Konstante mit 18 Zeichen.
- Mit dem Backslash läßt sich ein String über eine Zeile verlängern. Die folgende Konstante und *'Tillmann und Klaus'* sind gleich:
  "Tillmann und " \
  "Klaus"
- Ein Stringverkettungszeichen ist nicht erforderlich. Beispiel mit Quelltext (links) und Ausführung (rechts):

```
text = "Tillmann "
       "und\nKlaus";
puts(text);
```

```
Tillmann und
Klaus
```

2.4.4 Operatoren

Binäre und unäre Operatoren:
- Binäre Operatoren verknüpfen zwei Operanden (z.B. *a + 2*).
- Unäre Operatoren erwarten nur einen Operanden (z.B. *-b*).
- Inkrement und Dekrement sind unäre Operatoren:
  a und b nach c summieren und dann b um 1 erhöhen: *c = a + b++;*
  b um 1 erhöhen, dann a und b nach c summieren: *c = a + ++b;*

Einfach- und Mehrfachzuweisungen:
- Einfachzuweisung z.B. mit *c = a + b*: a und b nach c summieren.
- Mehrfachzuweisung z.B. mit *c = b = a*: Wert von a ermitteln und nach b zuweisen; anschließend den Wert von b nach c zuweisen.

"Typen" von Operatoren:
- Sechs Operatoren für Bitmanipulationen: $<<$, $>>$, &, |, ^ *und* ~.
- Zwei Adreßoperatoren: & (Adresse von) und * (Indirektion).
- Sechs Vergleichsoperatoren: >, >=, ==, !=, <= und <.
- Drei logische Operatoren: && (AND), || (OR) und ! (NOT).
- Kombinierte Operatoren: *a = a + b* läßt sich abkürzen als *a += b.*
  Beispiel: *rechnungsendbetrag = rechnungsendbetrag - skonto* läßt sich abgekürzt schreiben als *rechnungsendbetrag -= skonto.*

Wertzuweisungen in Ausdrücken:
- Wertzuweisungen kann man als Ausdrücke in Klammern schreiben.
- Der Ausdruck *(4000 > (ergebnis = 3900 + 101))* ergibt immer den Wert 0 bzw. unwahr, False.

Operatoren durch "," trennen bzw. aufzählen:
- Mehrere Operationen lassen sich - durch Kommata getrennt - in einen Ausdruck einklammern.
- Der Ausdruck wird von links nach rechts ausgewertet. Das Ergebnis der letzten Operation stellt den Wert des Gesamtausdrucks dar.
- Beispiel: Mit *(a = b, b = getch())* wird zuerst der Inhalt von b nach a zugewiesen bzw. gerettet, um dann ein Zeichen von der Tastatur nach b einzulesen.

Turbo C:	Bedeutung:	Turbo Pascal:
a = -b	unäres Minus	a := -b
a = +b	unäres Plus	a := +b
!f	logisch NOT	NOT f
a = ~b	Komplement	a := NOT b
a = &b	Adresse	a := addr(b)
a = *intptr	Zeigerzugriff	a := IntPtr^
a = sizeof(b)	Größe	a := SizeOf(b)
a++ ++a	Erhöhung	a := Succ(a)
a-- --a	Verminderung	a := Pred(a)
a = b * c	Multiplikation	a := b * c
a = b / c	Integer-Division	a := b DIV c
x = b / c	Real-Division	x := b / c
a = b % c	Modulo	a := b MOD c
a = b + c	Addition	a := b + c
a = b - c	Subtraktion	a := b - c
a = b >> c	Rechts-Shift	a := b SHR c
a = b << c	Links-Shift	a := b SHL c
a > b	Größer	a > b
a >= b	Größer/gleich	a >= b
a < b	Kleiner	a < b
a <= b	Kleiner/gleich	a <= b
a == b	Gleich	a = b
a != b	Ungleich	a <> b
a = b & c	bitweise AND	a := b and c
a = b | c	bitweise OR	a := b or c
a = b ^ c	bitweise XOR	a := b xor c
f1 && f2	logisch AND	f1 and f2
f1 || f2	logisch OR	f1 or f2
a = b	Wertzuweisung	a := b
a (op)= b	Wertzuweisung	a := a (ob) b

Operatoren von C und Pascal in absteigender Priorität

2.4.5 Konvertierung von Datentypen

2.4.5.1 Konvertierung von Zeichen, Integer und Zeiger

C nimmt folgende automatischen Typanpassungen vor:
   - Eine Zeichenkonstante wird einer Integer-Variablen als 16 Bit-Wert zugewiesen.

- Eine Zeichenvariable (Länge 8 Bits) wird einer Integer-Variablen (Länge 16 Bits) mit Propagierung des Vorzeichens zugewiesen; d.h. das Vorzeichen bleibt erhalten. Dazu fügt man Einsen (bzw. Nullen) hinzu, wenn das 1. Bit im Zeichen eine 1 (bzw. eine 0) ist.
  Ist der *char*-Typ mit dem Compiler-Schalter -K als *unsigned* gesetzt, findet keine Propagierung des Vorzeichens statt.
- Da Aufzähltypen mit *int*-Typen identisch sind, muß bei der Konvertierung von *enum* nach *int* bzw. von *int* nach *enum* keine Typanpassung vorgenommen werden.

- Ein Zeiger (Pointer) zeigt auf einen bestimmten oder auf einen beliebigen Datentyp, d.h. auf *void*. Im letzteren Fall ist der Zeiger zu allen Zeigertypen kompatibel.
- Zeiger auf Funktionen kann man nicht in Zeiger auf Datentypen umwandeln; dies gilt auch für die Umkehrung.
- Eine explizite Typumwandlung kann Zeiger, die auf unterschiedliche Datentypen weisen, einander zuordnen.

2.4.5.2 Konvertierung bei Gleitkomma- und Integer-Zahlen

Vom C-Compiler werden innerhalb einer Operation Typanpassungen automatisch wie folgt vorgenommen:

1. Für alle in der Übersicht "Arithmetische Konvertierungen" angegebenen Integer-, Aufzähl- bzw. Gleitkommatypen wird als Ergebnis ein *int*-Typ bzw. ein *double*-Typ (falls mindestens ein *float*-Typ vorlag) gebildet.

2. Waren Operanden mit anderen Typen beteiligt, gilt die folgende Schrittfolge von Tests:
   - Zuerst testen, ob im *double*-Format zu berechnen ist. Dies ist dann der Fall, wenn mindestens ein Operand *double* ist.
   - Im Ja-Fall wird auch der andere Operand in das *double*-Format konvertiert.
   - Im Nein-Fall wird getestet, ob im *unsigned long*-Format zu berechnen ist. Im Ja-Fall, ... usw.
   - Die Rangfolge dieser so fortgeführten Tests ist:

   double, unsigned long, long, unsigned int, int $\longrightarrow$

Beispiel: Bei Verknüpfung eines *unsigned long*-Operanden mit einem *int*-Operanden findet zuerst eine Konvertierung nach *unsigned long* statt. Für das Ergebnis der Operation wird der Datentyp des jeweils höheren Operanden übernommen.

An der Operation beteiligte Typen:	Ergebnistyp der Konvertierung:	Vorgehensweise:
char	int	Vorzeichen propagiert
unsigned char	int	Höherwertiges Byte bleibt stets Null
signed char	int	Vorzeichen propagiert
short	int	unverändert
enum	int	unverändert
float	double	xx.yy. ergibt xx.yy0000

Arithmetische Konvertierungen

2.4.6 Grundlegende Anweisungen und Funktionen

Im folgenden werden grundlegende Anweisungen und Funktionen in alphabetischer Ordnung dargestellt. Zu jedem Schlüsselwort wird eine Erläuterung, das allgemeine Format und ein Beispiel wiedergegeben.

break
Unstrukturierte Verzweigungsanweisung. Zum Ende der innersten *do...while-, for-, switch-* bzw. *while*-Anweisung verzweigen.
```
break;
```
Die *for*-Schleife wird verlassen, um die Kontrolle an die äußere bzw. übergeordnete Ebene zu übergeben (z.B. äußere Schleife, Folgeanweisung):
```
for ( ...
   {
   if (eingabe == 0)
     break;
   ...; ... }
```

const
Modifizierer zum Vereinbaren eines Objekts als Konstante, auf die später nur lesend zugegriffen werden kann:
```
const typ konstantenname;
```
Bei fehlender Angabe des Datentyps wird der *int*-Typ gewählt:
```
const float pi = 3.1415926;
const zaehler = 4;
const *char wort = "C-Wegweiser\n";
```

continue
Unstrukturierte Verzweigungsanweisung. In einer Schleife zum Schleifenende springen und sodann den folgenden Schleifendurchlauf abarbeiten.
```
continue;
```

anweisung2 wird für *eingabe == 0* niemals ausgeführt:

```
- while (bedingung)                  while (z < grenze)
    {                                  {
    anweisung1;                        scanf("%d",&eingabe); ... ;
    if fortsetzungebedingung           if eingabe == 0
      continue;                          continue;
    anweisung2                         anweisung2
    }                                  }
```

do...while

Anweisung zur Kontrolle der nicht-abweisenden Schleife. Die Schleife wird wiederholt, solange *wiederholungsbedingung* wahr ist. Die *do...while*-Schleife wird mindestens einmal vollständig durchlaufen. Viermalige Wiederholung (dabei ist *z = 0;* als Anfangswert vorausgesetzt):

```
do                                   do
  {                                    {
  anweisung(en);                       s = s + 10; z++;
  }                                    }
while (wiederholungsbedingung);      while (z < 4);
```

for

Anweisung zur Kontrolle der Zählerschleife als abweisender Schleife. Von einem Anfangswert bis zu einem Endwert zählen, wobei bei jedem Durchlauf die Zählervariable gemäß *schrittausdruck* verändert wird.

```
for ( anfangsausdruck; bedingausdruck; schrittausdruck )
    anweisung;
```

Die Werte 20, 21 und 22 ausgeben (wichtig: z hat danach den Wert 23):

```
for ( z = 20; z < 23; z++ )
    printf("%d\n", z);
```

goto

Unstrukturierte Verzweigungsanweisung. Einen Sprung zu der mit *label* bezeichneten Sprungmarke durchführen. *label* und *goto* müssen innerhalb derselben Funktion liegen.

```
goto label;
```

anweisung2 wird für *eingabe == 0* niemals ausgeführt (identisch mit dem entsprechenden Beispiel unter *continue*):

```
label: while (bedingung)             nochmals: while (z < grenze)
         {                                     {
         anweisung1;                           scanf("%d",&eingabe); ... ;
         if (bedingung)                        if (eingabe == 0)
           goto label;                           goto nochmals;
         anweisung2                            anweisung2
         }                                     }
```

if

Anweisung zur Kontrolle der ein- oder zweiseitigen Auswahlstruktur. Ist *auswahlbedingung* wahr, dann *anweisung1* ausführen, sonst *anweisung2*. *anweisung* kann auch eine Blockanweisung *{ ... }* sein. Fehlt der *else*-Teil, liegt eine einseitige Auswahl vor. Information über den Wert von z:

```
    if (auswahlbedingung)          if (z == 0)
        anweisung1;                    printf("z ist Null");
    else                           else
        anweisung2;                    printf("z ungleich Null");
```

main()

Funktion, die in jedem C-Programm einmal enthalten sein muß. Ein C-Programm ist eine Sammlung von Funktionen, von denen eine Funktion den Namen *main( )* tragen muß. Leerprogramm links, Programm mit einer Ausgabefunktion Mitte, Programm mit Vereinbarung und Ausgabe rechts:

```
    main()      main()                main()
    {           {                     {
    }               printf("C-Wegweiser\n\n");   const pi = 3.14;
                }                         printf("pi ist %f\n", pi);
                                      }
```

printf()

Funktion zur Kontrolle der Ausgabe. Die anzuzeigenden *werte* werden gemäß dem vorangestellten *formatstring* formatiert ausgegeben.

```
    printf(formatstring, werte);
```

Zwei Textzeilen ausgeben (Steuerungszeichen \n für Carriage Return):

```
    printf("Tillmann und Klaus\ngehen zum Schlittenfahren zum Kohlhof\n");
```

Für *zahl = 5.5;* als Anfangswert wird ausgegeben: *5.5 plus 7 ergibt 12.5.*

```
    printf("%f plus %d ergibt %f.\n", zahl, 7, zahl + 7);
```

return

Anweisung, um einen Funktionswert zurückzugeben oder um eine Funktion vorzeitig abzubrechen.

```
    return;
```

Die *int*-Funktion *mini* gibt als Minimum entweder x oder y zurück:

```
    rückgabetyp funktionsname (typ parameter);    int mini(int x, int y)
        {                                             {
        anweisung1;                                   if (x < y)
        anweisung2;                                       return(x);
        ...; return; ...;                    .        else
        anweisungn;                                       return(y);
        }                                             }
```

scanf()

Funktion zur Kontrolle der formatierten Eingabe. Im Gegensatz zur Ausgabefunktion *printf( )* müssen als *argumente* Zeiger auf Variablen angegeben werden, nicht aber die Varaiablen selbst.

```
scanf(formatstring, argumente);
```

Der Adreßoperator &... (lies: Adresse von ...) teilt der Funktion *scanf( )*
mit, an welcher Stelle bzw. Adresse *zahl* im Speicher abzulegen ist:

```
scanf("%f", &zahl); printf("Ihre Eingabe war: %f\n", zahl);
```

Einen Integer-, Fließkomma- und Hexadezimal-Wert eingeben:

```
scanf("%d %f %x", &integ, &fliess, &hex);
```

switch...case

Anweisung zur Kontrolle der mehrseitigen Auswahl. Fallabfrage in Abhängigkeit von *wert* (*int, char* bzw. *enum*) durchführen. Ohne *break* werden alle Anweisungen bis zum nächsten *break* bzw. } ausgeführt.

```
switch (wert)                      switch(eingabezahl)

   {                                  {

   case marke1: anweisung1; break;    case 1: puts("eins"); break;

   case marke2: anweisung2; break;    case 2:

   ...                                case 3: puts("zwei/drei"); break;

   default: anweisung;                default: puts("irgendwas");

   }                                  }
```

typedef

Anweisung zum expliziten Benennen von benutzerdefinierten Datentypen.

```
typedef datentyp datentypname;
```

Zuerst einen *struct*-Datentyp namens *rechnungstyp* und dann drei Variablen von diesem benutzerdefinierten Typ vereinbaren:

```
typedef struc

   {

   char name[20]; float betrag ;

   } rechnungstyp;

rechnungstyp rechnung1, alte_rechnung, rechnung_filiale;
```

void

Modifizierer, um einer Funktion den Standardtyp *void* (nichts, leer) zuzu-
ordnen (die Funktion liefert dann keinen Funktionswert zurück). Neben
rückgabetyp kann man auch *argumenttyp* "auf void" vereinbaren.

```
rückgabetyp funktionsname (argumenttyp parameter);
```

In Funktion *funk1* eine *zahl* übergeben, aber kein Ergebnis zurückgeben:

```
void funk1(float zahl)
```

Durch funk2 wird kein Wert zurückgegeben und kein Wert übergeben:

```
void funk2(void)   { ... }
```

while

Anweisung zur Kontrolle der abweisenden Schleife. Solange *eintrittsbedingung* erfüllt ist, wird die Schleife wiederholt. Die *while*-Schleife wird ggf. kein einziges Mal ausgeführt. Viermalige Wiederholung (z = 0 als Anfangswert vorausgesetzt):

```
while (eintrittsbedingung)        while (z < 4)
  {                                 {
  anweisung(en);                    s = s + 10; z++;
  }                                 }
```

;

Leere Anweisung. Innerhalb einer Schleife z.B. soll der Schleifenkörper leer sein. Die folgende Warteschleife wird 20000 mal durchlaufen:

```
for (zaehler = 1; zaehler <= 20000; ++zaehler)
  ;
```

=

Operator zur Einfachzuweisung. Zuerst den ausdruck auswerten und dann das Ergebnis der links von = angegebenen Variablen zuweisen.

variable = ausdruck;

Zuerst das Produkt berechnen und dieses dann nach *summe* zuweisen:

```
summe = (w + x - y) * z;
```

= ... = ... = ...

Operator zur Mehrfachzuweisung: Paarweise von rechts nach links zuweisen. z ermitteln, nach y zuweisen; nun den Wert von y nach x zuweisen.

```
x = y = z;
```

op=

Operator zur Kurzzuweisung (insbesondere bei längeren Ausdrücken):

```
variable operator= ausdruck
```

$x = x + y$ bzw. $x = x << y$ verkürzen sich wie folgt:

```
x += y;        bzw.     x <<= y;
```

,

Komma zur Trennung von Operationen: Mehrere Operationen können mit Kommata in runden Klammern aufgezählt werden; die Operationen werden dann von links nach rechts abgearbeitet.

```
(operation1 , operation2, ...)
```

ein nach *rette* zuweisen und dann neue Tastatureingabe nach *ein* zuweisen:

```
(rette = ein, ein = getch())
```

?

Operator zur bedingten Ausführung von Ausdrücken: Wenn *ausdruck1* wahr ist, dann berechne *ausdruck2*, sonst berechne *ausdruck3*.

```
ausdruck1 ? ausdruck2 : ausdruck3
```

Die links und rechts angegebenen Programmstücke sind identisch:

```
if (a < b)                    return ( (a < b) ? c : d )
  return(c);
else
  return(d);
```

++ bzw. --

Inkrement- und Dekrement-Operator verarbeiten einen Operanden (unär).
y und z addieren, Summe nach x zuweisen und dann z um 1 erhöhen:

```
x = y + z++
```

Wert von z um 1 vermindern; anschließend y und z nach x summieren.

```
x = y + --z
```

#define

Präprozessor-Befehl, um Bezeichner bzw. Label des Quelltextes beim Präprozessor-Lauf durch *text* zu ersetzen. *text* kann einen Ausdruck, Anweisungsteil oder eine bzw. mehrere Anweisungen umfassen.

```
#define BEZEICHNER text
```

Im Quelltext *MWST_SATZ* bei jedem Auftreten durch 14 ersetzen:

```
#define MWST_SATZ 14
```

#if

Präprozessor-Befehl zum bedingten Compilieren: Zeilen des Quelltextes
vom Compilieren ausnehmen. Ist *bedingung* wahr (d.h. ungleich Null), so
wird der Text zwischen *#if* und *#endif* compiliert, andernfalls nicht.

```
#if bedingung
    /* Quelltext wird nur compiliert, wenn bedingung ungleich Null */
#endif
```

#include

Präprozessor-Befehl zum Einfügen von Dateien in den Quelltext: Beim
Präprozessor-Lauf wird ein *#include*-Befehl durch den Inhalt der angege-
benen Headerdatei ersetzt. Eine bestimmte Datei innerhalb der durch den
Befehl *Options/E/Include directories* genannten Pfade suchen:

```
#include <dateiname>
```

Eine Datei im aktiven Pfad und dann in den eingestellten Pfaden suchen:

```
#include "dateiname"
```

Die Headerdatei *stdio.h* aus der Standardbibliothek in den Quelltext einfügen, d.h. ihre Definitionen bereitstellen:

```
#include <stdio.h>
```

{ ... }

Blockanweisung, um die in geschweiften Klammern angegebenen Vereinbarungen, Anweisungen, Funktionen usw. zu einem Block als Einheit zu-
sammenzufassen. *{ ... }* entspricht in zahlreichen Programmiersprachen
dem BEGIN ... END-Block. Siehe Funktion *main( )*.

/* ... */

Operatoren zum Markieren von Kommentar: Dieser Kommentartext wird
nur beim Editieren, nicht aber beim Programmlauf gezeigt:

```
/* Autor: Klaus, Testdatum: 6.3.1990 */
```

Geschachtelte Kommentare sind kein Standard. Die Funktion *wert( )* wird
nur dann auskommentiert, wenn der Schalter *Options/C/Source/Nested
comments* auf ON gesetzt wurde (sonst Kommentarende nach *Endsumme*):

```
/* wert()
   { ...; ...; /* Endsumme */ ...; ...;
   }        */
```

2.4.7 Bibliotheksfunktionen

In Turbo C gibt es mehr als 300 Bibliotheksfunktionen und Makros, die
in den Headerdateien deklariert sind. Die folgende Zusammenstellung gibt
die Funktionen nach Headerdateien alphabetisch geordnet wieder.

alloc.h   Speicherverwaltung

brk()	Belegungsänderung des Datensegments.
coreleft()	Noch freier Speicherbereich.
farcalloc()	(far core allocation) Belegt Speicherplatz auf far-Heap.
farcoreleft()	Ermittelt den freien Speicherplatz auf dem far-Heap.
farmalloc()	(far memory allocation) Belegt Platz auf dem far-Heap.
farrealloc()	Vergrößert/verkleinert Speicherbereich auf far-Heap.
sbrk()	Verändert die Größe des Datensegments.

assert.h   Definiert den Makro assert

assert()	Prüft eine Bedingung.

bios.h   BIOS Aufrufe

bioscom()	Steuerung der seriellen Ports.
biosdisk()	Direkter Diskettenzugriff.
biosequip()	(bios equipment) Liste der installierten Peripheiegeräte.
bioskey()	Tastaturabfrage über Biosinterrupt.
biosmemory()	Liefert die Gesamtgröße des Hauptspeichers.
biosprint()	Druckerkommunikation über Biosinterrupt.
biostime()	Clock tick Zähler.

conio.h   Steuerung von Tastatur und Bildschirm

cgets()	(cocsole get string) Tastatureingabe eines Strings.
cprintf()	(console printf) Formatierte Bildschirmausgabe.
cputs()	(console put string) Stringausgabe auf dem Bildschirm.
cscanf()	(console scanf) Eingabe von der Tastatur.
getch()	Eingabe eines Zeichens von der Tastatur.
getche()	(get character echo) Zeicheneingabe mit Echo.
getpass()	Eingabe eines Passwortes.
kbhit()	Prüft ob eine Taste gedrückt wurde.
putch()	Ausgabe eines Zeichens auf dem Bildschirm.
ungetch()	Stellt ein von der Tastatur gelesenes Zeichen zurück.

ctype.h   Behandlung von Zeichen

isalpha()	Prüft auf Buchstabe.
isalnum()	Prüft auf alphanumerisch.
isascii()	Prüft auf Asciizeichen 0..127.
isdigit()	Prüft auf Ziffer.
isgraph()	Prüft auf Druckbarkeit 33..126.
islower()	Prüft auf Kleinbuchstabe.
isprint()	Prüft auf Druckbarkeit.
ispunct()	Prüft auf Interpunktionszeichen.
isspace()	Prüft auf Whitespace-Zeichen.
isupper()	Prüft auf Großbuchstabe.
isxdigit()	Prüft auf Hexadezimalziffer.
toascii()	Umwandlung in ein ASCII-Zeichen.
_tolower()	Umwandlung in einen Kleinbuchstaben.
tolower()	Umwandlung in einen Kleinbuchstaben.
_toupper()	Umwandlung in Großbuchstaben.
toupper()	Umwandlung in Großbuchstaben.

dir.h Behandlung von Directorys.

chdir()	Wechselt das Directory.
findfirst()	Sucht nach einem Eintrag in einem Directory.
findnext()	Nächster Eintrag in einem Directory.
fnmerge()	(file name merge) Dateinamen zusammensetzen.
fnsplit()	(file name split) Zerlegt einen Suchweg.
getcurdir()	(get current directory) Directory eines Laufwerks.
getcwd()	(get current working directory) Aktives Laufwerk.
getdisk()	Liefert das momentan gesetzte Laufwerk.
mkdir()	(make directory) Erzeugt ein Directory.
mktemp()	Erzeugt einen Dateinamen.
rmdir()	(remove directory) Entfernt ein Directory.
searchpath()	Suche nach einer Datei.
setdisk()	Setzt ein Standardlaufwerk.

dos.h   DOS Funktionsaufrufe

absread()	(absolute read) Liest Diskettensektoren.
abswrite()	(absolute write) Schreibt Diskettensektoren.
allocmem()	Reservierung zusätzlicher Speichersegmente.
bdos()	DOS-Funktionsaufruf.

bdosptr()	DOS-Funktionsaufruf.
country()	Nationale Formate für Datum, Uhrzeit und Zahlen.
ctrlbrk()	Setzt einen Vektor zur Behandlung von ctrl-break.
disable()	Verhindert Hardwareinterrupts.
dosexterr()	(dos extended error) Erweiterter Fehlercode DOS.
dostounix()	Umwandlung von Datum, Uhrzeit in das UNIX Format.
enable()	Erlaubt Hardwareinterrupts.
FP_OFF()	(far pointer offset) Liefert Offset.
FP_SEG()	(far pointer segment) Liefert Segment für far Pointer.
freemem()	(free memory) Gibt ein Speichersegment wieder frei.
geninterrupt()	(generate interrupt) Erzeugt Prozessorinterrupt.
getcbrk()	(get control break) Ermittelt Prüfung auf Ctrl-break.
getdate()	Liefert das Systemdatum.
getdta()	(get disk transfer area) Adresse des DTA.
getfadt()	(get file allocation table default) Gesetztes Laufwerk.
getfat()	(get file allocation table) Informationen über Diskette.
getfree()	Ermittelt den freien Platz einer Diskette.
getpsp()	(get program segment prefix)
gettime()	Liest die Systemuhrzeit.
getvect()	Liest einen Interruptvektor.
getverify()	Liest das Verifyflag.
harderr()	(hard error) Behandlung von Hardwarefehlern.
hardresume()	(hard resume) Rücksprung zur DOS-Fehlerbehandlung.
hardretn()	(hard return) Rücksprung aus DOS-Fehlerbehandlung.
inport()	Liest ein Wort von einer I/O-Adresse.
inportb()	Liest ein Byte von einer I/O-Adresse.
int86()	Softwareinterrupt.
int86x()	Softwareinterrupt.
intdos()	DOS-Funktionsaufruf.
intdosx()	DOS-Funktionsaufruf.
intr()	Softwareinterrupt.
keep()	Macht ein Programm speicherresident.
MK_FP()	(make far pointer) Erzeugt einen Far-Pointer.
outport()	Sendet zwei Bytes zu einem Port.
outportb()	Sendet ein Byte zu einem Port.
parsfnm()	(parse file name) Analysiert eine Kommandozeile.
peek()	Liest zwei Speicherzellen.
peekb()	Liest eine Speicherzelle.
poke()	Schreibt int in den Speicher.
pokeb()	Schreibt ein Byte in den Speicher.
randbrd()	Liest Blöcke einer Randomdatei.
randbwr()	Schreibt Blöcke auf eine Randomdatei.
segread()	Liest Segmentregister.
setblock()	Verändert die Größe eines Segments.
setcbrk()	(set control break) Fixiert, wann DOS Ctrl-break prüft.

setdate()	Setzt das Tagesdatum.
setdta()	(set DTA) Setzt die Startadresse der DTA.
settime()	Setzt die Systemuhrzeit.
setvect()	Setzt Interruptvektor.
setverify()	Setzt das Verifyflag.
sleep()	Warteschleife.
unixtodos	Umwandlung von Datum, Uhrzeit in das DOS Format.
unlink()	Löscht eine Datei.
unlock()	Entfernt mit lock gesetzte Sperren bei Dateien.

float.h   Fließkommaroutinen

_clear87()	Löscht das Statuswort für den Coprozessor.
_control87()	Statuswort für den mathematischen Coprozessor.
_fpreset()	(floating point reset) Neuinitialisierung von Op.
_status87()	Liefert Status des Fließkomma-Pakets.

io.h   Ein/Ausgabe auf niedriger Ebene

access()	Zugriffsmöglichkeiten auf eine Datei.
_chmod()	Ändert die Attribute einer Datei.
chmod()	Ändert Attribute und Zugriffsmöglichkeiten einer Datei.
_close()	Schließt eine Datei.
close()	Schließt eine Datei.
_creat()	Erzeugt eine neue Datei.
creat()	Erzeugt eine neue Datei.
creatnew()	Erzeugt eine neue Datei.
creattemp()	Erzeugt eine temporäre Datei.
dup()	Verdoppelt einen Handle für eine Datei.
dup2()	Setzt 2 Handles auf dieselbe Datei.
eof()	(end of file) Prüft ob das Dateiende erreicht ist.
filelength()	Ermittelt die Länge einer Datei.
getftime()	Liest Datum und Uhrzeit einer Datei.
ioctl()	(I/O control) Kontrolle von Peripheriegeräten.
isatty()	(is a teletype) Geräteprüfung.
lock()	Sperrt Teile einer Datei.
lseek()	Setzt Position in der Datei.
_open()	Eröffnet eine Datei.
open()	Eröffnet eine Datei.
_read()	Liest Daten von einer Datei.
read()	Liest Daten von einer Datei.
setftime()	(set file time) Setzt Datum und Uhrzeit einer Datei.
setmode()	Setzt den Modus einer offenen Datei.

sopen()	(share open) Eröffnung im Modus SHARED.
tell()	Liefert die Position in einer Datei.
_write()	Schreibt in eine Datei.
write()	Schreibt in eine Datei.

math.h   **Mathematische Funktionen**

acos()	Arcuscosinus.
asin()	Arcussinus.
atan()	Arcustangens.
atan2()	Arcustangens von x/y.
cabs()	(complex absolute) Absolutwert einer komplexen Zahl.
ceil()	(ceiling) Runden einer Zahl nach oben.
cos()	Cosinus.
cosh()	Cosinus hyperbolicus.
exp()	Berechnet e hoch x.
fabs()	(float abs) Absolutwert einer Fließkommazahl.
floor()	Rundet auf nächstniedrige ganze Zahl.
fmod()	(float modulus) Restwert einer Division.
frexp()	Mantisse und binärer Exponent einer Fließkommazahl.
hypot()	Hypotenuse eines rechtwinkligen Dreiecks.
ldexp()	Wert * 2 hoch Exponent.
log()	Natürlicher Logarithmus.
log10()	Logarithmus zur Basis 10.
_matherr()	Behandlung von Flißkommafehlern.
matherr()	Behandlung von Flißkommafehlern.
modf()	(modulo float) Mantisse, Exponent Fließkommazahl.
poly()	Erzeugt ein Polynom.
pow()	x hoch y.
pow10()	Potenz von 10.
sin()	Sinus.
sinh()	Sinus hyperbolicus.
sqrt()	Quadratwurzel.
tan()	Tangens.
tanh()	Tangens hyperbolicus.

mem.h   **Speicherzugriffe**

memccpy()	Kopiert Bytes im Speicher.
memchr()	Sucht Wert im Speicher.
memcmp()	Vergleicht Speicherbereiche.
memcpy()	Kopiert Bytes im Speicher.
memicmp()	Vergleicht Speicherbereiche.
memmove()	Kopiert Bytes im Speicher.

memset()	Setzt Bytes im Speicher.
movbytes()	(move bytes) Kopiert Bytes im Speicher.
movedata()	(move data) Kopiert von Segment in Segment.
movmem()	(move memory) Kopiert Daten im Speicher.

process.h Steuerung von Prozessen

execl()	Funktion zum Laden/Starten eines anderen Programms.
execle()	Funktion zum Laden/Starten eines anderen Programms.
execlp()	Funktion zum Laden/Starten eines anderen Programms.
execlpe()	Funktion zum Laden/Starten eines anderen Programms.
execv()	Funktion zum Laden/Starten eines anderen Programms.
execve()	Funktion zum Laden/Starten eines anderen Programms.
execvp()	Funktion zum Laden/Starten eines anderen Programms.
execvpe()	Funktion zum Laden/Starten eines anderen Programms.
_exit()	Beendet das laufende Programm.
exit()	Beendet das laufende Programm.
spawn..()	Erzeugung und Ausführung von child-Prozessen.

setjmp.h Far-Verzweigungen

longjump()	(long jump) Wiederherstellung eines Prozessorzustandes.
setjmp()	Abspeicherung des Prozessorzustandes.

signal.h Software Signale

gsignal	(get ssignal) Liest ein Software-Signal.
ssignal	(software signal) Setzt ein Software-Signal.

stdarg.h Funktionen mit variabler Parameterzahl

va_...	Makros für Funktionen mit variabler Parameterzahl.
va_arg()	Rückgabe eines variablen Parameters.
va_end()	Beendet die Auswertung der Argumente einer Funktion.
va_start()	Beginnt die Auswertung der Argumente einer Funktion.

stat.h Status von Dateien

fstat()	(file status) Liefert Informationen über eine Datei.
stat()	Liefert Informationen über eine Datei.

stdio.h   Standard-Ein/Ausgabefunktionen

calloc()	(core allocation) Reserviert Platz im Hauptspeicher.
clearerror()	Zurücksetzen der Fehlerbedingung "Dateiende".
cprintf()	(console printf) Bildschirmausgabe.
cscanf()	(console scanf) Eingabe von der Tastatur.
fclose()	(file close) Schließt eine Datei.
fcloseall()	file close all) Schließt alle offenen Dateien.
fdopen()	(File double open) Stream zu offener Datei zuordnen.
feof()	(file eof) Prüfung auf Dateiende.
ferror()	(file error) Prüft Dateibearbeitungsfehler.
fflush()	Physikalisches Schreiben eines Dateipuffers.
fgetc()	Liest ein Zeichen aus einer Datei.
fgetchar()	Liest ein Zeichen von stdin.
fgets()	(file get string) Liest String aus einer Datei.
fileno()	(file number) Liefert den Handle.
flushall()	flush für alle offenen Dateien.
fopen()	(file open) Eröffnet eine Datei.
fprintf()	Formatierte Ausgabe in eine Datei.
fputc()	(file put character) Ausgabe eines Zeichens.
fputchar()	(file put character) Ausgabe eines Zeichens.
fputs()	(file put string) Schreibt einen String in eine Datei.
fread()	(file read) Liest von einer Datei.
freopen()	(file re-open) Wechselt dem Stream zugeordnete Datei.
fscanf()	Lesen von einer Datei.
fseek()	(file seek) Positionierung in einer Datei.
ftell()	(file tell) Liefert die momentane Position als Datei.
fwrite()	(file write) Schreibt in eine Datei.
getc()	Liest ein Zeichen von einem Stream.
getchar()	Eingabe eines Zeichens von stdin.
getenv()	(get environment) Liest einen Environment-Eintrag.
gets()	(get string) Liest einen String.
getw()	(get word) Liest zwei Bytes von einem Stream.
perror()	(print error) Systemfehlermeldung.
printf()	(print formatted) Formatierte Ausgabe.
putc()	Ausgabe eines Zeichens.
putchar()	Ausgabe eines Zeichens.
puts()	Ausgabe eines Strings.
putw()	Ausgabe eines int-Wertes.
remove()	Löscht eine Datei.
rename()	Ändert den Dateinamen.
rewind()	Geht an den Dateianfang.
scanf()	Eingabe von stdin.
setbuf()	(set buffer) Zuordnung eines Puffers zu einem Stream.
setvbuf()	(set variable buffer) Zuordnung eines Puffers.
sprintf()	(string print formatted) Formatierte Ausgabe als String.
sscanf()	(string scan formatted) Liest den Inhalt eines Strings.

ungetc()	Stellt ein von einem Stream gelesenes Zeichen zurück.
vfprintf()	(variable file printf) Ausgabe zu einer Datei.
vfscanf()	(variable file scanf) Eingabe von einer Datei.
vprintf()	(Variable printf) Ausgabe zu stdout.
vscanf()	(variable scanf) Eingabe von stdin.
vsprintf()	(variable string printf) Ausgabe in einen String.
vsscanf()	(variable string scsnf) Eingabe von einem String.

stdlib.h   Allgemeine Routinen

abort()	Beendet einen Prozeß.
abs()	Absolutwert einer Int-Zahl.
atexit()	Routinen, die am Programmende aufgerufen werden.
atof()	(ascii to float) Umwandlung ASCII-String in Float.
atoi()	(ascii to int) Umwandlung ASCII-String in Int-Zahl.
atol()	(ascii to long) Umwandlung ASCII-String in Long.
bsearch()	(binary search) Binäres Suchen.
ecvt()	Umwandlung einer Fließkommazahl in einen String.
fcvt()	Umwandlung einer Fließkommazahl in einen String.
free()	Gibt dynamisch belegten Speicherblock wieder frei.
gcvt()	(g-convert) Umwandlung Fließkommazahl in String.
itoa()	(integer to ascii) Umwandlung von int in String.
labs()	Absolutwert einer long-Zahl.
lfind()	Suchen in einem Vektor.
lsearch()	Suchen in einem Vektor mit Anfügen eines Elements.
malloc()	(memory allocation) Speicherplatzreservierung.
putenv()	Änderung der Betriebssystem-Tabelle
qsort()	Sortiert einen Vektor.
rand()	Zufallszahl.
realloc()	(real locate) Größenänderung dynamischen Blocks.
srand()	(seed random) Startwert für Zufallszahlen.
swab()	(swap bytes) Tauscht Bytes.
system()	Ausführung von DOS-Befehlen.
ultoa()	Umwandlung einer unsigned long-Zahl in einen String.

string.h   Behandlung von Strings

stpcpy()	(string pointer copy) Kopiert einen String.
strcat()	Verkettung von Strings.
strchr()	Sucht ein Zeichen in einem String.
strcmp()	Vergleicht zwei Strings.
strcmpi()	Vergleicht ohne Unterscheidung von Groß-/Klein.
strcpy()	Kopiert einen String.

strcspn()	Länge eines Teilstrings.
strdup()	Dupliziert einen String.
strerror()	Liefert Strings mit Sytemfehlermeldungen.
stricmp()	Vergleicht ohne Unterscheidung von Groß-/Klein.
strlen()	Liefert die Stringlänge.
strlwr()	(lowercase) Umwandlung von Groß- in Klein.
strncat()	Anfügen von n Zeichen eines Strings an einen anderen.
strncmp()	Vergleicht n Zeichen zweier Strings.
strncmpi()	Vergleicht n Zeichen. Kein Unterschied Groß-/Klein.
strncpy()	Kopiert n Zeichen.
strnicmp()	Vergleicht n Zeichen. Kein Unterschied Groß-/Klein.
strnset()	Füllt einen Stringteil mit einem Zeichen.
strpbrk()	(string pointer break) Sucht Zeichen in einem String.
strrchr()	(right character) Sucht letztes Vorkommen des Zeichens
strrev()	Umkehrung eines Strings.
strset()	Füllt einen String mit einem bestimmten Zeichen.
strspn()	Liefert die Länge eines Teilstrings.
strstr()	Absuchen eines Strings
strtod()	(string to double) Umwandlung von Strings in Double.
strtok()	(token) absuchen eines Strings.
strtol()	(string to long) Umwandlung von String in Long-Zahl.
strupr()	Umwandlung aller Kleinbuchstaben in Großbuchstaben.

time.h   Behandlung von Datum und Uhrzeit

asctime()	Umwandlung von Datum und Uhrzeit in ASCII-String.
ctime()	(convert time) Datum, Uhrzeit in String umwandeln.
difftime()	Berechnet den Zeitunterschied.
localtime()	(local time) Datum, Uhrzeit in Struktur umwandeln.
stime()	(set time) Setzt Systemdatum und -uhrzeit.
time()	Liefert Systemdatum und -uhrzeit.
tzset()	Dummyfunktion.

III Programmierkurs mit Turbo C Grundkurs

III Programmierkurs mit Turbo C
Grundkurs

3.1 Zahlen

Datentypen int und float: Zahlen braucht man zum Rechnen. In C muß man zwischen ganzen Zahlen vom Typ *int* und Gleitpunktzahlen vom Typ *float* unterscheiden. Der Umfang der Zahlen vom Typ *int* ist systemabhängig.

- Bei 16-Bit-Rechnern werden 16 Bits = 2 Bytes zur Darstellung einer *int*-Zahl benutzt; das ergibt einen Zahlenbereich von - 32768 bis 32767. Man kann dieselben Bitmuster aber auch als *unsigned int* (vorzeichenlose ganze Zahl) interpretieren, das ergibt einen Zahlenbereich von 0 bis 65535.
- Bei 32-Bit-Rechnern würde eine *int*-Zahl in 32 Bits = 4 Byte dargestellt werden. Aber auch bei 16 Bit-Rechnern gibt es die Möglichkeit, ganze Zahlen in 4 Bytes darzustellen. Diese haben dann den Typ *long int*. Hier eine Übersicht der Zahlen für 16 Bit-Rechner:

Typ	Länge in Bytes	Wertebereich
char	1	-128 bis 127
unsigned char	1	0 bis 255
int = short	2	-32768 - 32767
unsigned int	2	0 bis 65535
long int	4	-2147483648 bis 2 147 483 647
unsigned long	4	0 - 4294967295
float	4	3.4E-38 bis 3.4E38 (Vorz.)
double	8	1.7E-308 bis 1.7E308 (Vorz.)

Speicherplatzbedarf einfacher Datentypen bei 16-Bit-PCs

Datentyp char für Zeichen: Sie sehen oben unter den Zahlen den Typ *char*. Character bedeutet aber Zeichen wie z.B. 'A' oder '&'. Da im PC Zeichen als Zahlen im ASCII-Code dargestellt werden, kann in C mit Zeichen wie mit Zahlen gerechnet werden.

Aufgabe 3.1/1: Welchen Wert erhält man, wenn man 1 zu int a = 32767 addiert? Wie kann man sich dabei vor falschen Ergebnissen schützen?

Aufgabe 3.1/2: Geben Sie den Wert folgender Zahlen als Dezimalzahlen an: 010, 0x10, 10L, 'A' und 3e-5.

3.2 Ausdrücke mit Variablen und Konstanten

Variable und Datentyp: Sie kennen jetzt den Speicherbedarf für Zahlen und Zeichen. Wie aber bekommt man Zahlen in den Speicher und wie findet man sie wieder? Dazu müssen wir Speicherplatz durch Definition von Variablen reservieren. Eine Variable ist ein symbolischer Name für einen Speicherplatz. Damit C weiß, wieviel Speicherplatz für eine Variable zu reservieren ist, muß neben dem Namen auch der Typ der Zahl angegeben werden, die in der Variablen abzulegen ist; diesen Typ nennt man **Datentyp.**

int a;	/* a ist eine Variable vom typ int */
unsigned x,y,z;	/* 3 vorzeichenlose *int*-Variablen */
char ch,buchstabe;	/* ch,buchstabe *char*-Variablen */
unsigned char uc;	/* 0..255 */
float zinsen;	/* Gleitpunktzahl mit 4 Bytes */
double betrag;	/* Gleitpunktzahl doppelt lang */

Sechs Beispiele für Vereinbarungen von Variablen

Da Variablenvereinbarungen als C-Statements gelten, müssen sie stets mit dem Zeichen ; enden.

Wertzuweisungsoperator =: Um einer Variablen einen Wert zuzuweisen, d.h. einen Wert in die Speicherstellen zu schreiben, die durch den Variablennamen bezeichnet werden, benutzen wir zunächst den Zuweisungsoperator =.

a = 5;	/* a ergibt sich aus 5 (Konstante zuweisen */
b = a + 3;	/* b ergibt sich aus a+3 */
c = c + 1;	/* c ergibt sich aus c+1 (Erhöhung um 1) */

Drei grundlegende Wertzuweisungen

Links von = steht die Variable, die einen Wert bekommen soll. Der zugewiesene Wert kann auch berechnet werden. Stehen rechts keine Variablen, so spricht man von einen konstanten Ausdruck.

Mehrfachzuweisung: Mit einem einzigen C-Statement können auch mehrere Variablen einen Wert erhalten.

$a = b = 3.7;$	/* b erhält den Wert 3.7. Anschließend erhält a den Wert von b */
$x = 5 + (y = 3);$	/* y erhält den Wert 3 und x erhält anschließend den Wert 8 */

Zwei Beispiele für Mehrfachzuweisungen

Aufgabe 3.2/1: Welche Werte haben die Variablen im folgenden Programmstück und wieviele Bytes werden von ihnen jeweils belegt?

```
main()
  {
  int a,b,c;
  long d,e,f;
  float g,h,i;
  double j,k,l;
  char m,n,o;
  unsigned char p;
  a = 3.75;
  b = 2/3;
  d = 1000 * 1000;
  c = d;
  g = 1/3;
  h = 1.0/3.0;
  j = 1.0/3.0;
  m = 127;
  n = m + 1;
  o = 255;
  p = -1;
  }
```

3.3 Funktion printf() zur Ausgabe

3.3.1 Ausgabe von Text

3.3.1.1 printf() mit Steuerzeichen \n und \

Text wird zwischen " " geschrieben. Bei der Ausführung eines Programms namens TEXT1 wird (umseitig) eine Textzeile am Bildschirm ausgegeben.

Quelltext zu Programm TEXT1:   **Bildschirm bei**
                                          Ausführung von TEXT1:

```
main()
  {
  printf("Dieser Text wird ausgegeben.");
  }
```

> Dieser Text wird ausgegeben

Bei der Ausführung des folgenden Programms TEXT2 erscheint ebenfalls nur eine Textzeile am Bildschirm:

```
/* ====== Programm TEXT2 */
main()
  {
  /* Test der Funktion printf() */
  printf("Dieser Text wird ausgegeben,");
  printf("und dieser Text auch.");
  }
```

> Dieser Text wird ausgegeben,und dieser Text auch.

Der zwischen /* ... */ gesetzte Text wird als Kommmentar bei der Programmausführung nicht angezeigt (siehe Abschnitt 3.3.3).

Neue Zeile durch \n: Die Ausgabefunktion *printf( )* gibt nur dann ein CR-Signal aus (Carriage Return für 'neue Zeile'), wenn man das Steuerzeichen \n in den Text einfügt.

```
/* ====== Programm TEXT3 */
main()
  {
  printf("Dieser Text wird ausgegeben,\n");
  printf("und dieser\nText auch.\n\n");
  }
```

Bei Ausführung des Programms TEXT3 erscheinen drei Ausgabezeilen:

> Dieser Text wird ausgegeben,
> und dieser
> Text auch.

Zeile verlängern durch \: Ist ein Text zu lang, um in einer Zeile dargestellt zu werden, so können Sie ihn in mehrere Zeilen schreiben, wenn sie die Vorzeile mit dem Zeichen \ beenden.

```
/* ====== Programm TEXT4 */
main()
{
printf("Dieser Text wird als eine Zeile aufgefaßt, obwohl \
er in zwei Zeilen dargestellt ist.");
}
```

3.3.1.2 Bedingtes Compilieren mit Compilerkommando #if

Um Teile eines Programms zu Testzwecken von der Compilierung auszu-
schließen, wird das Kommando *#if 0 ... #endif* verwendet.

```
#if 0
    von der Übersetzung auszuschließender Programmteil
#endif
```

Bedingtes Compilieren mittels #if

Um den Programmteil wieder in die Compilierung einzubeziehen, ersetzen
Sie die 0 durch die 1 (oder einen Wert ungleich Null). Das Programm
#IFTEST1 verdeutlicht dies:

```
/* ====== Programm #IFTEST1 */
main()
  {
  printf("Dieser Text wird ausgegeben\n");
#if 0
  printf("Aber nicht dieser\n");
#endif
  printf("Dieser wird ausgegeben\n");
#if 1
  printf("Und dieser auch\n");
#endif
  }
```

Bei der Ausführung von Programm #IFTEST1 ergibt sich folgende Ausgabe.

```
Dieser Text wird ausgegeben
Dieser wird ausgegeben
Und dieser auch
```

Zeilen, die mit # beginnen, sind Anweisungen an den Präprozessor, der
den Quelltext vor der Compilierung bearbeitet. Der C-Präprozessor arbeitet in einer speziellen Kommandosprache.

3.3.2 Ausgabe von Zahlen und Variablen

3.3.2.1 Formatierte Ausgabe

Das *f* im Funktionsnamen *printf* soll an die formatierte Ausgabe erinnern. Wir können angeben, in welchem Format Werte ausgegeben werden.

printf(formatstring, werte);

──────── Maske zur Formatierung
──────── Zu formatierende Werte

Format der Funktion *printf( )*

Den Formatstring haben wir bereits kennengelernt. In der Anweisung

```
printf("und dieser\nText auch.\n\n");
```

ist der Text in ″ ″ der Formatstring. Er enthält Steuerzeichen \n. Ausgabewerte sind keine angegeben. Auszugebende Werte schreibt man durch Komma getrennt hinter den Formatstring. Im Formatstring muß zu jedem Ausgabewert eine Formatangabe vorhanden sein, die angibt, in welchem Format der Wert ausgegeben werden soll. Die Formatangabe muß dem Datentyp des Ausgabewertes entsprechen. Bei der Ausgabe wird der Formatstring ausgegeben, wobei die Ausgabeformate durch die Ausgabewerte ersetzt werden. Das Programm AUS1 verdeutlicht dies:

```
/* ====== Programm AUS1 */
float pi;
main()
  {
  pi = 3.14;
  printf("%d mal %f ergibt %f\n", 2, pi, 2 * pi );
  }
```

```
2 mal 3.140000 ergibt 6.280000
```

Drei Format-Elemente in Programm AUS1:
- %d bedeutet "Ausgabe als ganze Zahl" und wird durch 2 ersetzt.
- %f bedeutet "Ausgabe als Gleitpunktzahl" und wird durch pi bzw. durch 2*pi ersetzt.
- %f ergibt eine 7-stellige Ausgabe.

Im folgenden Programm namens AUS2 werden einige Zahlen dezimalpunktgenau untereinander ausgegeben.

```
/* ====== Programm AUS2 */
float a, b, c, s;
main()
  {
  a = 1.119;
  b = -2;
  c = 3000;
  s = a + b + c;
  printf("%20.2f\n", a );
  printf("%20.2f\n", b );
  printf("%20.2f\n", c );
  printf("%20s\n", "--------" );
  printf("%20.2f\n", s );
  }
```

```
            1.12
           -2.00
         3000.00
        --------
         2999.12
```

3.3.2.2 Format-Elemente

Format-Elemente beginnen mit dem Zeichen %. Der Buchstabe am Ende
gibt den Datentyp an.
  -   Gleitpunktzahlen können mit f (float), e, E, g oder G ausgegeben
      werden.
  -   Ganzzahlen mit d, i, u, o, x, X.
  -   Zeichen mit c (character).
  -   Strings mit s.
  -   Pointer mit p.
Die Zahl vor dem Punkt gibt die Mindestzahl der auszugebenden Zeichen
an. Die Zahl nach dem Punkt gibt bei Angabe von f, e und E die Stellen
nach dem Dezimalpunkt an, die gerundet ausgegeben werden; bei Strings
wird die Höchstzahl der auszugebenden Zeichen festgelegt. Mit %.5s
würden höchstens 5 Zeichen ausgeben. Wenn die Ausgabe linksbündig
erfolgenn soll, können Sie das mit - nach % erreichen. Die Ausführung
des Programms AUS3

```
/* ====== Programm AUS3 */
main()
  {
  printf("%-20s%-20.2f\n", "links", 3.7 );
  printf("%20s%20.2f\n", "rechts", 0.1 );
  }
```

ergibt den folgenden Bildschirm:

```
links                3.70
rechts               0.10
```

%c	Einzelzeichen (character)
%d	Integerwert mit Vorzeichen (decimal)
%e	Gleitkommazahl mit Schreibweise x.e ... (exponential)
%f	Fließkommazahl (float)
%p	Zeiger als Speicheradresse (pointer)
%s	String als Zeichenkette (string)
%u	Integerwert ohne Vorzeichen (unsigned)
%x	Integerwert in hexadezimaler Darstellung (hex)

Formatelemente für die Funktion *printf( )*

Variable Längenangaben: Es ist auch möglich, die Längenangabe variabel zu gestalten. Dazu wird die Länge bzw. Genauigkeit durch * dargestellt. * wird durch eine int-Zahl ersetzt, die vor dem Ausgabewert anzugeben ist.

*printf("%*d", 4, x);*	gibt die *int*-Zahl x mit 4 Stellen aus.
printf("%.*f", 5, 2, x);*	gibt die *float*-Zahl x mit 5 Stellen und mit 2 Nachkommastellen aus.
*printf("%*s", 20, "Pferd");*	Gibt den String "Pferd" mit 20 Stellen aus.

Drei Beispiele für variable Längenangaben

```
/* ====== Programm VARLEN */
main()
  {
  int l = 20;
  float f = 4.0/3;
  printf("%*d%%d%*d\n", 5, 4, 5, 4, l, l );
  printf("%f\n", f );
  printf("%*.*f\n", 5, 3, f );
  printf("%*.*f\n", l, l, f );
  printf("%*.3f\n", l, f );
  printf("%*s\n", l, "Pferd" );
  }
```

Die Ausführung von Programm VARLEN ergibt folgende Bildschirmausgabe.

```
   4    4                    20
  1.333333
  1.333
    1.33333325386047363
                 1.333
              Pferd
```

3.3.3 Ausgabe von Kommentar

Kommentar als Erklärung: Zur besseren Lesbarkeit des C-Programms können Sie Kommentare zwischen den Zeichen /* */ in den Quelltext einfügen. Kommentare werden vom Compiler ignoriert. Auch aus diesem Grunde sollte man bei der Kommentierung des Programmtextes nicht sparen.

Um das Zeichen \ (Backslash) im Kommentar angezzuzeigen, muß man \\ schreiben. Grund: Der Backslash leitet ein Steuersignal ein. Den MS-DOS-Pfad *"C:\anwend\programm"* muß man als *"C:\\anwend\\programm"* schreiben.

Auskommentieren von Quelltext: Bei der Fehlersuche können Sie zeitweilig Programmteile als Kommentare markieren und damit von der Compilierung ausschließen.

Achten Sie dabei darauf, daß keine geschachtelten Kommentare entstehen. Wenn Sie geschachtelte Kommentare zulassen wollen, so wählen Sie im Menü *Options / Compiler / Source* die Einstellung *Nested comments ON*.

- Der Funktionsaufruf *printf("C-Wegweiser");* wird in der auskommentierten Form */* printf("C-Wegweiser"); */* vom Compilieren ausgenommen.
- Beim folgenden Programmstück hingegen wird nur der erste Funktionsaufruf nicht übersetzt, da hier Kommentare geschachtelt sind und der Kommentar nach *erste Zeile* endet:

```
/* printf("C-Wegweiser \n");  /* erste Zeile */
   printf("muß man lesen.");  /* zweite Zeile */    */
```

Aufgabe 3.3/1: Schreiben Sie ein Programm, das Ihre Adresse mit Name, Strasse und Ort in drei Zeilen ausgibt. Programmname ist PRINTF1.

Aufgabe 3.3/2: In der Headerdatei *math.h* sind folgende Konstanten definiert.

```
#define M_E        2.71828182845904524
#define M_PI       3.14159265358979324
#define M_SQRT2    1.41421356237309505
```

Ein Programm namens PRINTF2 soll diese Konstanten mit 3 Dezimalstellen und im wissenschaftlichen Format am Bildschirm anzeigen.

Aufgabe 3.3/3: Erstellen Sie ein Programmnamens PRINTF3, das die folgende Textzeile am Bildschirm ausgibt:

```
Das Zeichen für eine neue Zeile ist '\n'
```

Aufgabe 3.3/4: Erstellen Sie ein Programm NN1, das Ihren Namen in Hochkommas ausgibt.

Aufgabe 3.3/5: Welche Ausgabe ergibt folgendes Programm?

```c
/* ====== Programm PRINTF4 */
main()
  {
  printf("%d  %f  %e\n", (int) 3.75, (float) 5, (float) 'A');
  }
```

Aufgabe 3.3/6: Welche Ausgabe ergibt folgendes Programm?

```c
/* ====== Programm OKTAL1 */
#include <stdio.h>
main()
  {
  printf("%x, %x\n", 10, -1);
  printf("%f %f\n", 10, -1 );
  }
```

3.4 Initialisierung, sizeof- und cast-Operator

Sind die Datentypen *int* und *char* - wie oben behauptet - identisch? Das folgende Programm AUS4 soll diese Frage klären.

```c
/* ====== Programm AUS4 */
char ch1 = 'C', ch2 = 68;
int  ch3 = 'E', ch4 = 70;
main()
  {
  printf("%c %d %X %d %d\n", 'A', 'A', 'A', sizeof('A') , sizeof( (int) 'A') );
  printf("%c %d %d %d\n", 66 , 66 , sizeof(66), sizeof( (char) 66 ) );
  printf("%c %c %c %c\n", ch1, ch2, ch3, ch4 );
  printf("%d %d %d %d\n", ch1, ch2, ch3, ch4 );
  printf("%d %d\n", sizeof(ch1), sizeof(ch3) );
  printf("%d %d %d %d %d\n", sizeof(char), sizeof(int),
          sizeof(long), sizeof(float), sizeof(double) );
  /* man kann eine Anweisung über mehrere Zeilen schreiben */
  }
```

Bei Ausführung von Programm AUS4 ergibt sich folgender Bildschirm:

```
A 65 41 2 2
B 66 2 1
C D E F
67 68 69 70
1 2
1 2 4 4 8
```

Das Zeichen 'A' wird mit drei Formatangaben ausgegeben:
```
%c --> 'A', %d --> 65 (Dezimalzahl), %X --> 41 (Hexadezimalzahl).
```

Initialisierte Variable: Im Programm AUS4 wird gezeigt, daß man man eine Variable, die als externe Variable außerhalb einer Funktion definiert ist, bei der Vereinbarung über den Operator = mit einem Anfangswert initialisieren kann.

```
char ch1 = 'C'; /* Die Variable ch1 vom Typ char hat den Startwert 'C' */
```

sizeof-Operator zur Speicherplatzangabe: Mit dem *sizeof*-Operator kann man feststellen, wieviel Speicherplatz ein Wert bzw. Datentyp belegt.

```
sizeof('A') --> 2    /* die Konstante 'A' wird in 16 Bit abgespeichert */
sizeof(66) --> 2
sizeof(int) --> 2
sizeof(double) --> 8
```

cast-Operator zur Datenumwandlung: Schreibt man vor einen Wert in Klammern einen Datentyp, so wird der Wert in den angegebenen Datentyp umgewandelt.

```
(int) 'A'            /* Umwandlung in int Typ */
(char) 66            /* Umwandlung in char Typ */
```

Zwei Beispiele zur Datenumwandlung

Den Operator (), der vor einem Wert stehen kann und zur Datenumwandlung dient, nennt man den *cast*-Operator.

Methode des Dreieckstauschs: Bei Sortierprogrammen kommt es häufig vor, daß man zwei Werte vertauschen muß. Programm TAUSCH1 zeigt, daß zum Vertauschen eine Hilfsvariable h erforderlich ist.

```
/* ====== Programm TAUSCH1 */
int a = 3, b = 5, h;
main()
   {
   printf("Vor dem Vertauschen : a = %d, b = %d\n", a, b );
   h = a; a = b; b = h;
   printf("Nach dem Vertauschen: a = %d, b = %d\n", a, b );
   }
```

Das Programm TAUSCH1 liefert folgendes Ausführungsprotokoll:

```
Vor dem Vertauschen : a = 3, b = 5
Nach dem Vertauschen: a = 5, b = 3
```

Aufgabe 3.4/1: Welche Werte werden durch folgendes Programm ausgegeben?

```
/* ====== Programm SIZE1 */
main()
   {
   printf( "%d\n", sizeof(5) );
   printf( "%d\n", sizeof(32000) );
   printf( "%d\n", sizeof(65000) );
   printf( "%d\n", sizeof(5.0) );
   printf( "%d\n", sizeof(5L) );
   printf( "%d\n", sizeof('A') );
   }
```

3.5 Zeiger bzw. Pointer

3.5.1 Adreßoperator &

Eine Variable ist ein Speicherbereich, in dem man Daten ablegen kann. Aber wie kann man feststellen, an welcher Stelle im Speicher sich die Variable befindet? Dazu gibt es zunächst den Adreßoperator &. *&variable* ist die Adresse von *variable*. Bei PCs mit 8086-CPU setzt sich die Adresse aus einem Offset und einer Basisadresse in einem Segmentregister zusammen. Die komplette Adresse wird in der Form

```
Segmentwert:Offsetwert
```

angegeben. Beim *small*-Speichermodell, das wir bis jetzt benutzt haben, beziehen sich alle Daten auf dieselbe Segmentadresse, so daß der Segmentwert uninteressant ist. Es werden nur *near*-Pointer verwendet.

Sowohl der Offset als auch die Segmentadresse lassen sich als *int*-Zahl in 2 Bytes darstellen. Im folgenden Programm ADR1 wird die Adresse einer Variablen angezeigt:

```
/* ====== Programm ADR1 */
int a = 5;
int b = -1;
float c;
char d = 'A';
int e;

main()
  {
  float f = 255;
  printf("a = %d &a = %d\n", a, &a );
  printf("b = %d b = %u b = $%X &b = %u\n", b, b, b, &b );
  b = (int) &a;
  printf("%d %u\n", b, &b );
  printf("%u %u %u %u\n", &c, &d, &e, &f );
  }
```

Bei der Ausführung von Programm ADR1 erhält man den folgenden Bildschirm:

```
a = 5 &a = 154
b = -1 b = 65535 b = $FFFF &b = 156
154 156
1516 158 1520 65502
```

Wir sehen, daß die Variablen a, b und d hintereinander angelegt werden; c und e ebenfalls, aber an anderer Stelle; f wieder an anderer Stelle. Bei *b = (int) &a;* wird die Adresse &a mit dem *cast*-Operator *(int)* in eine ganze Zahl umgewandelt.

3.5.2 Zeigervariablen zur Adreßspeicherung

Zeigervariablen (engl. pointer) werden speziell zur Aufnahme von Adressen vereinbart. Dabei geht man wie folgt vor:

datentyp *ptvariable;

      Mit * reserviert der Compiler Speicherplatz
      für einen Zeiger, nicht aber für Zeichen.
      Name der Pointer- bzw. Zeigervariablen

Format zur Vereinbarung einer Zeigervariablen

ptvariable ist hier eine Pointervariable, die eine Adresse enthält, die auf eine Variable vom angegebenen Datentyp zeigt.

Verweisoperator *: Den Operator * nennt man Verweisoperator (indirection operator), weil damit indirekt über die Pointervariable ein Wert erreicht werden kann. Im folgenden Programm ADR2 wird *pt* als Zeigervariable auf eine Variable des Typs *int* vereinbart:

```
/* ====== Programm ADR2 */
int a = 5;
int *pt;
main()
  {
  pt = &a;
  printf("%d  %p %Np\n", a, &a, &a );
  printf("%d  %p %Fp\n", *pt, pt, pt );
  *pt = 9;
  printf("%d %d %X", a, &a, &a );
  }
```

```
5   009A 009A
5   009A 0170:009A
9  154 9A
```

Unterscheidung von int *pt einserseits und *pt andererseits:
- Mit *int *pt;* wird eine Pointervariable *pt* definiert, die einen Zeiger auf eine int-Variable enthalten kann.
- *pt = &a;* weist pt die Adresse von a zu.
- **pt* ist die Variable, auf die *pt* zeigt. Definitionsgemäß ist **pt* vom Typ *int*.
- Wie sie sehen, kann **pt* zwei verschiedene Bedeutungen haben. *int *pt;* bedeutet, daß pt als Pointervariable deklariert ist.
  *pt allein bedeutet, daß **pt* eine Variable ist, auf die pt zeigt.
- Da *pt* im Programm ADR2 die Adresse von a zugewiesen wurde, ändert mit **pt = 9;* die Variable a ihren Wert.

Format-Element %p zur Adreßausgabe: Für Adressen gibt es in *printf( )* das Format-Element %p. Mit dem Zusatz F (far pointer) wird die Adresse im Format Segmentwert:Offsetwert ausgegeben. Ohne diesen Zusatz (oder mit dem Zusatz N) wird nur der Offsetwert ausgegeben.

3.5.3 Zeiger auf einen Zeiger

Im Programm ADR3 ist ein Zeiger *pt* vereinbart, der auf *ptr* als weiteren Zeiger weist.

```
/* ====== Programm ADR3 */
int *ptr, **pt;
int a = 5;
main()
  {
  ptr = &a;
  printf("%d %d %p %Np %Fp\n", a, *ptr, &a, ptr, ptr );
  pt = &ptr;
  printf("ptr=%Fp pt=%Fp &pt=%Fp\n", ptr, pt, &pt );
  printf("%d %d %d %d\n", a, *ptr, *&a, **pt );
  printf("%Fp %Fp %Fp\n", ptr, *pt, *&ptr );
  printf("%p %p %p\n", ptr, *pt, *&ptr );
  }
```

Die mit %Fp ausgegebenen Adreßwerte stimmen nur im *huge*-Speicher-
modell. Der Programmlauf von ADR3 ergibt folgende Bildschirmausgabe:

```
5 5 009A 009A 0107:009A
ptr=037A:009A pt=0107:0378 &pt=FFEC:0001
5 5 5 5
009A:009A 0107:009A FFEC:0001
009A 009A 009A
```

- *ptr* ist ein Zeiger auf einen *int*-Wert. pt ist ein Zeiger, der auf
  einen Zeiger auf einen *int*-Wert zeigt.
- *ptr = &a* weist der Variablen ptr die Adresse von a zu.
- *ptr* und *&a* stellen somit denselben Wert dar.
- **ptr* stellt den Wert dar, auf den Zeigervariable *ptr* zeigt, hier die
  Variable a.
- Wir folgern, daß *a, *ptr, *&a* und ***pt* denselben Wert 5 darstellen.

ptr, *pt und **&ptr* stellen dieselbe Adresse dar. In der Darstellung mit
%Fp ist das aber nicht zu erkennen, weil im *small*-Speichermodell nur
near-Pointer verwendet werden. Sie erhalten die richtigen Adreßwerte,
wenn Sie das Programm ADR3 mit dem *huge*-Speichermodell compilieren.

3.5.4 Zeiger austauschen

Das Programm TAUSCH1 (vgl. Abschnitt 3.4) dient zur Demonstration
des Dreieckstauschs: Der Inhalt zweier Variablen wird über eine Hilfsvariable ausgetauscht. Statt zwei Werte direkt zu vertauschen, kann man
auch die Zeiger vertauschen, die auf diese Werte zeigen; die Werte der
Variablen bleiben dabei unverändert stehen. Das Programm TAUSCH2
zeigt dieses Vorgehen umseitig.

```
/* ====== Programm TAUSCH2 */
int a = 3, b = 5, *p, *q, *r;
main()
  {
  p = &a; q = &b;
  printf("Vor dem Vertauschen : *p = %d, *q = %d\n", *p, *q );
  r = p; p = q; q = r;
  printf("Nach dem Vertauschen: *p = %d, *q = %d\n", *p, *q );
  }
```

```
    Vor dem Vertauschen : *p = 3, *q = 5
    Nach dem Vertauschen: *p = 5, *q = 3
```

3.5.5 Speicherplatz reservieren mit malloc() und calloc()

Wird eine Pointervariable p vereinbart, so wird dadurch für die Objekte, auf die p zeigt, noch kein Speicherplatz reserviert. Das kann man mit den Funktionen *malloc( )* oder *calloc( )* erreichen.

```
/* ====== Programm MALLOC1 */
float *p, *q;

main()
  {
  p = (float *) malloc( sizeof(float) );
  q = (float *) calloc( 1, sizeof(float) );
  *p = 3;
  *q = 5;
  printf("%f  %f", *p, *q );
  }
```

Bei Ausführung von Programm MALLOC1 erscheinen zwei Werte:

```
  3.000000  5.000000
```

An die Funktion *malloc( )* muß die Anzahl der zu reservierenden Speicherstellen übergeben werden. An die Funktion *calloc( )* muß die Anzahl und die Länge der Objekte übergeben werden, für die Speicherplatz zu reservieren ist. Der *cast*-Operator *(float *)* wandelt den Rückgabewert von *malloc( )* in einen Zeiger auf *float* um.

Mit der Funktion *free( )* kann der durch *malloc( )* reservierte Speicherbereich wieder freigegeben werden.

3.6 Gleitpunktzahlen

Gleitpunktzahlen werden im IEEE-Format in vier Bytes dargestellt. Das Vorzeichen belegt ein Bit, der Exponent sieben Bits und für die Mantisse bleiben 24 Bits. Die Mantisse stellt einen Wert zwischen 1.0 und 2.0 dar. Da das höchstwertige Bit der Mantisse immer 1 ist, wird es nicht abgespeichert. In dieser Darstellung können Gleitpunktzahlen einen positiven oder negativen Wert zwischen etwa 3.4E-38 und 3.4E+38 darstellen. Zahlen vom Typ *double* belegen 8 Bytes und stellen Werte zwischen 1.7E-308 und 1.7E+308 dar. Auf Gleitpunktzahlen können u.a. folgende Operatoren angewendet weden.

Operator		Assoziatitiät
( )		von links nach rechts
–	Vorzeichenumkehr	von rechts nach links
* /	Multilikation,Division	von links nach rechts
+ –	Addition,Subtraktion	von links nach rechts
=	Zuweisungsoperator	von rechts nach links

Operatoren auf Gleitpunktzahlen

Die Rangordnung der Operatoren nimmt von oben nach unten ab. = hat also eine sehr niedrige Priorität.

```
/* ====== Programm NETTO1 */
float skonto = 2.5;
float bruttopreis, nettopreis;
main()
  {
  nettopreis = bruttopreis - (bruttopreis = 50000) * skonto / 100.0;
  printf("Bruttopreis = %.2f DM, Skonto = %.2f DM, Nettopreis = %.2f DM",
          bruttopreis, bruttopreis - nettopreis, nettopreis );
  }
```

Die Ausführung zu Programm Programm NETTO1 ergibt folgenden Bildschirm:

```
Bruttopreis = 50000.00 DM, Skonto = 1250.00 DM, Nettopreis = 48750.00 DM
```

Die Zuweisung *(bruttopreis = 50000)* muß sich im Produkt befinden (Regel Punkt vor Strich). 50000 wird vor der Zuweisung in eine *float*-Zahl umgewandelt.

3.7 Zusammengesetzte Zuweisungsoperatoren

Wenn man den Wert einer Variablen a um 2 erhöhen möchte, so kann man wie in anderen Programmiersprachen

```
a = a + 2;
```

schreiben. In C gibt es dafür aber eine kürzere Schreibweise, und diese sollte auch benutzt werden.

```
a += 2;
```

Zwischen *+=* darf keine Leerstelle sein, da *+=* als ein Zeichen (Token) aufgefaßt wird. Die folgenden Zeilen sind somit identisch:

```
a -= 2;   a = a - 2;
a *= 2;   a = a * 2;
```

Entsprechendes gilt für die Operatoren */= %= < <= > >= &= |= ^=* . Alle diese Operatoren haben dieselbe niedrige Rangordnung wie der Zuweisungsoperator =.

Aufgabe 3.7/1: Welche Ausgabe ergibt das folgende Programm?

```
/* ====== Programm ZUSOP1 */
main()
  {
  int a=3, b=8;
  a *= 2 + 3;
  printf("%d\n", a );
  a += b /= 5 - 1;
  printf("%d  %d\n", a, b );
  }
```

3.8 Ganze Zahlen

3.8.1 Typanpassung

Die Rechnung mit *int*-Werten ergibt wieder *int*-Werte. Weist man einer *int*-Variablen eine Gleitpunktzahl zu, so wird der Wert in eine *int*-Zahl umgewandelt bzw. angepaßt. Im Programm INT1 wird diese Typanpassung demonstriert:

```
/* ====== Programm INT1 */
int a,b,c;
float f = 5.8;
float g;
main()
  {
  a = 15/4;
  b = 2/3;
  c = f;
  f = 15/4;
  g = 15/4.0;
  printf("%d %d %d  %f  %f", a, b, c, f, g );
  }
```

    3 0 3 3.000000 3.750000

Die Ausführung zu Programm INT1 zeigt, daß bei der Division ganzer Zahlen die Nachkommastellen des Ergebnisses weggelassen werden. Ist eine Zahl des Quotienten eine Gleitpunktzahl (Beispiel *g = 15/4.0* mit 4.0 als *float*-Konstante), so werden vor der Division alle Zahlen in Gleitpunktzahlen umgewandelt bzw. angepaßt. Der Modulo-Operator % liefert den ganzzahligen Rest bei der Division ganzer Zahlen.

```
quot = 14 / 4;    /* ergibt 3 */
rest = 14 % 4;    /* ergibt 2 */
```

Der Operator % hat denselben Rang (Priorität) wie * und /. Das Programm INT2 zeigt dies.

```
/* ====== Programm INT2 */
int a,b,c,d;
main()
  {
  a = 26 / 7 % 3;
  b = 26 % 7 / 3;
  c = 26 / (7 % 3);
  d = 26 % (7 / 3);
  printf("%d %d %d %d", a, b , c, d );
  }
```

    0 1 26 0

3.8.2 Bereichsüberschreitung

Beim Rechnen mit *int*-Zahlen muß man auf eine mögliche Bereichsüber-
schreitung achten.

```
/* ====== Programm INT3 */
int a = 30000, b, c;
long d, e;
main()
  {
  b = a + a;
  c = a * a;
  d = a * a;
  e = (long) a * (long) a;
  printf("%d %d %d\n", a, b, c );
  printf("%u %u %u %ld %ld\n", a, b, c, d, e );
  }
```

```
30000 -5536 -5888
30000 60000 59648 -5888 900000000
```

Anmerkungen zu Programm INT3:
  -   *b = a + a;* kann noch im %u Format richtig dargestellt werden.
  -   *c = a * a;* ergibt einen falschen Wert, da 900000000 nicht in eine
      int-Variable paßt.
  -   Versucht man mit *d = a * a;* das Ergebnis in eine *long*-Variable
      zu schreiben, entsteht ebenfalls ein falscher Wert, da die
      Multiplikation der *int*-Variablen a * a einen falschen Wert liefert.
      Ein richtiger Wert wird berechnet, wenn man den Wert von a mit
      dem *cast*-operator *(long) a* vor der Multiplikation in einen *long*-
      Wert umwandelt.
  -   Will man mit *printf( )*-Funktion *long*-Werte richtig ausgeben, so
      muß man vor der Typangabe mit d, u, o, x den Buchstaben l ein-
      fügen.

3.9 Inkrementierung

Variablen vom Typ *int* kann man mit dem Operator ++ inkrementieren
und mit dem Operator -- dekrementieren. Konstanten kann man nicht
inkrementieren oder dekrementieren. *a++* bzw. *++a* bewirkt, daß sich
hinterher in der Variablen a der Nachfolger des Inhaltes von a befindet.
a-- bzw. *--a* bewirkt, daß sich in der Variablen a hinterher der
Vorgänger des Inhaltes von a befindet. Ausdrücke der Form *a+++b* sind
mißverständlich. Schreibt man *a + ++b* oder *a++ + b*?
Das folgende Programm INT4 verdeutlicht, daß *a++* und *++a* nicht völlig
identisch sind.

```
/* ====== Programm INT4 */
int a = 3, b;
   main()
     {
     b = a++;
     printf("%d %d\n", a, b );
     b = ++a;
     printf("%d %d\n", a, b );
     a++;
     printf("%d\n", a );
     printf("%d\n", a++ );
     printf("%d\n", ++a );
     printf("%d\n", a );
     }
```

```
4 3
5 5
6
6
8
8
```

Zur Ausführung von Programm INT4:
- Mit *b = a++;* wurde zwar der Wert von a um 1 erhöht, aber zuvor wurde der alte Wert von a der Variablen b zugewiesen.
- Mit *b = ++a;* wird a inkrementiert und dann erst der erhöhte Wert der Variablen b zugewiesen.
- Die Ausgabe von *a++* bewirkt die Ausgabe des alten Wertes mit anschließender Inkrementierung von a.
- Die Ausgabe von *++a* bewirkt, daß a zuerst um 1 erhöht wird, um den erhöhten Wert anschließend auszugeben.

Zusammenfassung: Kommt *a++* in einem Ausdruck vor, so wird der Ausdruck mit dem alten Wert von a ausgewertet, um anschließend a zu erhöhen. Kommt *++a* in einer Anweisung vor, so wird a zuerst erhöht, und dann die Anweisung mit dem erhöhten Wert ausgeführt. Entsprechendes gilt für *a--* und *--a*.
Ausdrücke wie *b = a + a++;* oder *printf("%d %d", a, a++);*, in denen a und a++ vorkommen, sollte man vermeiden, da sie von verschiedenen Compilern unterschiedlich ausgewertet werden können.

3.10 Ganzzahlige Aufzählungstypen

Mit dem Schlüsselwort *enum* können Sie *int*-Zahlen mit Namen versehen. Die Namen sind dann gleichwertig mit den entsprechenden *int*-Werten. Im Programm ENUM1 werden sieben *int*-Werte aufgezählt.

```
/* ====== Programm ENUM1 */
enum {so, mo, di, mi, don, fr, sa };
```

```
main()
  {
  int a;
  printf("%d %d %d %d %d\n", so, mo, di, sa, don );
  a = mi;
  printf("%d %d\n", a, mi );
  }
```

```
0 1 2 6 4
3 3
```

Der in der *enum*-Liste zuerst aufgeführte Bezeichner erhält standardmäßig den Wert 0, der nächte den Wert 1, ...

Wie das Programm ENUM2 zeigt, kann diese Reihenfolge auch unterbrochen werden, um einen Datentyp einzuführen, der diesen Werten entspricht.

```
/* ====== Programm ENUM2 */
typedef enum {fuenf=5,sechs,sieben,minus3=-3,minus2,null=0 } zahlen;

main()
  {
  zahlen a;
  printf("%d %d %d %d\n", fuenf, sechs, minus2, null );
  a = minus3;
  printf("%d %d\n", a, minus3 );
  a = 9;
  frintf("%d\n", a );
  }
```

```
5 6 -2 0
-3 -3
9
```

Mit *typedef* vereinbaren Sie einen Datentyp namens *zahlen*, den Sie später zur Definition von Variablen verwenden können. Die Variable a wirkt dabei wie eine gewöhnliche *int*-Zahl. Es wird nicht geprüft, ob 9 in der *enum*-Liste auch vorkommt.

3.11 Vergleiche

3.11.1 Vergleichsoperatoren

Unter den Vergleichoperatoren haben == und *!=* eine niedrigere Rangordnung.

< kleiner	> größer
<= kleiner oder gleich	>= größer oder gleich
== Gleichheit	!= Ungleichheit

Sechs Vergleichsoperatoren in C

```
/* ====== Programm VOP1 */
int a = 7;
main()
   {
   printf("%d %d %d %d\n", 3.7 == 3.7, 2 != 3, 65 == 'A', 65 != 'A' );
   printf("%d\n", (a = 9) );
   }
```

```
1 1 1 0
9
```

Wenn ein Ausdruck wahr ist, ergibt ein Vergleichsoperator den Wert 1; ist er falsch, so ergibt sich 0. a = 9 ist kein Vergleichsausdruck, sondern eine Wertzuweisung.

3.11.2 Bitmanipulationen

Will man einzelne Bits manipulieren, so bietet sich in C insbesondere der Operator ~ (bitweises Komplement) an, der mit Alt-126 eingegeben werden kann. Den Operator | erreicht man auf dem PC über Alt-124. C kennt folgende Operatoren, um auf einzelne Bits zuzugreifen:

<<	Shift left, Linksschieben	>>	Shift right, Rechtsschieben
&	bitweises UND	^	bitweises eclusive OR, Antivalenz
|	bitweises ODER	~	bitweise Negation

Operatoren für Bitmanipulationen

```
/* ====== Programm BIT1 */
main()
   {
   printf("%04X\n", ~0X00FF );
   printf("%04X %04X\n", 0X0FF0 << 8, 0X0FF0 >> 8 );
   printf("%04X %04X %04X\n",0XFF00 & 0XF0F0, 0XFF00 | 0XF0F0, 0XFF00 ^ 0XF0F0);
   }
```

Das Programm BIT1 ergibt folgendes Ausführungsprotokoll:

```
FF00
F000 000F
F000 FFF0 0FF0
```

Die Formatangabe *%04X* bewirkt eine vierstellige hexadezimale Ausgabe mit führenden Nullen.

3.12 Zahleneingabe mit der Funktion scanf()

Mit der Funktion *scanf( )* können Werte über die Tastatur an ein Programm übergeben werden. Die Funktion *scanf( )* ist der Funktion *printf( )* sehr ähnlich.

```
scanf( formatstring, zeiger_argumente );
```

———— Eingabeformatierung
———— Tastatureingabe

Allgemeines Format der Eingabefunktion *scanf( )*

scanf() erwartet Zeiger als Eingabegrößen: Im Unterschied zu *printf( )* stellen die Argumente Zeiger auf Variablen, nicht aber die Variablen selbst dar. Die im Programm EA1 angegebenen Beispiele sollen den Gebrauch von *scanf( )* erläutern:

```
/* ====== Programm EA1 */
int i;
main()
  {
  printf("Geben Sie eine int-Zahl ein: ");
  scanf("%d", &i );
  printf("Sie haben %d eingegeben.\n", i );
  }
```

Sie erhalten z.B. folgende Dialogprotokolle bei der Programmausführung:

```
Geben Sie eine int-Zahl ein: 678
Sie haben 678 eingegeben.

Geben Sie eine int-Zahl ein: -123  456
Sie haben -123 eingegeben.
```

Im Programm EA2 wird k als Zeigervariable auf eine Variable des int-Typs vereinbart und dann mit *scanf( )* verarbeitet:

```
/* ====== Programm EA2 */
main()
  {
  int i, *k;
  k = &i;
  printf("Geben Sie eine int Zahl ein: ");
```

```
scanf("%d", k);
printf("Sie haben %d eingegeben.\n", *k);
}
```

```
Geben Sie eine int Zahl ein: -98
Sie haben -98 eingegeben.
```

Zeigervariable stets initialisieren: Bei der Vereinbarung einer Zeigervariablen k mit *int *k;* wird für die zugehörige Variable *k kein Speicherplatz reserviert. k enthält eine zufällige Adresse. Schreibt man nun etwas
in die Variable *k, so könnten wichtige Informationen überschrieben werden. Deshalb sollte man vor der Benutzung von *k der Pointervariablen
einen definierten Wert zuweisen. Im Programm EA2 geschieht dies mit
der Zuweisung *k = &i;*.

Im folgenden Programm EA3 wird eine Zahl vom *long*-Typ eingegeben:

```
/* ====== Programm EA3 */
long l;
main()
  {
  printf("Geben Sie eine long int-Zahl ein: ");
  scanf("%D", &l );
  printf("Sie haben %ld eingegeben.\n", l );
  }
```

```
Geben Sie eine long int-Zahl ein: -2000000000
Sie haben -2000000000 eingegeben.
```

Hexadezimale Eingabe: Das Programm EA4 zeigt, wie eine hexadezimale
Eingabe über die Funktion *scanf( )* entgegengenommen wird:

```
/* ====== Programm EA4 */
int x;
main()
  {
  printf("Geben Sie eine Hexadezimalzahl ein: ");
  scanf("%x", &x );
  printf("%x %u\n", x, x );
  }
```

```
Geben Sie eine Hexadezimalzahl ein: FFFF
ffff 65535
```

```
Geben Sie eine Hexadezimalzahl ein: ABZ
ab 171
```

Aufgabe 3.12/1: Problemstellung: Eine Gleitpunktzahl soll eingetippt werden. Anschließend soll die Eingabezahl in den ganzzahligen Anteil und die Nachkommastellen zerlegt werden. Speichern Sie die Problemlösung unter dem Programmnamen ZERLEGEN ab.

Aufgabe 3.12/2: Ein Programm namens RUNDEN1 erwartet eine Zahl als Tastatureingabe und gibt sie als Ganzzahl gerundet aus. Schreiben Sie das Programm in C.

3.13 Symbolische Konstanten mit #define

Mit *#define* kann man für eine Konstante einen Namen vergeben. Dies ist sinnvoll, wenn:
- in einem Programm ein Ausdruck mehrfach vorkommt.
- man einer konstanten Zahl einen sprechenden Namen geben möchte.

Das Programm DEFINE1 zeigt hierzu einige Beispiele auf:

```
/* ====== Programm DEFINE1 */
#define R 5
#define PI 3.14
#define format "Der Umfang des Kreises mit Radius %d ist %.2f\n"
#define form1 "seine Fläche ist %.2f\n"
#define flaeche printf(form1, PI * R * R );
#define hat_keine_Wirkung
main()
    {
    hat_keine_Wirkung
    printf(format, R, 2 * R * PI );
    flaeche
    hat_keine_Wirkung
    }
```

```
Der Umfang des Kreises mit Radius 5 ist 31.40
seine Fläche ist 78.50
```

Präprozessor: Anweisungen die mit # beginnen sind Kommandos an den Präprozessor (siehe auch Abschnitt 3.3.1.2: Bedingtes Compilieren). Dieser bearbeitet den Text vor der Compilierung. *#define* bewirkt, daß der nach

#*define* angegebene Bezeichner überall im Text durch den Ausdruck nach dem Bezeichner ersetzt wird (sofern der Bezeichner nicht in " " steht). Im Beispielprogramm DEFINE1 werden folgende Ersetzungen vorgenommen.
- R durch 5.
- PI durch 3.14.
- format durch "Der Umfang des Kreises mit Radius %d ist %.2f\n" (hat_keine_Wirkung wird also gelöscht).

Nur Bezeichner können ersetzt werden, nicht aber z.B. die Zeichen ' durch ". Einen Bezeichner, der vor der Compilierung durch Programmteile ersetzt wird, bezeichnet man als Makro. C-Makros leisten aber noch mehr, wie wir später sehen werden.

Aufgabe 3.13/1: Eine weitere Möglichkeit zur Vereinbarung von Konstanten bietet der Modifizierer *const*. Testen Sie das Programm. Welche Fehlermeldung erhalten Sie?

```
/* ====== Programm KONST1 */
main()
  {
  const double K = 27.3;
  const L = 5;
  const char *S = "Hallo";
  printf("%f %d\n", K, sizeof(K) );
  printf("%d %d\n", L, sizeof(L) );
  printf("%s\n", S );
  L = 8;
  }
```

III Programmierkurs mit Turbo C Grundkurs

4.1 Auswahlstrukturen mit if...else

4.1.1 Einseitige und zweiseitige Auswahlstruktur

Bis jetzt hatten wir es nur mit linearen Programmen zu tun. Die *if*-Anweisung ermöglicht es, in Abhängigkeit von Bedingungen Entscheidungen zu treffen, d.h. nicht-lineare Abläufe zu kontrollieren.

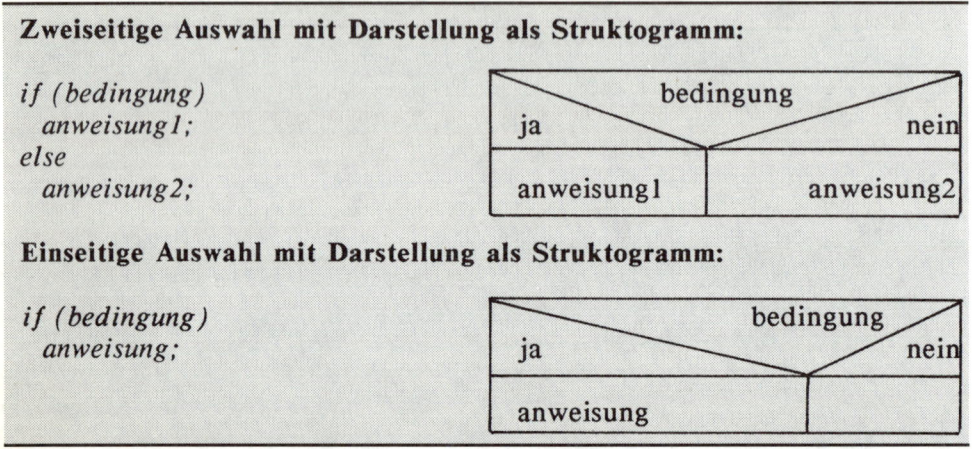

Zweiseitige Auswahl mit Darstellung als Struktogramm:

if (bedingung)
    anweisung1;
else
    anweisung2;

Einseitige Auswahl mit Darstellung als Struktogramm:

if (bedingung)
    anweisung;

Kontrolle von Auswahlstrukturen über die if-Anweisung

bedingung ist ein Ausdruck, der 0 (unwahr) oder ungleich 0 (wahr) sein kann. Wenn *bedingung* den Wert 0 ergibt, wird der *else*-Zweig abgearbeitet, oder - falls kein *else* existiert - mit der nächsten Anweisung fortgefahren. Alle Werte für *bedingung*, die nicht 0 sind, werden als wahr angesehen und *anweisung1* bzw. *anweisung* wird ausgeführt.

Zweiseitige Auswahlstruktur: Das folgende Programm SKONTO1 gibt Auskunft über folgende Zahlungsbedingungen: "Innerhalb von 8 Tagen 4% Skonto, sonst aber nur 1.5% Skonto". Es liegt somit eine zweiseitige Auswahlstruktur vor.

Das Programm SKONTO1 ergibt z.B. folgende Ausführungsprotokolle:

```
Rechnungsbetrag : 200
Tage nach Erhalt: 4

Rechnungsbetrag =     200.00 DM
4.00 % Skonto   =       8.00 DM
Zahlungsbetrag  =     192.00 DM
```

```
/* ====== Programm SKONTO1 */
float r, p, s, netto;
int t;
main()
  {
  printf("Rechnungsbetrag : ");
  scanf("%f", &r );
  printf("Tage nach Erhalt: ");
  scanf("%d", &t );
  if (t > 8)
    p = 1.5;
  else
    p = 4;
  s = r * p / 100;
  netto = r - s;
  printf("\nRechnungsbetrag = %10.2f DM\n", r);
  printf("%1.2f %% Skonto    = %10.2f DM\n", p, s);
  printf("Zahlungsbetrag = %10.2f DM\n", netto);
  }
```

Soll am Ja-Zweig oder Nein-Zweig mehr als eine Anweisung abgearbeitet werden, so sind die Anweisungen als Block in *{ }* einzuschließen.

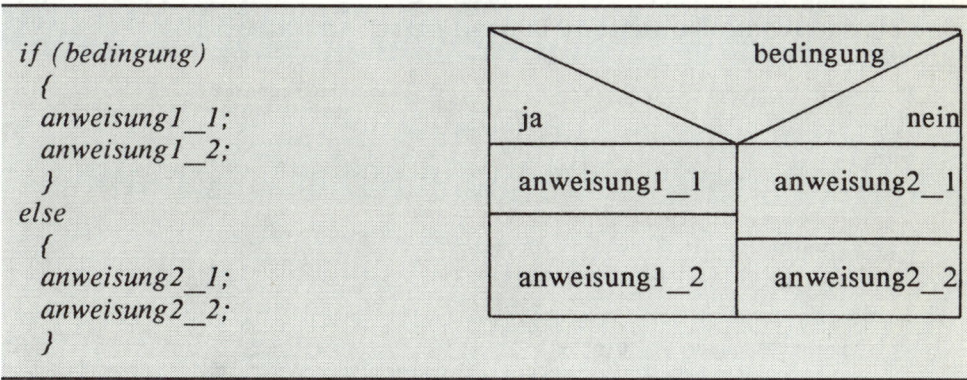

{ } zur Blockbildung bei Auswahlstrukturen

0 als unwahr und ungleich 0 als wahr: Wie das Programm NULLTEST zeigt, wird in C jeder von 0 verschiedene Wert als wahr interpretiert.

```
/* ====== Programm NULLTEST */
float r;
main()
  {
  printf("Bitte eine Zahl eingeben: ");
  scanf("%f", &r );
```

```
if (r)
   printf("ungleich Null\n");
else
   printf("gleich Null\n");
}
```

Vergleichsausdruck:	Wert nach Auswertung:
7 != 6	1
7 == 6	0
7 <= 6	0
7 >= 6	1
"v" > "b"	1
0.001 < = 0.0001	0

Vergleichsausdruck mit Wert 0 (unwahr) oder Wert ungleich 0 (wahr)

4.1.2 Schachtelung von if-Anweisungen

Im Programm DREIFALL schachtelt eine äußere Auswahl ($a!=0$ als Bedingung) eine innere Auswahl (Bedingung $a>0$) ein. Die innere Auswahl wird somit nur im Falle "a ungleich 0" ausgeführt. Das Prinzip der Schachtelung besagt, daß *if* und *else* mit den geschachtelten Anweisungen eine einzige Kontrollanweisung bilden.

```
/* ====== Programm DREIFALL */          Struktogramm:
float a;
main()
   {
   printf("bitte eine Zahl eingeben: ");
   scanf("%f", &a );
   if (a != 0)
     if (a > 0)
        printf("größer als 0\n");
     else
        printf("kleiner als 0\n");
   else
     printf("gleich 0\n");
   }
```

4.1.3 Kettenbildung

Im folgenden Programm 5FALL soll aus mehreren möglichen Fällen ein bestimmter Fall herausgefiltert werden. Dazu kann man *if...else* als Kette hintereinander anordnen. Das Prinzip der Kettenbildung ähnelt in gewisser Weise der *switch*-Anweisung (siehe Abschnitt 4.4).

```
/* ====== Programm 5FALL */
int a;
main()
  {
  printf("Bitte eine Zahl eingeben: ");
  scanf("%d", &a);
  if (a < 0)
    printf("kleiner als 0\n");
  else if (a <= 10)
        printf("zwischen 0 und 10\n");
  else if (a <= 20)
        printf("zwischen 11 und 20\n");
  else if (a <= 30)
        printf("zwischen 21 und 30\n");
  else
    printf("größer als 30\n");
  }
```

Aufgabe 4.1/1: Schreiben Sie ein Programm namens IF1, das folgende Ablaufstruktur aufweist:

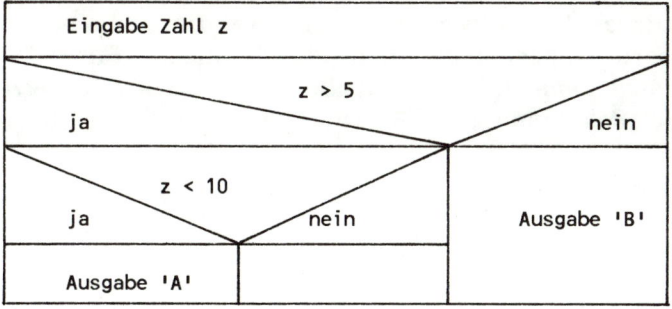

Aufgabe 4.1/2: Die quadratische Gleichung $x^2 + p * x + q = 0$ hat die Lösungen $x1 = -p/2 + (p/2)^2 - q$ und $x2 = -p/2 - (p/2)^2 - q$, wenn unter der Wurzel eine positive Zahl steht. Steht unter der Wurzel 0, so gibt es eine Lösung $x = -p/2$. Steht unter der Wurzel eine negative Zahl, so gibt es keine Lösung. Schreiben Sie ein Programm QUAG, das aus eingegebenen Werten p und q die Lösungen der quadratischen Gleichung ermittelt. Zur Berechnung der Wurzel gibt es die Funktion sqrt() mit einem Prototyp in math.h: double sqrt(double x);

Aufgabe 4.1/3: Welche Fehler enthält das folgende Programm?

```
/* ====== Programm FEHLER1 */
main()
  {
  int a = b = 0;
  if a = b
    then printf("a und b sind gleich\n")
    else printf "a und b sind nicht gleich\n";
  if (a <> 0)
    printf("a ist ungleich 0\n");
  }
```

4.2 Bedingungsausdrücke mit dem Operator ?:

Einfache if-Anweisungen ersetzt man zweckmäßig durch einen Bedingungsausdruck mit dem Operator *?:*. Dieser Operator hat folgende Syntax:

bedingung ? ausdruck1 : ausdruck2

Ein Bedingungsausdruck kann nicht alleine stehen, sondern er muß in eine Anweisung eingebunden sein. Zwei Beispiele:

```
a = Bedingungsausdruck;
printf("..", Bedingungsausdruck );
```

Der Bedingungsausdruck hat folgende Wirkung: Ist die Bedingung wahr (*!= 0*), so wird ausdruck1 angenommen. Ist die Bedingung falsch (*== 0*), so wird ausdruck2 angenommen. Das folgende Programm MAX1 verdeutlicht dies anhand der Bestimmung des Maximums von zwei Zahlen:

```
/* ====== Programm MAX1 */
float a, b;
main()
  {
  printf("Bitte zwei Zahlen durch Komma getrennt eingeben:\n");
  scanf("%f , %f", &a, &b );
  printf("Die größere ist %f\n", (a >= b) ? a : b);
  }
```

Das Programm VORZ1 soll feststellen, ob eine eingegebene Zahl positiv, negativ oder = 0 ist.

```
/* ====== Programm VORZ1 */
char c;
float a;
```

```
main()
  {
  printf("Bitte eine Zahl eingeben: ", a);
  scanf("%f", &a);
  c = ( a <= 0 ) ? '-' : '+';
  c = ( a == 0 ) ? '0' : c;
  printf("Die Zahl ist %c\n", c );
  }
  .
```

Mit einem Bedingungsausdruck kann man zwei Fälle abprüfen. Will man drei Fälle überprüfen, so benötigt man zwei Bedingungsausdrücke. Leider darf man Bedingungsausdrücke nicht schachteln.

4.3 Logische Operatoren

Mehrere Bedingungen lassen sich mit Hilfe der logischen Operatoren $\&\&$ (UND, AND), $\|$ (ODER, OR), ! (NICHT, NOT) zu einer einzigen Bedingung verbinden.

```
/* ====== Programm LOG1 */
int a;
main()
  {
  printf("Bitte eine int-Zahl eingeben: ");
  scanf("%d", &a );
  if ( !(a%2) && !(a%3) && !(a%5) )
    printf("Die Zahl ist durch 2, 3 und 5 teilbar\n");
  if ( ( a<10 || a>20 ) ? 1 : 0 )
    printf("Die Zahl ist kleiner als 10 oder größer als 20\n");
  }
```

a && b	logisch UND	1, wenn a und b ungleich Null sind, sonst 0.
$a \| b$	logisch ODER	1, wenn a oder b ungleich Null sind, sonst 0.
$! a$	logisch NICHT	1, wenn a Null ist, sonst 0.

Operatoren $\&\&$, $\|$ *und* ! *zur Verknüpfung logischer Ausdrücke*

Abkürzende Verarbeitung der Operatoren $\&\&$ **und** $\|$: Das Ergebnis einer UND-Verknüpfung muß 0 sein, wenn bereits der erste logische Ausdruck 0 ist. Aus diesem Grunde führt C den Vergleich *e==7* überhaupt nicht mehr aus, wenn *d!=111* nicht erfüllt ist:

```
if ( d != 111 && e == 7) ... ;
```

Dieses Vorgehen wird als abkürzende Verarbeitung oder auch als **Kurz-schlußverfahren** bezeichnet. Bedingungen werden somit immer nur so-lange ausgewertet, bis das Resultat feststeht.

Aufgabe 4.3/1: Schreiben Sie das Programm LOG1 ohne Verwendung der logischen Operatoren &&, || und !. Der Programmname sei LOG2.

Aufgabe 4.3/2: Was wird durch folgendes Programm ausgegeben?
```
/* ====== Programm LOG3 */
    main()
      {
      int a,b,c;
      a = b = c = 5;
      printf("%d %d\n", a++ || b++, 0 && ++c);
      printf("%d %d %d\n", a, b, c);
      }
```

4.4 Auswahlstrukturen mit switch...case

Zur Fallunterscheidung kann anstelle von geschachtelt angeordneten *if*-Anweisungen die *switch*-Anweisung eingesetzt werden.

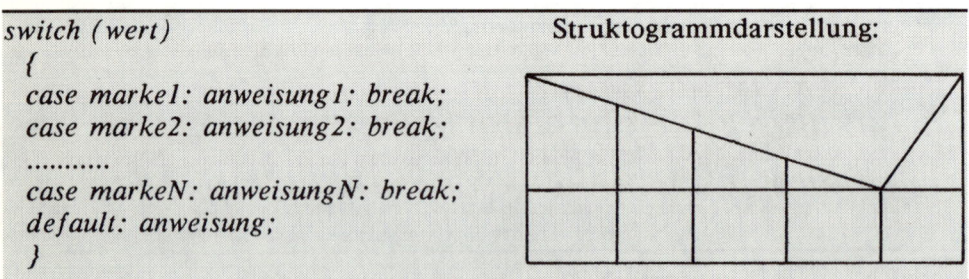

```
switch (wert)
  {
  case marke1: anweisung1; break;
  case marke2: anweisung2: break;
  ..........
  case markeN: anweisungN: break;
  default: anweisung;
  }
```
Struktogrammdarstellung:

Format der switch-Anweisung

Die *switch* Anweisung eignet sich besonders zur Auswahl bei Menüs:
- *wert* muß vom *int*-Typ bzw. einem dazu kompatiblen Typ sein, wie *char* oder *enum*.
- *float* ist nicht erlaubt.
- *marke1...markeN* sind Konstanten.
- Zu jedem *case* darf es nur eine Marke geben.
- *wert* wird mit *marke* verglichen. Bei Übereinstimmung wird die Anweisung dahinter ausgeführt.

- Gibt es mit keiner Marke eine übereinstimmung, so wird die Anweisung nach *default:* ausgeführt. Ist kein *default:* angegeben und
  gibt es mit keiner Marke eine Übereinstimmung, so wird die
  switch-Anweisung überhaupt nicht ausgeführt.
- Die *break*-Anweisungen bewirken, daß nach Ausführung der be-
  treffenden Anweisung die switch-Anweisung beendet wird. Ohne
  break werden alle folgenden Anweisungen ausgeführt, bis ein
  break oder das Ende der *switch*-Anweisung erreicht ist.

Kontrolle eines Menüs durch die switch-Anweisung: Das Programm
MENU1 zeigt das Grundprinzip eines Auswahlmenüs auf.

```
/* ====== Programm MENU1 */
int wert;
main()
  {
  printf("Wählen Sie eine Zahl 1..4\n");
  scanf("%d", &wert );
  switch (wert)
    {
    case 1: puts("eins"); break;
    case 2: puts("zwei"); break;
    case 3: puts("drei"); break;
    case 4: puts("vier"); break;
    default: puts("sonstige Zahl");
    }
  }
```

Mehrere case-Angaben für ein und denselben Fall: Das Programm
MENU2 zeigt, wie das Eingabeproblem "Groß-/Kleinschreibung" gelöst
werden kann.

```
/* ====== Programm MENU2 */
char c;
float brutto, netto, mwst;
main()
  {
  printf("Bruttobetrag incl. MWST\n"
         "Welcher Nettobetrag? "); scanf("%f", &netto);
  printf("\nOhne  MWST      A\n"
         "Volle MWST      B\n"
         "Halbe MWST      C\n"
         "\nWahl A, B oder C: "); c = getch(); putch(c);
```

```
switch (c)
  {
  case 'a':
  case 'A': mwst = 1; break;
  case 'b';
  case 'B': mwst = 1.14; break;
  case 'c':
  case 'C': mwst = 1.07; break;
  default: puts("falsche Eingabe");
  }
brutto = netto * mwst;
printf("\n\nBruttobetrag: %1.2f DM\n", brutto );
}
```

Kontrolle der Menüauswahl in Programm MENU2:
- Funktion *getch( )* zur Zeicheneingabe: Für die Eingabe in die Variable c wurde der Funktionsaufruf *c = getch( );* verwendet. Da die Eingabe mit *getch( )* ohne Echo auf dem Bildschirm erfolgt, wurde das eingegebene Zeichen noch mit *putch(c);* ausgegeben.
- Als Antwort auf das Menü sollten Klein- und Großbuchstaben erlaubt sein. Wurde 'b' eingegeben, so gibt es eine Übereinstimmung bei *case 'b':* da hier keine Anweisung gegeben wurde, wird die nächste Anweisung mwst = 1.14; ausgeführt. *break* beendet *switch*-Anweisung.

Aufgabe 4.5/1: Welches Problem liegt dem Programm MENU2 zugrunde? Welcher Bildschirm erscheint, wenn man das Programm mit dem Nettobetrag von 100 DM und der Wahl b ausführt?

4.5 Wiederholungsstrukturen mit while

4.5.1 Abweisende Schleife

Zur Wiederholung von Anweisungen wird am häufigsten die *while*-Schleife verwendet. Sie wird so lange wiederholt, wie *ausdruck != 0* ist. *ausdruck* wird beim Beginn der Schleife, d.h. vor Ausführung der *anweisung*, ausgewertet. Liefert der Vergleichsausdruck den Wert Null, wird die Schleife nicht (mehr) ausgeführt (abweisende Schleife).

while (ausdruck) anweisung;	

while (ausdruck)
{
anweisung1;
anweisung2;
}	

Abweisende while-Schleife in C und in Struktogrammform

Zeichenausgabe gemäß ASCII-Code: Zur Demonstration der *while*-Schleife sollen einige Programme zur Ausgabe von ASCII-Zeichen erläutert werden. Zunächst sollen in einem Programm namens ASC0 die Großbuchstaben 'A' .. 'Z' ausgegeben werden, die den Codezahlen 65 .. 90 entsprechen.

```
/* ====== Programm ASC0 */
char ch = 'A';
main()
  {
  while ( ch <= 'Z' )
    {
    printf("%u %c     ", ch, ch);
    ch++;
    }
  }
```

Bei Ausführung des Programms ASC0 erhält man folgenden Bildschirm:

65 A	66 B	67 C	68 D	69 E	70 F	71 G	72 H	73 I	74 J
75 K	76 L	77 M	78 N	79 O	80 P	81 Q	82 R	83 S	84 T
85 U	86 V	87 W	88 X	89 Y	90 Z				

Der *while*-Block wird so lange wiederholt, wie *ch <= 90* wahr ist. Am Ende der Schleife wird mit *ch++* der Wert von ch um 1 erhöht, was dem nächsten Zeichen entspricht. Nach dem Verlassen der Schleife hat ch den Wert 91.

4.5.2 Inkrementieren in der Schleifenbedingung

Das Inkrementieren *ch++* kann man auch in die Schleifenbedingung der *while*-Schleife einbauen. Man erhält dadurch kürzeren und übersichtlicheren Code. Im Programm ASC0_1 wird dies gezeigt:

```
/* ====== Programm ASC0_1 */
char ch = 'A' - 1;
main()
  {
  while ( ch++ < 'Z' )
    printf("%u %c    ", ch, ch );
  }
```

Druckbare und nicht-druckbare ASCII-Zeichen: Die druckbaren ASCII-Zeichen haben die Codenummern 32 - 127. Da aber Zeichen in 8 Bits dargestellt werden, steht für die Zeichendarstellung ein Bereich von 0 .. 255 zur Verfügung, der auch mit Zeichen belegt sein kann. Wir wollen nun (fast) alle diese Zeichen über ein Programm ASC1 ausgeben. Das 26. Zeichen dürfen wir nicht ausgeben, da es allenfalls zum Programmabbruch führt. Beim 7. Zeichen wird ein Piepston (bell) ausgegeben.

```
/* ====== Programm ASC1 */
unsigned char c = 0;
main()
  {
  printf("%u %c  ", c, c );
  while ( c++ < 255 )
    {
    if ( c != 26 )
      printf("%u %c  ", c, c );
    }
  printf("\n");
  }
```

ASCII als Tabelle ausgeben: Als nächstes sollen die Zeichen mit den ASCII-Ordnungszahlen 32 - 127 in 6 Spalten über ein Programm namens ASC2 ausgegeben werden.

```
/* ====== Programm ASC2 */
unsigned char c = 31;
main()
  {
  int l = 0;
  while ( (c++ < 127) && (l++ < 6) )
    {
    printf("%-2c%-6u", c, c);
    if (l == 6)
      {
      printf("\n");
      l = 0;
      }
    }
  }
```

Das Programm ASC2 ergibt folgende ASCII-Tabelle als Ausgabe:

32	! 33	" 34	# 35	$ 36	% 37
& 38	' 39	(40	) 41	* 42	+ 43
, 44	- 45	. 46	/ 47	0 48	1 49
2 50	3 51	4 52	5 53	6 54	7 55
8 56	9 57	: 58	; 59	< 60	= 61
> 62	? 63	@ 64	A 65	B 66	C 67
D 68	E 69	F 70	G 71	H 72	I 73
J 74	K 75	L 76	M 77	N 78	O 79
P 80	Q 81	R 82	S 83	T 84	U 85
V 86	W 87	X 88	Y 89	Z 90	[91
\ 92	] 93	^ 94	_ 95	` 96	a 97
b 98	c 99	d 100	e 101	f 102	g 103
h 104	i 105	j 106	k 107	l 108	m 109
n 110	o 111	p 112	q 113	r 114	s 115
t 116	u 117	v 118	w 119	x 120	y 121
z 122	{ 123		124	} 125	~ 126	✶ 127

Nach jeder sechsten Ausgabe wird mit \n ein neue Zeile ausgegeben und der Zähler l auf 0 gesetzt.

Aufgabe 4.5/1: Zum Programm ASC1:
a) Warum darf man für c nicht den Anfangswert -1 wählen?
b) Warum darf man im Programm nicht auf *c++ < 256* prüfen?

Aufgabe 4.5/2: Der folgende von Euklid stammende Algorithmus berechnet den Größten Gemeinsamen Teiler (GGT) zweier Zahlen a und b. Schreiben Sie ein Programm namens GGT, das für zwei eingegebene Zahlen den GGT berechnet.

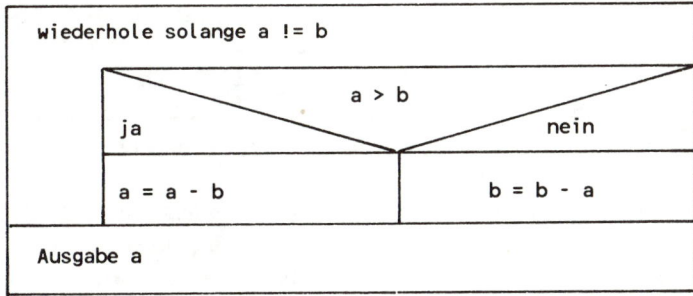

Aufgabe 4.5/3: Die *switch*-Anweisung kann man mit *break* verlassen (Abschnitt 4.4). Auch *while*-Schleifen können so verlassen werden. Programmieren Sie eine unendliche *while*-Schleife, die die Zahlen 1 .. 100 ausgibt. Nach der Ausgabe von 100 soll die Schleife mit *break* verlassen werden. (Programmname BREAKWHL).

Aufgabe 4.5/4: Die Anweisung *continue* in einer *while*-Schleife bewirkt, daß an den Anfang der Schleife zurückgesprungen wird. Welche Ausgabe liefert folgendes Programm?

```
/* ====== Programm CONT1 */
main()
  {
  int i = 1;
  while (i++ < 10)
    if (i % 2)
      continue;
    else
      printf("%d ", i );
  }
```

4.6 Wiederholungsstrukturen mit for

4.6.1 Zählerschleife

Die *for*-Schleife kontrolliert Schleifen, bei denen von einem Anfangswert zu einem Endwert gezählt wird, wobei bei jeder Wiederholung die Zähler- bzw. Kontrollvariable um eine bestimmten Schrittweite verändert wird.

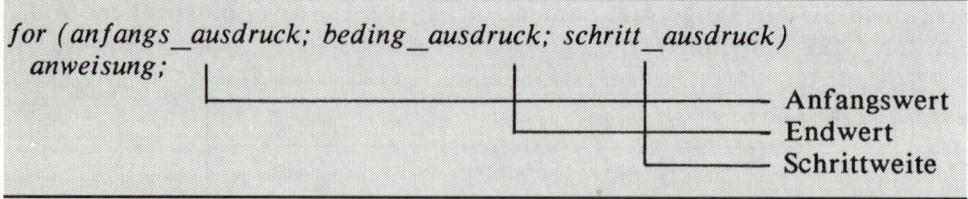

Format der for-Anweisung zur Kontrolle der Zählerschleife

anfangs_ausdruck wird vor dem Schleifeneintritt ausgewertet, d.h. nur ein einziges Mal. *beding_ausdruck* wird zu Beginn jeder Wiederholung ausgewertet; ergibt sich ein Wert ungleich Null (also wahr), wird die Schleife ausgeführt und *schritt_ausdruck* ausgewertet. *schritt_ausdruck* wird am Schleifenende nach Ausführung von *anweisung* ausgeführt. Führt der Bedingungstest zum Ergebnis Null, wird die *for*-Schleife verlassen.

Die Ablauflogik der *for*-Schleife kann somit wie folgt durch eine *while*-
Anweisung simuliert werden:

anfangs_ausdruck;
while (beding_ausdruck)
{
  anweisung;
  schritt_ausdruck;
}	

Simulation von for durch while

Wir können nun das Programm ASC1 von Abschnitt 4.5 (*while*-Schleife)
folgendermaßen durch eine *for*-Schleife steuern:

```
/* ====== Programm ASC1_1 */
unsigned char c;
main()
  {
  for (c = 32; c < 128; c++ )
    printf("%-2c%-6u", c, c );
  }
```

4.6.2 Komma-Operator bei for

Die *while*-Schleife von Programm ASC2 (Abschnitt 4.5) kann wie folgt
durch eine *for*-Schleife ersetzt werden:

```
/* ====== Programm ASC2_1 */
unsigned char c;
main()
  {
  int l;
  for ( c = 32, l = 1; c < 128; c++, l++ )
    {
    printf("%-2c%-6u", c, c );
    if (l == 6)
      {
      printf("\n");
      l = 0;
      }
    }
  }
```

Komma-Operator: In der *for*-Zeile von Programm ASC2_1 wird zweimal der Komma-Operator benutzt; dieser verknüpft formal zwei Ausdrücke zu einem Ausdruck, wobei die Ausdrücke von links nach rechts abgearbeitet werden.

Aufgabe 4.6/1: Entwickeln Sie ein Programm TEILER1, das für eine eingegebene *int*-Zahl alle Teiler ausgibt.

Aufgabe 4.6/2: Ändern Sie das Programm TEILER1 so ab, daß die Primzahlen von 1 bis 100 ausgegeben werden. Programmname PRIM1.

Aufgabe 4.6/3: Eine zur Ausführungszeit eingetippte Zahl ist gerundet auszugeben. Die Anzahl der zu rundenden Nachkommastellen ist ebenfalls über die Tastatur anzugeben. Programmname sei RUNDEN2.

Aufgabe 4.6/4: Welche Ausgabe ergibt folgendes Programm ?

```
/* ====== Programm SWITCH1 */
main()
  {
  int i;
  for (i=1; i<6; i++)
    switch (i)
      {
      case 1: printf("%d ", 1 );
      case 2: printf("%d ", 2 );
      case 3: printf("%d ", 3 );
      case 4: printf("%d\n", 4 );
      }
  }
```

Aufgabe 4.6/5: Mit *continue* kann man wie bei der *while*-Schleife an den Anfang einer *for*-Schleife zurückspringen; zuvor jedoch wird *ausdruck3* ausgeführt. Welche Ausgabe bewirkt folgendes Programm?

```
/* ====== Programm CONT2 */
main()
  {
  int i;
  for (i=0; ; i++)
    {
    if (i % 2)
      continue;
    else
      printf("%d ", i );
    if (i==10)
      break;
    }
  }
```

Aufgabe 4.6/6: Was geschieht im folgenden Programm ECHO1?

```
/* ====== Programm ECHO1 */
main()
  {
  char c;
  for ( ; (c = getch()) != 'e'; putch(c) );
  }
```

Aufgabe 4.6/7: Wozu dient das folgende Programm LEER1?

```
/* ====== Programm LEER1 */
main()
  {
  for (;;)
    break;
  }
```

4.7 Wiederholungsstrukturen mit do...while

4.7.1 Nicht-abweisende Schleife

while und *for* kontrollieren abweisende Schleifen. Im Gegensatz dazu wird durch *do...while* eine nicht-abweisende Schleife kontrolliert: die Schleifenbedingung wird erst nach der Wiederholung ausgewertet.

```
do
  anweisung; — — — — — — — — — — —
while (beding_ausdruck);            – zuerst wiederholen,
                                    – dann Bedingung testen
```

nicht-abweisende do...while-Schleife in C und als Struktogramm

Die Anweisung wird wiederholt, solange *beding_ausdruck* einen Wert *!= 0* ergibt. Die Prüfung erfolgt aber erst nach Ausführung von *anweisung*. Eine mit *do...while* gesteuerte Schleife wird demnach mindestens einmal durchlaufen.

4.7.2 while bzw. for durch do...while ersetzen

Im folgenden Programm ASC1_2 wird die *while*-Schleife (Programm
ASC1, Abschnitt 4.5) bzw. die *for*-Schleife (Programm ASC1_1, Abschnitt 4.6) als *do...while*-Schleife geschrieben:

```
/* ====== Programm ASC1_2 */
unsigned char c = 32;
main()
  {
  do
    printf("%-2c%-6u", c, c );
  while (c++ < 127);
  }
```

Die Programme ASC2 (*while*-Schleife, Abschnitt 4.5) und ASC2_1 (*for*-
Schleife, Abschnitt 4.6) können als *while...do*-Schleife wie folgt formuliert
werden:

```
/* ====== Programm ASC2_2 */
unsigned char c = 32;
main()
  {
  int l = 1;
  do
    {
    printf("%-2c%-6u", c, c );
    if (l == 6)
      {
      printf("\n");
      l = 0;
      }
    }
  while ( (c++ < 127) && (l++ < 6) );
  }
```

Das folgende Beispiel zeigt, daß die *for*-Anweisung ist weitaus allgemeiner ist:

```
main()
  {
  char c;
  for (; ((c=getch()) != 'e'); putch());
```

---

(1) while-Schleife (abweisende bzw. kopfgesteuerte Schleife):
- wenn ggf. kein einziges Mal wiederholt werden darf.
- wenn (2) nicht zutrifft.

(2) for-Schleife (Zählerschleife, abweisende Schleife):
- wenn eine Variable schrittweise zu ändern ist.
- wenn Anfangswerte vor dem Schleifeneintritt zuzuweisen sind.

(3) do...while-Schleife (nicht-abweisende bzw. fußgesteuerte Schleife):
- wenn die Schleife mindestens einmal zu durchlaufen ist.
- wenn (2) nicht zutrifft.

Einsatz der verschiedenen Schleifentypen

Aufgabe 4.7/1: Es soll eine mit *rand( )* zufällig erzeugte Zahl zwischen 1 und 100 geraten werden. Ist die geratene Zahl zu groß, kommt die Nachricht "zu groß"; ist sie zu klein, kommt die Nachricht "zu klein". Das Raten wird wiederholt, bis die richtige Zahl geraten ist. Die Anzahl der Versuche soll angezeigt werden. Entwickeln Sie ein Programm RATEN1.

Aufgabe 4.7/2: Auch in einer *do...while*-Schleife kann man mit *continue* zum Schleifenanfang springen. Schreiben Sie dazu entsprechend CONT1 (Aufgabe 4.5/4) und CONT2 (Aufgabe 4.6/5) ein Programm CONT3.

4.8 Unstrukturierte Kontrollanweisungen

4.8.1 Wiederholungsstrukturen mit goto

Die *goto*-Anweisung eignet sich insbesondere zur Behandlung von Ausnahmefällen (Fehlerroutine, Programmtest usw.). Natürlich kann man mit goto auch Auswahl- und Wiederholungsstrukturen kontrollieren - gut lesbaren Quelltext erhält man dabei jedoch kaum. Das Programm ASC2_2 (Abschnitt 4.7, do...while-Schleife) sieht in der goto-Version folgendermaßen aus.

```
/* ====== Programm ASC2_3 */
unsigned char c = 32;
main()
   {
   int l = 1;
```

```
doanfang:
    printf("%-2c%-6u", c, c );
    if (l == 6)
      {
      printf("\n");
      l = 0;
      }

    if ( (c++ < 127) && (l++ < 6) ) goto doanfang;
    }
```

Die Stelle, zu der *goto*-Anweisung im Quelltext verzweigen soll, wird als *marke:* bzw. *label:* angegeben. Die Sprungmarke muß sich innerhalb der Funktion befinden, in der auch die goto-Anweisung steht. Es gibt nur ganz wenige Fälle, in denen ein goto die Übersichtlichkeit erhöhen kann. Beispiel: Aus einer verschachtelten Programmstruktur heraus soll an das Ende einer Funktion verzweigt werden.

4.8.2 Verzweigungsanweisungen break und continue

Die grundlegenden Programmstrukturen Auswahl und Wiederholung werden in C durch die Anweisungen if, switch, while und for kontrolliert. Daneben werden die unstrukturierten Anweisungen goto, continue und break bereitgestellt; der falsche Gebrauch dieser drei Anweisungen führt zu kaum lesbarem Quelltext.

Strukturierte Kontrollanweisungen:

- *if...else*	Ein-/zweiseitige Auswahlstrukturen
- *switch*	Mehrseitige Auswahl (Fallabfrage)
- *while*	Wiederholung (abweisende Schleife)
- *for*	Wiederholung (Zählerschleife)
- *do...while*	Nicht-abweisende Schleife

Unstrukturierte Kontrollanweisungen:

- *goto*	Unbedingter Sprung zu Sprungmarke
- *continue*	Unbedingter Sprung zur Kontrollanweisung einer Schleife
- *break*	Unbedingter Sprung zum Ende der innersten do...while-, for-, while- bzw. switch-Anweisung

Strukturierte und unstrukturierte Kontrollanweisungen

Schleifenende über continue: Die Anweisung *continue* wird z.B. in Abschnitt 4.13.2 (Programm TAST1) eingesetzt. *continue* führt einen unbedingten Sprung zum Schleifenende aus, um dann mit dem nächsten Schleifendurchlauf zu beginnen. Wie das folgende Beispiel einer while-Schleife zeigt, kann *continue* durch eine if-Auswahl ersetzt werden. Mit ! (logisch NEIN) ist dazu der Vergleichsausdruck zu negieren.

```
while (wiederholbedingung)                          while
(wiederholbedingung)
  {                                                   {
  /* anweisungen1 */;                                 /* anweisungen1 */
  if (endebedingung)                                  if (!endebedingung)
    continue;                                           {
  /* anweisungen2 */;                                   /* anweisungen2 */
  }                                                     }
                                                      }
```

Vorteilhaft: continue durch if ersetzen

Programmstrukturende durch break: Die Anweisung *break* wurde in Abschnitt 4.4 (z.B. Programm MENU2) im Zusammenhang mit der Anweisung *switch...case* erklärt. Auch *break* läßt sich durch *if* ersetzen.

4.9 Funktionen

4.9.1 Vordefinierte und benutzerdefinierte Funktionen

Eine Funktion ist ein Unterprogramm, in dem eine Folge von Anweisungen unter einem bestimmten Namen gespeichert ist. Jedes C-Programm setzt sich aus Funktionen zusammen:

-   Eine *main( )*-Funktion, die unbedingt erforderlich ist.
-   Funktionen, die von *main( )* aus aufgerufen werden. Dies können vordefinierte Funktionen (Bibliotheks-Funktionen, Library-Funktionen) oder benutzerdefinierte Funktionen sein.

Bei größeren Programmen empfiehlt es sich, diese in Funktionen (Unterprogramme) zu zerlegen. Das erhöht die Übersichtlichkeit und Pflegbarkeit des Programms. Da man eine Funktion von mehreren Stellen des Programms aus aufrufen kann, kann das eine Speicherplatzersparnis bedeuten (der Funktionscode muß nur einmal im Speicher sein). Auch das Hauptprogramm main() ist eine Funktion.

Vordefinierte Funktionen wurden bereits benutzt (z.B. *printf( )* und *scanf( )*). Diese sollen nun durch benutzerdefinierte Funktionen ergänzt werden.

4.9.2 Funktionen ohne bzw. mit Eingabe von Argumenten

Funktion rand( ) ohne Argumente: Eine Funktion wird zur Ausführung gebracht, indem man ihren Namen und danach das Klammerpaar () hinschreibt. So wird z.B. durch die Angabe von

```
rand();
```

die vordefinierte Funktion *rand( )* aufgerufen, um eine Zufallszahl im Bereich 0 - 32767 zu erzeugen. Der Funktion *rand( )* werden keine Argumente bzw. Werte übergeben. Aus diesem Grunde muß zwischen () nichts geschrieben werden. *rand( )* erwartet beim Aufruf keine Daten.

Funktionen printf() und scanf() mit Argumenten: Beim Prozeduraufruf müssen gegebenenfalls Parameter an die Funktion übergeben werden.
-   Die Funktion *printf( )* benötigt als Parameter den Formatstring und Ausgabewerte (vgl. Abschnitt 3.3).
-   Die Funktion *scanf( )* benötigt als Parameter die Adressen, an denen die eingegebenen Werte abgelegt werden sollen (siehe Abschnitt 3.12).

Die beim Aufruf einer Funktion übergebenen Argumente können somit Nutzdaten oder Adressen sein.

Angabe von Argumenten: Hinter dem Funktionsnamen können mehrere, durch Kommata getrennte Argumente angegeben sein. So werden z.B. durch den Aufruf

```
printf( "%6d %6d %6d\n", z, rand() );
```

drei durch "," getrennte Argumente an die Funktion *printf( )* übergeben:
- ein Formatstring in " ".
- ein Variablenwert (Wert von a).
- das Ergebnis des Aufrufs einer Funktion (Bibliotheksfunktion *rand( )*).

An die Parameter der aufgerufenen Funktion (hier an *printf( )*) werden stets nur Kopien der Argumente übergeben; der Inhalt der Variablen z bleibt im rufenden Programm somit erhalten.

4.9.3 Funktionen ohne bzw. mit Ausgabe eines Funktionswertes

Gewöhnlich gibt eine Funktion einen Wert an das rufende Programm zurück; dieser wird Funktionswert, Ergebniswert bzw. Funktionsergebnis genannt. Wird der Funktionswert nicht benötigt, so hat man zwei Möglichkeiten:
- Die Funktion wird als *void* erklärt (vgl. Abschnitt 4.9.5).
- Der Funktionswert wird einfach nicht in Anspruch genommen.

Funktion ohne Inanspruchnahme des Funktionswertes: Ruft man die Funktion *printf( )* mit *a = printf( );* auf, wird die Anzahl der ausgegebenen Zeichen in a abgeliefert. Normalerweise jedoch wird der Funktionswert nicht in Anspruch genommen bzw. benutzt. Dann kann die Funktion mit *printf( );* wie eine Anweisung in eine Zeile geschrieben werden.

Funktion mit Inanspruchnahme des Funktionswertes: Die obige Funktion *rand( )* liefert eine *Int*-Zahl zwischen 0 und 32767 als Funktionswert zurück. Aus diesem Grunde muß der Funktionsaufruf Teil eines Ausdruckes sein.
- Mit dem Aufruf *z = rand( );* wird das Funktionsergebnis der Variablen z zugewiesen.
- Mit dem Aufruf *x = 5 + rand( );* wird das Funktionsergebnis um 5 erhöht und dann erst zugewiesen.

- Mit dem Aufruf *printf("%6d", rand());* wird das Ergebnis von rand() der Funktion *printf()* übergeben, die es dann am Bildschirm anzeigt.
- Mit dem Aufruf *rand();* kann das Funktionsergebnis von *rand()* nicht übergeben werden - es bleibt unberücksichtigt.

Begriffe Funktion und Prozedur: In zahlreichen Programmiersprachen bezeichnet man Funktionen ohne Funktionsergebnis nicht als Funktion, sondern als Prozedur bzw. Unterprogramm. In C werden Unterabläufe generell als Funktionen bezeichnet.

Kontrolleübernahme durch die Funktion: Mit dem Funktionsaufruf wird die Programmausführung an die Funktion übergeben. Die Anweisungen der Funktion werden ausgeführt, bis die Kontrolle durch die schließende Klammer (bzw. einen Rücksprungbefehl) wieder an das rufende Programm zurückgegeben wird. Im Programm ZUFALL1 wird die Funktion *rand()* dreimal innerhalb und einmal außerhalb einer *for*-Schleife aufgerufen, um Zufallszahlen zu erzeugen.

```
/* ====== Programm ZUFALL1 */
main()
   {
   int i, z;
   for (i = 1; i <= 10; i++ )
     {
     z = rand();
     printf("%6d %6d %6d\n", z, rand(), rand(5,7) );
     }
   rand();
   }
```

Das Programm ZUFALL1 ergibt folgende Ausgabe;

```
  346  10982    130
 1090   7117  11656
17595  22948   6415
31126  14558   9004
 3571  18492  22879
 1360  26721   5412
22463  27119  25047
31441  13985   7190
31214  30252  27509
26571  19816  14779
```

Die in *rand(5,7)* übergebenen Zahlen 5 und 7 bleiben ohne Wirkung, da *rand( )* keine Argumente erwartet. Der Rückgabewert des letzten *rand( )*-Aufrufs wird nicht in Anspruch genommen, da die Funktion nicht innerhalb eines Ausdrucks aufgerufen wird.

4.9.4 Funktionsdefinition im modernen und im klassischen Format

Im modernen Format werden die Vorschläge berücksichtigt, die das ANSI-Komitee zur Standardisierung der Programmiersprachen herausgegeben hat. In den Klammern hinter dem Funktionsnamen werden dabei die Parameter mit ihren Datentypen aufgezählt.

rückgabetyp funktionsname(typ1 parameter1, typ2 parameter2, ...)
{
lokale_vereinbarungen;
anweisungen;
}

Funktionsdefinition im modernen Format

Im klassischen Format enthält die Definition keine Angaben über die Parametertypen. Der Compiler kann somit z.B. nicht prüfen, ob Datentypen der Parameter in vertauschter Reihenfolge genannt sind.

rückgabetyp funktionsname(parameter1, parameter2, ...)
typ1 parameter1; typ2 parameter2; ...
{
lokale_vereinbarungen;
anweisungen;
}

Funktionsdefinition im klassischen Format

Funktionsdefinition im modernen Format: Das Programm FUNK1 ruft eine Funktion *quad( )* auf, um eine Zahl zu quadrieren. Mit *float* wird der Datentyp des zu übergebenden Parameters x in der Funktionszeile angegeben; es wird also das moderne Format gewählt:

```
/* ====== Programm FUNK1 */
float quad (float x)              /* Definition der Funktion quad() */
  {
  return(x * x);
  }
```

```
main()
 {
 float a = 5, z;
 z = quad(a);                      /* Aufruf der Funktion quad() */
 printf("%f  %f\n", a, z );
 }
```

Bei Ausführung von Programm FUNK 1 wird folgende Ausgabe erzeugt:

```
5.000000  25.000000
```

Die Funktionsdefinition von FUNK 1 legt fest, daß beim Funktionsaufruf eine lokale *float*-Variable x erzeugt wird, in die eine Kopie des übergebenen Parameters a abgelegt wird. Der Rückgabetyp der Funktion ist *float*. Die *return*-Anweisung gibt an, welcher Wert als Funktionsergebnis zurückgegeben wird. Nach Ausführung der Funktion existieren lokale Variablen (hier also x) nicht mehr.

Funktion zuerst definieren, dann aufrufen: Was geschieht, wenn man im Programm FUNK2_00 die Reihenfolge der beiden Funktionen main() und quad() vertauscht?

```
/* ====== Programm FUNK2_00 */
main()
 {
 float a = 5, z;              /* Aufruf der Funktion quad() *)
 z = quad(a);                 /* fehlerhaft, da noch unbekannt */
 printf("%f  %f\n", a, z );
 }

float quad ( float x )        /* Definition der Funktion quad() */
 {
 return(x * x);
 }
```

Man erhält die Fehlermeldung *Type mismatch in redeclaration of 'quad'*. Grund: wenn der Compiler die Funktion *quad( )* bei *z = quad(a);* zum ersten Mal aufruft, kennt er weder ihren Rückgabetyp (Ausgabe des Funktionswertes) noch (eventuell) ihren Parametertyp (Eingabe gemäß Argumentenliste). In diesem Falle nimmt der Compiler standardmäßig den Typ *int* an. Beim Erreichen der Funktionsdefinition stellt er dann unverträgliche Datentypen fest. Diesen Fehler kann man vermeiden:

-   Entweder man definiert die Funktion vor ihrem Aufruf (siehe Programm FUNK 1).

- Oder man deklariert bzw. vereinbart die Funktion vor ihrem
  Aufruf. Im folgenden Programm FUNK2 wird dies gezeigt.

Deklaration bzw. Vereinbarung:
- Mitteilung von Name und Parametern (Typen und Namen) der
  Funktion, ohne Code zu erzeugen.
- Zweck: Compiler kann beim späteren Funktionsaufruf die Para-
  meter prüfen.
- Eine Deklaration endet stets mit einem ";".

Definition:
- Komplette Anweisungsfolge der Funktion, die vom Compiler in
  den entsprechenden Code übersetzt wird.

Unterscheidung von Deklaration und Definition einer Funktion

Funktion deklarieren und später erst definieren: Das Programm FUNK2
dient demselben Zweck wie das Programm FUNK1, nur wird hier die
Funktion quad() erst später definiert.

```
/* ====== Programm FUNK2 */
float quad ( float x );        /* Deklaration der Funktion quad() */

main()
  {
  float a = 5, z;
  z = quad(a);                 /* Aufruf der Funktion quad() */
  printf("%f  %f\n", a, z );
  }

float quad ( float x )         /* Definition der Funktion quad */
  {
  return(x * x);
  }
```

Prototypen: Bei der Deklaration werden nur die Parametertypen und der
Rückgabetyp einer Funktion angegeben. Man sagt auch: für die Deklaration werden Prototypen angegeben. Über die Prototypen kann der Compiler alle erforderlichen Prüfungen automatisch vornehmen. Bei der Definition wird der Funktionsablauf dann im Detail festgelegt.
- Prototypen können verwendet werden, müssen es aber nicht (eine
  zu Beginn angegebene Funktionsdefinition ersetzt die Deklaration).
- Eine Abkürzung von *int a, int b* zu *int a,b* ist nicht erlaubt: jeder
  Parameter verlangt seine Typangabe.

- Auch bei Vorliegen eines Prototyps muß die Definition komplett erfolgen (die Kopfzeile der Funktion mit Name und Argumenten muß somit nochmals angegeben werden).
- Prototypen entsprechen teilweise der FORWARD-Vereinbarung von Pascal.

rückgabetyp funktionsname(typl parameterl, typ2 parameter2, ...);

Typ und Parameter durch Leerzeichen getrennt.
, zählt Parameter auf.
; schließt den Prototyp ab.

Format von Funktions-Prototypen

Vor dem ersten Funktionsaufruf:
```
float quad ( float x );        /* Prototypen für die Deklaration */
```

Später im Quelltext:
```
float quad ( float x )         /* Definition mit komplettem Ablauf */
{
/* Anweisungen mit return() */
}
```

Funktion im modernen Format

Funktionsdefinition im klassischen Format: Programm FUNK1_1 zeigt, wie die Funktion quad() im klassischen Format definiert werden kann:

```
/* ====== Programm FUNK1_1 */
float quad( float u );   /* Deklaration im modernen Format */

float quad ( x )          /* Definition im klassischen Format */
float x;
  {
  return( x * x );
  }

main()
  {
  float a = 5, z;
  z = quad(a);
  printf("%f  %f\n", a, z );
  }
```

Ohne vorherige Deklaration im modernen Format würde die Funktion selbst bei einer Deklaration im klassischen Format *float quad( );* ein falsches Ergebnis liefern. Es ist also dringend davon abzuraten, Funktionen im klassischen Format zu definieren.

4.9.5 Funktionen mit void-Typ deklarieren

Standardmäßig gibt eine Funktion einen Funktionswert zurück; wird kein Ergebnistyp angegeben, nimmt C den *int*-Typ an. Soll überhaupt kein Funktionsergebnis an das rufende Programm zurückgegeben werden, ist der Standardtyp *void* zu deklarieren (engl. *void* für leer, nichts). Der *void*-Typ kann als Rückgabetyp und als Argumenttyp angegeben werden.

```
void funktion ( void )   { }
```

bedeutet, daß kein Wert an *funktion* übergeben und auch kein Wert zurückgegeben wird. Wenn kein Rückgabetyp angegeben ist, wird automatisch der *int*-Typ angenommen:

```
funktion ( void )   { }
```

Eine Funktion mit dem Ergebnistyp *void* ist im Grunde eine Prozedur, da sie niemals einen Wert zurückgibt. Gleichwohl wird sie in C - wie alle Unterprogramme - als Funktion bezeichnet.

4.9.6 Parameter an die Funktion main() übergeben

Es ist auch möglich, Parameter an die Funktion *main( )* zu übergeben. Dazu muß man im Funktionskopf von *main( )* die beiden Argumente *int argc* und *char *argv[ ]* definieren. Die Bezeichnungen argc und argv sind üblich, könnten aber auch anders heißen.

```
main( int argc, char *argv[] )   { }
```

argv ist ein Zeiger auf einen Vektor von Strings, der die übergebenen Parameterstrings enthält. *argv[0]* enthält ab DOS 3.0 den Programmnamen, der beim Programmaufruf auf der DOS-Ebene getippt wurde. Die Parameter werden beim Programmaufruf durch Leerzeichen getrennt angegeben. *argc* enthält die Anzahl der übergebenen Parameter.

Beim Aufruf

```
B>PROG MEIER 47
```

hat *argc* den Wert 3. *argv[0]* enthält den String "PROG", *argv[1]* den String "MEIER" und *argv[2]* den String "47". Im Programm MAINPAR1 soll diese Übergabe überprüft werden.

```
/* ====== Programm MAINPAR1 */
main( int argc, char *argv[] )
  {
  int i;
  printf("Liste der üdergebenen Parameter:\n");
  for (i = 0; i < argc; i++)
    printf("%s\n", argv[i]);
  }
```

Wenn Sie die Datei MAINPAR1.EXE vom Betriebssystem aus durch

```
D>MAINPAR1 erster zweiter dritter
```

aufrufen, erhalten Sie folgende Ausgabe:

```
Liste der üdergebenen Parameter:
D:\MAINPAR1.EXE
erster
zweiter
dritter
```

Wenn Sie Ihr Programm gerade editieren und Turbo C nicht (zum Testen in der DOS-Ebene) verlassen möchten, oder wenn Sie nicht dauernd die Eingabeperameter hinschreiben möchten, dann können Sie im Menü *Options* den Punkt *Args* wählen und dort die Parameterwerte *erster zweiter dritter* eintragen. Starten Sie das Programm nun mit Alt-R, wird dieselbe Anzeige wie oben erscheinen.

Hinweis: Sie können EXE-Programme natürlich auch in BAT-Dateien aufrufen und dort Parameter an das Programm übergeben.

Aufgabe 4.9/1: Schreiben Sie ein Programm SUMPAR, um die Summe zweier *int*-Zahlen zu berechnen. Die beiden Zahlen sind als Parameter beim Programmaufruf zu übergeben.

4.10 Variablen und Speicherklassen

4.10.1 Globale und lokale Variablen

Funktionen sind stets global: Funktionen (wie in Abschnitt 4.9 deklariert) sind immer global gültig. Unabhängig von der Anordnung im Quelltext kann jede Funktion an jedem Punkt im Programm aufgerufen werden. In C kann eine Funktion nicht innerhalb einer anderen Funktion deklariert oder definiert werden. *Eine Lokalisierung von Funktionen ist in C nicht möglich.*

Variablen sind global oder lokal: Sie haben sich vielleicht schon gefragt, ob es einen Unterschied macht, eine Variable in einer Funktion wie z.B. main() zu definieren, oder aber außerhalb. Grundsätzlich ist zu sagen, daß eine Variable nur in dem Block bzw. in der Funktion existiert, in dem sie definiert ist; die Variable ist bezüglich dieses Blocks bzw. dieser Funktion lokal.

int v; *main( )* *{* */* Anweisungen */* *}*	**v gilt global** für alle folgenden Programmteile. Datentypen, Konstanten und Variablen, die außerhalb einer Funktion deklariert sind, sind globale Größen.
main( ) *{* *int v;* */* Anweisungen */* *}*	**v gilt lokal** nur innerhalb der Funktion main(). Lokalisierung schafft Klarheit.

Beispiel: v als globale bzw. lokale Variable

Soll eine Variable von mehreren Funktionen benutzt werden, so ist sie außerhalb der Funktionen (also auch außerhalb von *main( )*) zu definieren, oder mit der Speicherklasse *extern* zu deklarieren. Man spricht dann von einer globale Variablen.

```
/* ====== Programm SPKL1 */
int glob1;

int funk( int x )
  /* hier darf keine Variable deklariert werden */
  {
  extern glob2;
  int a = 1;
  printf("Aufruf von funk()\n");
  printf("glob1 = %d, x = %d, a = %d\n", glob1, x, a );
```

```
    printf("glob2 = %d\n", glob2 );
    a++;
    return( x + x );
    }


int glob2 = 3;

main()
    /* hier darf keine Variable deklariert werden */
    {
    int u = 22, a = 6;
    printf("Aufruf von main()\n");
    printf("a = %d, u = %d\n", a, u );
    u = funk( glob2 );
    glob1 = funk( u );
    printf("glob1 = %d, a = %d\n", glob1, a );
    }
```

Die Ausführung von Programm SPKL1 ergibt folgenden Bildschirm:

```
Aufruf von main()
a = 6, u = 22
Aufruf von funk()
glob1 = 0, x = 3, a = 1
glob2 = 3
Aufruf von funk()
glob1 = 0, x = 6, a = 1
glob2 = 3
glob1 = 12, a = 6
```

Deklaration extern in Programm SPKL1:
- Globale Variablen werden im Bereich für globale Daten abgelegt. Sie existieren während der gesamten Programmausführung. Wenn sie nicht ausdücklich initialisiert werden, erhalten sie standardmäßig den Wert 0.
- Ohne die Deklaration *extern glob2;* wäre die Variable *glob2* in *funk( )* nicht bekannt, da sie erst hinterher definiert wurde. Die Deklaration *extern glob2;* gibt an, daß die Variable *glob2* an anderer Stelle definiert wird.
- Die Variablen x und a in *funk( )* sind lokal und standardmäßig von der Speicherklasse *auto*. Für sie wird bei jedem Aufruf von *funk( )* Platz auf dem Stack reserviert und beim Verlassen der Funktion wieder freigegeben.
- Bei mehrmaligem Aufruf von *funk( )* werden mehrere Sätze aller lokalen *auto*-Variablen auf dem Stack erzeugt.

- Man kann in verschiedenen Funktionen lokale Variablen mit demselben Namen definieren, die sich nicht stören. Existiert eine globale Variable mit demselben Namen, so wird die lokale Variable benutzt (die globale Größe wird "ausgeblendet").

Lokalisierung ist vorteilhaft: Die Verwendung lokaler Variablen verhindert unerwünschte Seiteneffekte, denn man kann nicht wissen, ob nicht eine andere Funktion die globalen Variablen verändert hat.

4.10.2 Lokalisierung mit Speicherklasse static

Speicherklasse static:
- Voreinstellung für globale, d.h. außerhalb aller Funktionen vereinbarte Variablen.
- Bei Programmstart wird Wert 0 zugewiesen, d.h. initialisiert.
- Eine in einer Funktion als *static* vereinbarte Variable wird ebenfalls mit 0 initialisiert und behält ihren Wert auch zwischen zwei Funktionsaufrufen bei.

Speicherklasse automatic:
- Voreinstellung für lokale, d.h. innerhalb einer Funktion vereinbarte Variablen.
- Es erfolgt keine Initialisierung (Ausnahme: explizite Wertzuweisung bei der Vereinbarung).
- Werteverlust nach Verlassen der entsprechenden Funktion.

Speicherklassen static und automatic

Wenn man den Wert einer lokalen Variablen behalten möchte, ohne diesen in einer globalen Variablen abzulegen, so besteht die Möglichkeit, diese mit der Speicherklasse *static* zu definieren.

```
/* ====== Programm SPKL2 */
int c;

funk()
  {
  static int a = 1;
  int b = 1, i;
  for ( i = 1; i<=3 ; i++ )
    printf("a = %d, b = %d, c = %d\n", a++, b++, c++ );
  }
```

```
main()
  {
  int i;
  for (i = 1; i <= 3 ; i++ )
    funk();
  }
```

Das Programm SPKL2 ergibt folgende Ausgabe:

```
a = 1, b = 1, c = 0
a = 2, b = 2, c = 1
a = 3, b = 3, c = 2
a = 4, b = 1, c = 3
a = 5, b = 2, c = 4
a = 6, b = 3, c = 5
a = 7, b = 1, c = 6
a = 8, b = 2, c = 7
a = 9, b = 3, c = 8
```

Die globale Variable c wird standardmäßig mit 0 initialisiert und bei jedem Auruf von *funk( )* weitergezählt. Die lokale Variable b hat standardmäßig die Speicherklasse *auto*, d.h. daß sie bei jedem Aufruf von *funk( )* neu angelegt und initialisiert wird. Die Variable a hat die Speicherklasse *static*. Sie wird nur beim ersten Aufruf von *funk( )* initialisiert und behält ihren Wert auch beim Verlassen von *funk( )* bei.

Klasse:	Gültigkeit der Variablen:
automatic	Lokal in Block bzw. Funktion, in der die Variable vereinbart ist
extern	Für alle Funktionen global
register	Wie bei automatic, aber schnellerer Speicherzugriff
static	Block bzw. Funktion

Vier Speicherklassen in C

4.10.3 Zeiger als Funktionsparameter

Dreieckstausch: Zum Problem des Dreieckstauschs (siehe Programm TAUSCH1 in Abschnitt 3.4 und Programm TAUSCH2 in Abschnitt 3.5): Wir wollen jetzt eine Funktion namens TAUSCH3 entwickeln, die zwei Werte vertauscht. Die zu vertauschenden Werte sind als Parameter an die Funktion zu übergeben. Beim Funktionsaufruf werden lokale Kopien von den übergebenen Werten angelegt. Das Vertauschen der Kopien hat keinen Einfluß auf die Orginale, die vertauscht werden sollen. Die Lösung

besteht darin, daß man Zeiger auf die zu vertauschenden Werte übergibt.
Über Zeiger kann man dann die Orginalwerte erreichen.

```
/* ====== Programm TAUSCH3 */
void tausch(float *u, float *v );

main()
  {
  float a = 3, b = 5;
  printf("Vor dem Vertauschen : a = %f, b = %f\n", a, b );
  tausch( &a, &b );
  printf("Nach dem Vertauschen: a = %f, b = %f\n", a, b );
  }

void tausch(float *x, float *y )
  {
  float h;
  h = *x; *x = *y; *y = h;
  }
```

```
Vor dem Vertauschen : a = 3.000000, b = 5.000000
Nach dem Vertauschen: a = 5.000000, b = 3.000000
```

Die Funktion *tausch( )* ist vom Typ *void* und gibt somit keinen Wert zurück. Die Parameter sind vom Typ *float* *, d.h. Zeiger auf den Typ *float*.

Werteparameter:
-   Der Funktion wird ein bestimmter Wert übergeben, der -als Kopie
    des "Originals" - von der Funktion ohne Seiteneffekt beliebig ge-
    ändert werden kann.
-   In C sind nur solche Werteparameter erlaubt.

Adreßparameter:
-   Der Funktion wird eine bestimmte RAM-Adresse übergeben. Über
    diese Adresse kann dann innerhalb der Funktion der zugehörige
    Wert gelesen werden.
-   In C sind Adreßparameter nicht möglich. Aber da Zeiger überge-
    ben werden können (siehe Programm TAUSCH3), können auf die-
    se Weise auch Adreß(-werte) übergeben werden.

Zwei grundlegende Typen von Parametern

Aufgabe 4.10/1: Schreiben Sie eine Funktion *increment*, die eine belie-bige *int*-Variable um 1 erhöht und im Programm INKREM aufgerufen wird.

Aufgabe 4.10/2: Welche Ausgabe liefert das folgende Programm?

```
/* ====== Programm BLOCK1 */
main()
  {
  int i = 3;
  printf("%d  ", i );
  {
  int i = 6;
  printf("%d  ", i );
  i += 2;
  }
  printf("%d  ", i );
  }
```

Aufgabe 4.10/3: Testen Sie das Programm. Was ist fehlerhaft?

```
/* ====== Programm FEHLER2 */
main()
  {
  printf("Was ist an diesem Programm falsch ?\n");
  int i;
  i = 3;
  printf("%d\n", i );
  }
```

4.11 Zeiger- bzw. Pointerarithmetik

4.11.1 Zeiger inkrementieren

p als Zeiger: Durch *int *p* wird p als Zeiger- bzw. Pointervariable auf eine Variable vom *int*-Typ vereinbart. Das Programm POINTER1 demon-striert den Umgang mit diesem Zeiger.

```
/* ====== Programm POINTER1 */
int a = 1, b = 2, c = 3, d = 4;
int *p;

main()
  {
  printf("&a = %p, &b = %p, &c = %p, &d = %p\n", &a, &b, &c, &d );
```

```
for ( p = &a; *p <= 4; p++ )
  printf("%d %p\n", *p, p );
printf("*p = %d, p = %p\n", *p, p );
p -= 3;
printf("*p = %d, p = %p\n", *p, p );
}
```

```
&a = 009A, &b = 009C, &c = 009E, &d = 00A0
1 009A
2 009C
3 009E
4 00A0
*p = 24870, p = 00A2
*p = 2, p = 009C
```

Listen über Zeiger durchsuchen: Das Inkrement *p++;* bzw. *p = p + 1;* bewirkt, daß der Inhalt von p um die Länge des Datentyps erhöht wird, auf den p zeigt. Damit kann man mit einer Pointervariablen Listen von gleichartigen Daten durchsuchen. Nach Beendigung der Schleife zeigt p auf einen zufälligen Wert hinter d. Erniedrigt man p um 3 *int*-Stellen, so zeigt p auf b.

Zeiger p um 1 inkrementieren:
p++ bzw. *p = p + 1* ergibt $\qquad$ *p + (1*sizeof(int))*

Zeiger p um n inkrementieren (mit element z.B. int, char, ...):
p++ bzw. *p = p + n* ergibt $\qquad$ *p + (n * sizeof(element))*

Regel zum Inkrementieren eines Zeigers

4.11.2 Zeigertyp far

Durch ein Programm namens SCREEN1 soll der Bildschirm mit "A" gefüllt werden, indem direkt in den Bildschirmspeicher geschrieben wird. Problemanalyse:

- Der Bildschirmspeicher der monochromen Graphikkarte reicht von B000:0000 bis B000:079F und kann 2000 Zeichen aufnehmen. Der Speicherbereich der Color-Graphikkarte beginnt bei B800:0000.
- Zur Darstellung eines Zeichens werden 2 Bytes benötigt. Die geradzahligen Adressen enthalten das Zeichen und die ungeradzahligen Adressen enthalten das Attribut des Zeichens.
- Um den Bildschirmspeicher zu erreichen, benötigt man einen *far*-Pointer, der die Segmentadresse und den Offset enthält. Einen

far-Pointer kann man mit dem in der Datei *dos.h* definierten Makro *void far *MK_FP(unsigned seg, unsigned off);* erzeugen; man muß dann den Segmentwert und den Offsetwert übergeben.

- Das Makro *unsigned FP_OFF(void far *farptr);* liefert den Offsetwert und das Makro *unsigned FP_SEG(void far *farptr);* liefert den Segmentwert.

```
/* ====== Programm SCREEN1 */
#include <dos.h>
#define ZEICHEN 'A'
#define SCREENSEG 0xB000
char far *zeichpos;
unsigned int i;
char attr = '\0';

main()
  {
  for ( i = 0; i < 2000; i++ )
    {
    zeichpos = MK_FP( SCREENSEG, 2*i );
    *zeichpos = ZEICHEN;
    *(zeichpos + 1) = attr++;
    }
  }
```

Auf dem Bildschirm erscheinen alle Darstellunggsarten des Zeichens 'A', da sich das Attribut bei jedem Schleifendurchlauf verändert.

Zeigertyp far:
- Zeiger mit 32-Bit-Adresse im Format Segment:Offset.
- Zweck: Adressierung von mehr als 64 KB an Speicherplatz.

Zeigertyp near:
- Zeiger mit einer Größe von 16 Bit für den Offset, d.h. abhängig vom jeweiligen Segment.
- Voranstellung des CD-Inhalts (Codesegments) bei Zeigern auf Funktionen bzw. des DS-Inhalts (Datensegments) bei Zeigern auf Daten.
- Zweck: Besonders einfache Zeigermanipulationen im jeweiligen 64 KB-Adreßbereich (unabhängig von der jeweiligen Segmentadresse).

Zeigertyp huge:

- Zeiger mit 32-Bit-Adresse wie *far*, aber in normalisierter Form (siehe Abschnitt 5).

Zeigertypen far, near und huge

4.12 Modularer Aufbau von C-Programmen

4.12.1 Ein Programm mit #include in den Quelltext einfügen

Ein Programm modular aufbauen heißt, es aus Teilen zusammensetzen, die sich in unterschiedlichen Dateien befinden. Wenn Sie eine EXE-Datei erzeugen, bindet der Linker verschiedene Bibliotheks-Funktionen wie C0S.LIB, CS.LIB, MATHS.LIB, EMU.LIB in das Programm ein (vgl. auch Abschnitt 2.2). Außerdem werden Headerdateien, die Deklarationen für ihr Programm enthalten, vor der Compilierung Ihrem Programm hinzugefügt (Beispiel: Datei STDIO.H). Sie können solche Dateien auch selbst erzeugen und mit *#include* in Ihr Programm einfügen. Unsere bisherigen Programme wurden auch ohne ausdrückliche Angabe von *#include <stdio.h>* compiliert. Schreiben Sie folgenden Text als Datei INCLU.H in ihr Standardverzeichnis.

```
/* ====== Programm INCLU.H */
#define str "Test einer Include-Datei\n"
void funk(void)
  {
  printf("Funktionsaufruf\n");
  }
```

Beim Compilieren des folgenden Programms INCLU.C sucht der Präprozessor zuerst die Datei *inclu.h* im Standardverzeichnis und fügt sie an der Stelle von *#include "inclu.h"* in den Quelltext ein.

Quelltext zu Programm INCLU.C: Ausführungsprotokoll:

```
/* ====== Programm INCLU */
#include "inclu.h"
main()
  {
  printf("%s",str);
  funk();
  }
```

```
Test einer Include-Datei
Funktionsaufruf
```

4.12.2 Mehrere Programme über eine Projektdatei verbinden

Sie haben die Möglichkeit, mehrere Quellprogramme getrennt zu OBJ-Dateien zu compilieren und dann zu einer ausführbaren EXE-Datei zu verbinden. Im folgenden Beispiel sollen die beiden Quelltexte P1.C und P2.C zunächst als Maschinenprogramme P1.OBJ und P2.OBJ compiliert werden, um sie dann über die Projektdatei P0.PRJ zum lauffähigen Programm P0.EXE zu binden.

Quelltexte P1.C und P2.C editieren und speichern (Schritt 1):

```
/* ====== Programm P1.C */
extern char *str;
main()
  {
  printf("Dies steht in Programm P1.C\n");
  printf("%s\n", str );
  }


/* ====== Programm P2.C */
char *str = "Dieser String ist in P2.C definiert";
```

Aus diesen beiden Programmodulen, die in getrennten Dateien stehen, soll nun eine einzige EXE-Datei erzeugt werden.

Quelltexte zu Objektcodes P1.OBJ und P2.OBJ compilieren (Schritt 2):
Die beiden Module können getrennt zu P1.OBJ und P2.OBJ compiliert werden, indem man sie in den Editor holt und die folgenden zwei Compile-Befehle eingeben:

Compile to OBJ/B:P1.OBJ   *Compile to OBJ/B:P2.OBJ*

Run würde Fehlermeldungen bringen, da es sich nicht um lauffähige Programme handelt (eine OBJ-Datei ist ohne Laufzeitbibliothek gespeichert). Die beiden OBJ-Module lassen sich aber mit dem Linker zu einer EXE-Datei verbinden. Dazu erzeugen Sie über den Editor eine Projekt-Datei namens P0.PRJ, in der die zu verbindenden Module angegeben sind.

Projektdatei P0.PRJ editieren und speichern (Schritt 3):
In P0.PRJ dürfen keine Kommentare, sondern nur die Namen der beiden C-Dateien stehen:

p1

p2

Eine Projektdatei erkennt man am Dateityp PRJ. Sie umfaßt eine Liste der Dateien, die am Gesamtprogramm beteiligt sind.

P0.PRJ als Projektdatei-Name festlegen (Schritt 4):
Sie wählen dazu den Project-Befehl *Project name/B:P0.PRJ* (mit *Clear project* können Sie diese Wahl später wieder löschen). Sind bereits mehrere Projektdateien (Dateityp PRJ) gespeichert, kann man eine Datei mit den Cursortasten auswählen.

Ausführbare Datei P0.EXE erzeugen (Schritt 5):
Wenn Sie anschließend den Compiler-Befehl *Link EXE file* oder den Befehl *Make EXE file/B:P0.EXE* wählen, wird die EXE-Datei P0.EXE erzeugt, die - mit P0 in der DOS-Ebene aufgerufen - folgendes Ausführungsprotokoll ergibt.

```
Dies steht in Programm P1.C
Dieser String ist in P2.C definiert
```

Nachdem *Project name/B:P0.PRJ* gewählt wurde, kann man auch direkt
Run wählen: es werden automatisch die Dateien P1.OBJ, P2.OBJ, P0.EXE
erzeugt und P0.EXE wird ausgeführt.

4.13 Makros

4.13.1 Makrodefinition

Symbolische Konstanten mit #define zuordnen: Mit dem Präprozessorbe-
fehl *#define* kann man Bezeichner im Quelltext durch Texte ersetzen (vgl.
Abschnitt 3.13). So wird durch den Befehl
```
#define anzahl 20
```
der Bezeichner *anzahl* überall dort, wo er im Quelltext vorkommt, durch
die Zahl 20 ersetzt. Die Zählerschleife
```
for (lagerort = 1; lagerort < anzahl; ++lagerort)
    lagerbestand += lagerbestand;
```
wird durch den Präprozessor wie folgt vereinfacht:
```
for (lagerort = 1; lagerort < 20; ++lagerort)
    lagerbestand += lagerbestand;
```
Das allgemeine Format lautet:

  #define bezeichner definitionstext

Makros mit #define zuordnen: Beim Makro wird ein #define-Befehl eingesetzt, um Argumente in *definitionstext* gemäß folgendem Format zu
ersetzen:

#define makro_name(parameterliste) definitionstext

- *makro_name* wird oft in Großbuchstaben angegeben, um Ver-
  wechslungen mit Funktionen zu vermeiden.
- Nach makro_name darf kein Leerzeichen stehen.
- Bei mehrzeiliger Definition "\" an jedes Zeilenende schreiben.

Allgemeines Format der Makrodefinition

Makros in Headerdateien als Beispiel: Eine Headerdatei ist eine spezielle Quelltextdatei (Dateityp h) mit Definitionen, die von Funktionen in anderen C-Dateien verwendet werden können. Man legt deshalb alle Definitionen, die in verschiedenen C-Dateien gebraucht werden, sinnvollerweise in einer Headerdatei ab. Das C-System stellt zahlreiche Headerdateien (auch Deklarationsdateien genannt) bereit, wie z.B. *stdio.h* (Funktionen zur Ein-/Ausgabe) und *stdlib.h* (Standardfunktionen und Makros). In Abschnitt 2.4.7 finden Sie eine Zusammenstellung. In der Headerdatei *stdlib.h* finden Sie folgende Makros:

```
#define max(a,b)    (((a) > (b)) ? (a) : (b))
#define min(a,b)    (((a) < (b)) ? (a) : (b))
#define atoi(s) ((int) atol (s))
```

max(a,b) ist hier als Makro mit den Argumenten a und b definiert:
- Beim Aufruf von *max(x,y)* wird *max(x,y)* durch den rechts angegebenen Ausdruck ersetzt, wobei für die Argumente a, b die Parameter x, y eingesetzt werden.
- Der Compiler hat also den Ausdruck *(((x) > (y) ? (x) : (y)))* zu compilieren, der folgendermaßen zu verstehen ist. Wenn *(x > y)* ist, dann nehme x, sonst aber nehme y.

Vordefinierte und benutzerdefinierte Makros: Das folgende Programm MAKRO1 demonstriert, wie die vordefinierten Makros aus der Headerdatei *stdlib.h* und das benutzerdefinierte Makro *quadrat(a)* eingesetzt werden. Der Präprozessor ersetzt also *quadrat(5)* durch *5*5*.

```
/* ====== Programm MAKRO1 */
#include <stdlib.h>
#define X 5
#define Y 5.5
#define quadrat(a) a * a
float x = 6, y = 3.7;
main()
  {
  printf("max(X,Y) ist %f\n", max(X,Y) );
  printf("das Maximum von %f und %f ist %f\n", x, y, max(x,y) );
  printf("das Minimum von %f und %f ist %f\n", x, y, min(x,y) );
  printf("das Minimum von %f und %f ist %f\n", 7.5, 8.0, min(7.5 , 8.0) );
  printf("das Quadrat von %d ist %d\n", 5, quadrat(5) );
  }
```

Das Programm MAKRO1 ergibt das umseitige Ausführungsprotokoll.

```
max(X,Y) ist 5.500000
das Maximum von 6.000000 und 3.700000 ist 6.000000
das Minimum von 6.000000 und 3.700000 ist 3.700000
das Minimum von 7.500000 und 8.000000 ist 7.500000
das Quadrat von 5 ist 25
```

Makro und Funktion: Die Definition von Makros ist einfacher als die Definition von Funktionen. Ein Nachteil von Makros besteht darin, daß für das Makro jedesmal Speicherplatz belegt wird, wenn es aufgerufen wird; eine Funktionsdefinition hingegen belegt nur einmal Speicherplatz.

4.13.2 Makro mit Escape-Sequenz

Über die Escape-Sequenz *ESC[#;#H* kann man den Cursor auf dem Bildschirm bewegen. *ESC* ist dabei das 27. ASCII-Zeichen, das erste # steht für die Zeilennummer und das zweite # für die Spaltennummer. Im folgenden Programm CURSOR1 wird ein Makro *CUR_MV(zeile,spalte)* geschrieben, das den Cursor zu einer beliebigen Stelle des Bildschirms bewegt und dort ein 'X' ausgibt. Die Zeilen- und Spaltennummern sind einzugeben. Hinweis: Das Programm CURSOR1 funktioniert nur dann, wenn der Treiber ANSI.SYS installiert ist.

```
/* ====== Programm CURSOR1 */
#include <stdio.h>
#define CUR_MV(zeile,spalte) printf("\x01B[%d;%dH", zeile, spalte);
int z, s;
main()
  {
  CUR_MV(10,50);
  printf("Zeile: ");      /* Eingabeaufforderung in Zeile 10 Spalte 50 */
  scanf("%d", &z );
  CUR_MV(11,49);
  printf("Spalte: ");     /* Eingabeaufforderung in Zeile 11 Spalte 49 */
  scanf("%d", &s );
  CUR_MV(z,s);
  putchar('X');
  }
```

Headerdatei mit Makros: Wenn Sie öfter Cursorsteuerungen brauchen, sollten Sie sich eine Headerdatei mit entsprechenden Makros erzeugen und diese bei Bedarf mit *#include* in Ihren jeweiligen Quelltext einfügen. Durch Cursorbewegungen lassen sich anwenderfreundliche Eingabemasken erzeugen.

An sich haben Cursorbewegungen nur auf dem Bildschirm einen Sinn. Wenn Sie Ihre Ausgaben in eine Datei oder auf den Drucker umlenken wollen, so geben Sie besser Ihre Eingabeaufforderungen an die Datei *stderr* aus. Das ist der Bildschirm. Ausgaben an *stderr* können nicht umgelenkt werden, denn dann können die Eingabeaufforderungen nicht in einer Datei bzw. auf dem Drucker erscheinen.

ESC[#;#H	Cursorpositionierung in #;# (1=Standardwert für #).
ESC[#A	Cursor um # nach oben.
ESC[#B	Cursor um # nach unten.
ESC[#C	Cursor um # vorwärts.
ESC[#D	Cursor um # zurück.
ESC[#;#f	wie ESC[#;#H
ESC[#;#R	gibt die aktuelle Cursorposition Zeile;Spalte an.
ESC[6n	Ausgabe der Cursorposition.
ESC[s	merkt sich die gegenwärtige Cursorposition.
ESC[u	stellt die gemerkte Cursorposition wieder her.
ESC[2J	löscht den Bildschirm.
ESC[K	löscht ab der Cursorposition bis zum Zeilenende.
ESC[#;...;#m	**Setzt die Attribute für die Zeichendarstellung z.B.**
0	normal
1	hervorgehoben
4	unterstrichen
5	blinkend
7	revers
8	unsichtbar
30	schwarzer Vordergrund
	......
47	weißer Hintergrund
ESC[=#h	bestimmt die Bildschirmattribute gemäß # z.B.
0	40x25 schwarz und weiß
1	40x25 farbig
2	80x25 schwarz und weiß
3	80x25 farbig
4	320x200 farbig
5	320x200 schwarz und weiß
6	640x200 schwarz und weiß
7	automatischer Zeilenvorschub am Zeilenende
ESC[=#l	wie ESC[=#h

Wichtige Escape-Sequenzen

Erweiterter Zeichensatz: Mit der Escape-Sequenz *ESC[#;...;#p* lassen sich Tasten neu belegen. Das erste # bedeutet die Taste (z.B. 65 ist Taste A, 66 ist Taste B). Drücken Sie eine Taste des erweiterten Zeichensatzes,

dann ist das so, als ob zwei Bytes eingegeben werden, wobei das erste
Byte 0 ist.

Taste:	Eingegebene Werte:
0	0;3
Shift tab	0;15
Alt-Q,W,E,R,T,Y,U,I,O,P,Z,X,C,V,B,M,N	0;16 .. 0;30
F1 .. F10	0;59 .. 0;68
Home,Cursor up,Page up,Cursor left	0;71 .. 0;75
Cursor right,End,Cursor down,Page down	0;77 .. 0;81
Insert,Delete	0;82 .. 0;83
F11 .. F20 (Shift F1 - F10)	0;84 .. 0;93
F21 .. F30 (Ctrl F1 - F10)	0;94 .. 0;103

2-Byte-Eingaben des erweiterter Zeichensatz

Eingabetastatur kontrollieren: Um festzustellen, ob eine Taste des erweiterten Zeichensatzes gedrückt worden ist, können Standardeingabefunktionen nicht verwendet werden. Mit dem folgendem Programm namens TAST1 können sie feststellen, welche Werte durch Tastendruck auf beliebige Tasten eingegeben werden.

```
/* ====== Programm TAST1 */
main()
  {
  int ch;
  printf("Zum Abbruch des Programms Ctrl-Break drücken.\n");
  printf("Bitte beliebige Tasten drücken.\n");
  while ( ch = bioskey(0) )
    {
    if ( ch == 0x151A )
      {
      printf( "151A ^Z gedrückt\n" );
      continue;
      }
    printf("%04X %c\n", ch, ch);
    if ( ! ( ch & 0x00FF ) )
      printf("Spezialtaste.\n");
    }
  }
```

Zu Programm TAST1:
- Die Funktion *bioskey(0)* ruft den Bios Interrupt 14h auf und liefert zwei Bytes zurück.

- Spezialtasten enthalten im niederwertigen Byte den Wert 0.
- ^Z darf nicht auf dem Bildschirm ausgegeben werden. Aus diesem Grunde springt das Programm bei Eingabe von ^Z mit *continue* zum Beginn der *while*-Schleife zurück.
- Mit Ctrl-Break wird der Wert 0 eingegeben.

Aufgabe 4.13/1: Der Makroaufruf *quadrat(4 + 1)* von Programm MA-KRO1 liefert das falsche Ergebnis 9. Warum? Wie kann man diesen Fehler vermeiden?

Aufgabe 4.13/2: Definieren Sie ein Makro *vorz(a)*, das folgende Werte liefert: 1 für a>0, 0 für a==0, -1 für a<0. Das Makro soll im Programm MAKRO2 definiert werden.

Aufgabe 4.13/3: Durch Ausgabe der Sequenz *ESC[s* kann sich der Rechner die gegenwärtige Cursorposition merken; mit *ESC[u* kann die Position wiederhergestellt werden. Ändern Sie das Programm CURSOR1 so ab, daß sich der Rechner die erste Cursorposition (10,50) merkt, anschließend die Textzeile mit "   " überschreibt und auf der gemerkten Cursorposition die Eingabeaufforderung *Spalte:* bringt. Schreiben Sie dazu die beiden Makros *CUR_SAVE* und *CUR_REST*. Speichern Sie die Änderung unter dem Namen CURSOR2 ab.

Aufgabe 4.13/4: Durch Ausgabe der Steuersequenz *ESC[65;81p* wird die Taste A durch Q belegt. Schreiben Sie ein Programm namens NEUTAST1, das die Tastenbelegung von Q bzw. q mit A bzw. a vertauscht.

Aufgabe 4.13/5: Auf Tastendruck soll eine Zeichenfolge ausgeben werden; wir wollen die Taste F10 so belegen, daß beim Drücken der Taste F10 das Inhaltsverzeichnis der Diskette im Laufwerk B: ausgegeben wird. Dazu muß die Zeichenfolge *ESC[0;68;"dir b:/w";13p* ausgegeben werden. *0;68* ist die Taste F10. *13* ist der Wagenrücklauf, der die sofortige Ausführung von *dir b:/w* bewirkt. Um die Wirkung der neuen Tastenbelegung zu sehen, müssen Sie sich auf Betriebssystemebene begeben. Speichern Sie Ihre Problemlösung unter dem Namen NEUTAST2 ab.

4.14 Rekursiver Aufruf von Funktionen

4.14.1 Rekursion mit Stacküberlauf

Testen sie das folgende Programm REKURS1 (Sie können es mit ^C stoppen).

```
/* ====== Programm REKURS1 */
int a = 1;


int plus1(int x)
  {
  printf("%d\n", x );
  x = plus1(x + 1);
  return(x);
  }


main()
  {
  a = plus1(a);
  printf("%d\n", a );
  }
```

Zur Ausführung von Programm REKURS1:
- Das Hauptprogramm übergibt an die Funktion *plus1( )* zunächst den Parameterwert 1.
- Beim Aufruf der Funktion *plus1( )* wird eine lokale Variable x erzeugt, die bei Beendigung der Funktion wieder freigegeben wird. In dieser Variablen x befindet sich eine Kopie des übergebenen Parameterwertes. Dieser wird ausgegeben, also beim ersten Mal der Wert 1.
- Doch bevor die Funktion *plus1( )* mit *return(x);* beendet werden kann, wird sie erneut aufgerufen, wobei der Wert x + 1 übergeben wird. Das bedeutet, daß erneut eine lokale Variable x erzeugt wird, die den erhöhten Wert enthält, der dann ausgegeben wird.
- Die Funktion *plus1( )* wird niemals beendet; jedesmal, wenn sie sich selbst aufruft, wird eine neue lokale Variable x auf dem Stack erzeugt.
- Außerdem wird bei jedem Funktionsaufruf die Rückkehradresse auf dem Stack abgelegt und - wenn die Funktion beendet ist - wieder gelöscht. Da die Funktion *plus1( )* aber niemals beendet wird, füllt sich der Stack immer mehr mit lokalen Variablen und Rückkehradressen; Folge: irgendwann kommt es zu einem Stacküberlauf.

Mit rekursiven Funktionsaufrufen haben wir eine Möglichkeit, Wiederholungsstrukturen zu programmieren. Dabei muß sichergestellt sein, daß die Funktion sich nicht unendlich oft auruft; die Funktion muß eine Bedingung enthalten, bei der sie beendet wird und sich nicht mehr selbst aufruft. Es muß sicher sein, daß diese Bedingung irgendwann einmal erfüllt ist.

4.14.2 Rekursion mit Endebedingung

Im folgenden Programm REKURS2 soll die Funktion *plus1( )* so abgeändert werden, daß sie beendet wird, sobald 6 ausgegeben wurde.

```
/* ====== Programm REKURS2 */
int a = 1;

int plus2(int x)
  {
  printf("%d\n", x );
  if (x < 6)
    x = plus2(x + 1);
  else
    return(x);
  }

main()
  {
  a = plus2(a);
  printf("\n %d", a );
  }
```

```
1
2
3
4
5
6

6
```

Mit rekursiven Funktionsaufrufen lassen sich viele Probleme elegant und übersichtlich lösen. Von Nachteil ist ein hoher Speicherplatzbedarf und eine durch die vielen Funktionsaufrufe ggf. verzögerte Ausführung.

4.14.3 Indirekte Rekursion

Ein rekursiver Aufruf kann auch dadurch zustandekommen, daß sich zwei Funktionen gegenseitig aufrufen. Man spricht dann von indirekter Rekursion. Dazu ein Beispielprogramm namens INDREK1: n ist gerade, wenn n-1 ungerade ist. n ist ungerade, wenn n-1 gerade ist. 0 ist gerade.

```
/* ====== Programm INDREK1 */
unsigned n;

int ungerade( unsigned );

int gerade( unsigned x )
  {
  if (x -= 0)
    return(1);
  else if (ungerade(x-1))
```

```
        return(1);
      else
        return(0);
 }


int ungerade( unsigned x )
  {
  if (x == 0)
    return(0);
  else if (gerade(x-1))
        return(1);
      else return(0);
  }


main()
  {
  printf("Bitte eine positive Ganzzahl eingeben: ");
  scanf("%d", &n );
  if (gerade(n))
    printf("%d ist gerade", n);
  else
    printf("%d ist ungerade", n);
  }
```

Zur Ausführung von Programm INDREK 1:
- Die Funktion *gerade( )* ruft die Funktion *ungerade( )* auf.
- Die Funktion *ungerade( )* wird aber erst nach *gerade( )* definiert. Aus diesem Grunde wird vor ihrem Aufruf ein Prototyp der Funktion **ungerade()** deklariert, da der Compiler sonst nicht die Typverträglichkeit der Funktionen prüfen kann.

4.14.4 Rekursiver Aufruf der Funktion main()

Sogar die Funktion main() läßt sich rekursiv aufrufen. Das folgende Programmbeispiel MAINREC1 demonstriert dies:

```
/* ====== Programm MAINREC1 */
main(int argc)
  {
  printf("%d  ", argc );
  if (argc == 8)
    return;
  else
    main(argc + 1);
  }
```

Aufgabe 4.14/1: Das Produkt der Zahlen *1*2*...*n* bezeichnet man als n-Fakultät und schreibt dafür n!. Nun läßt sich n! auch rekursiv definieren als *n! = (n-1)! * n und 1! = 1*. Schreiben Sie eine Funktion *fak( )*, die n! rekursiv berechnet und im Programm NFAK aufgerufen wird.

Aufgabe 4.14/2: Berechnen Sie n! iterativ (ohne Rekursion) und speichern Sie die Problemlösung unter dem Namen NFAK2 ab.

Aufgabe 4.14/3: Welche Ausgabe ergibt das folgende Programm?

```
/* ====== Programm REKURS3 */
void plus3(int x)
  {
  if (x == 6)
    return;
  else
    plus3(x+1);
  printf("%d ", x );
  }


main()
  {
  plus3(1);
  }
```

4.15 Zeiger auf Funktionen

In C kann man nicht nur Zeiger auf Datentypen, sondern auch Zeiger auf Funktionen definieren. Dabei formuliert man:

```
rückgabetyp (*zeiger) (funktionsargumente);
```

Eine andere Möglichkeit besteht darin, den Zeigertyp mit *typedef* wie folgt zu definieren:

```
typedef rückgabetyp (*funktionszeigertypname) (funktionsargumente);
funktionszeigertypname zeiger;
```

Wie das folgende Programm FUNKZEI1 demonstriert, stellt der Name einer Funktion einen solchen Zeiger dar, da er die Startadresse der Funktion enthält.

```
/* ====== Programm FUNKZEI1 */
typedef void (*funkzei) (void);
funkzei p;
typedef int (*printfzei) (char *format, ... );
printfzei q;

void funk()
  {
  printf("Textausgabe\n");
  }


main()
  {
  p = funk;
  (*p) ();
  printf("Adresse von funk() ist %p %p\n", p, funk );
  q = printf;
  (*q) ("5 + 2 = %d\n", 5 + 2 );
  printf("Adresse von printf() ist %p %p\n", q, printf );
  }
```

Bei Ausführung von Programm FUNKZEI1 ergibt sich folgende Ausgabe:

```
Textausgabe
Adresse von funk() ist 0170 0170
5 + 2 = 7
Adresse von printf() ist 0664 0664
```

Übereinstimmung von Datentypen: Um einem Funktionszeiger die Startadresse einer Funktion zuzuweisen, müssen die Typen übereinstimmen.
Man darf dabei keinesfalls *p = printf* schreiben. Hat man einem Zeiger p
die Startadresse einer Funktion zugewiesen, so kann man die Funktion
wie folgt aufrufen:

```
(*p) (parameterliste)
```

Das folgende Programm FUNKZEI2 demonstriert diesen Sachverhalt:
- p ist direkt ohne *typedef* vereinbart.
- x ist als Zeiger auf *void* vereinbart. Einem Zeiger auf *void* darf
  man jeden Zeigertyp zuweisen. Wenn man aber mit x eine Funktion aufrufen will, so muß man zuvor mit dem *cast*-Operator x in
  den passenden Funktionstyp umwandeln.
- *(printfzei) x* wandelt x in den Zeigertyp *printfzei* um.

```
/* ====== Programm FUNKZEI2 */
void (*p) (void);
typedef int (*printfzei) (char *format, ... );
printfzei q;
void *x;

void funk()
  {
  printf("Textausgabe\n");
  }

main()
  {
  p = funk;
  (*p) ();
  printf("Adresse von funk() ist %p %p\n", p, funk );
  q = printf;
  (*q) ("5 + 2 = %d\n", 5 + 2 );
  printf("Adresse von printf() ist %p %p\n", q, printf );
  x = q;
  ( *(printfzei) x) ("5 + 2 = %d\n", 5 + 2 );
  printf("Adresse von printf() ist %p %p\n", x, printf );
  }
```

III Programmierkurs mit Turbo C Grundkurs

5.1 Vektoren als eindimensionale Arrays

5.1.1 Lesen und Schreiben über einen Index

Ein Array (Feld, Bereich) ist eine Datenstruktur, in der Elemente des gleichen Datentyps unter einem bestimmten Namen (Bezeichner) in einer festen Reihenfolge gespeichert sind. Sind die Elemente in einer Richtung (Ausdehnung) angeordnet, spricht man vom eindimensionalen Array bzw. Vektor. Ein Vektor *list[ ]* zur Aufnahme von 30 *float*-Zahlen wird folgendermaßen definiert:

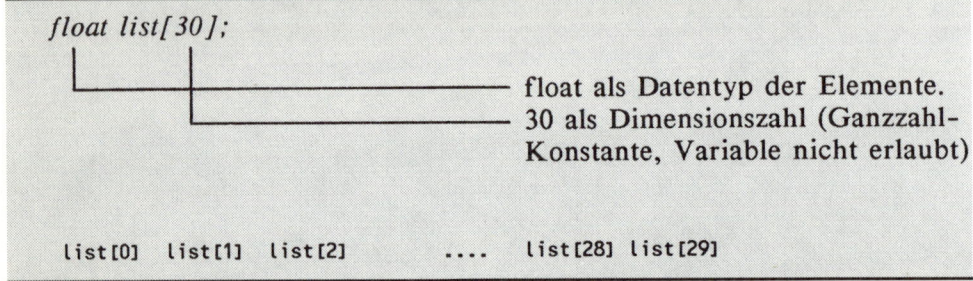

float list[30];

float als Datentyp der Elemente.
30 als Dimensionszahl (Ganzzahl-Konstante, Variable nicht erlaubt)

list[0] list[1] list[2]   .... list[28] list[29]

30-Elemente-Array namens list mit Indizes 0,1,...,29

Indizierung:
- Auf jedes Arrayelement kann direkt über den Index als "Element-nummer" zugegriffen werden; der Index wird in eckige Klammern hinter den Namen geschrieben.
- Das erste Element des obigen Vektors ist *list[0]*, das letzte Element ist *list[29]*. Die Dimensionszahl ist also stets um 1 größer als der letzte Index.
- Man kann immer nur auf das einzelne Element zugreifen, nicht aber auf den gesamten Array.
- *list* als Name des Vektors ist ein Zeiger auf das erste Element des Vektors. Dieser Zeigerwert ist eine Konstante und kann deshalb nicht verändert werden.

Ein Programm namens VEK1 soll *float*-Zahlen in einen Vektor eingeben und anschließend wieder ausgeben.

```
/* ====== Programm VEK1 */
#define MAXLEN 6
float list[MAXLEN];

int eingabe( float *x );
void ausgabe( float *x, int anz);
```

```
main()
  {
  int len;
  len = eingabe(list);
  printf("%d Zahlen eingegeben\n", len);
  ausgabe(list, len);
  }


int eingabe( float *x )
  {
  int i = -1;
  printf("Zahlen eingeben (0=Ende):\n");
  do
    {
    i++;
    scanf("%f", &x[i] );
    }
  while ( (x[i] != 0) && (i < MAXLEN - 1) );
  return( (x[i] == 0) ? i : ++i );
  }


void ausgabe( float *x, int anz )
  {
  int i;
  for ( i = 0; i < anz; i++ )
    printf("%f\n", x[i]);
  }
```

```
Zahlen eingeben (0=Ende):
1
2
3
0
3 Zahlen eingegeben:

1.000000
2.000000
3.000000
```

Im Programm VEK1 wird ein Vektor *list* definiert, der *MAXLEN* bzw. 6 *float*-Zahlen aufnehmen kann:
-   Die Definition *float list[MAXLEN];* am Programmanfang reserviert Platz für *MAXLEN float*-Zahlen und initialisiert sie zu 0. *list[0]* ist das erste Element des Arrays.
-   *list* ist ein Zeigerwert, der auf das erste Element von *list[ ]* zeigt.
-   MAXLEN ist eine symbolische Konstante mit dem Wert 6. Überall dort, wo MAXLEN vorkommt, ersetzt der Präprozessor den Ausdruck durch 6.
-   Das Programm gliedert sich in die Funktionen *eingabe( )* und *ausgabe( )*. *eingabe( )* gibt die Anzahl der eingegebenen Zahlen zurück, die in der Funktion *ausgabe( )* benötigt werden. Als Parameter wird an *eingabe( )* ein Zeigerwert an die Pointervariable x übergeben.
-   In der *do...while*-Schleife nimmt i die Werte 0 bis *MAXLEN-1* an, falls *x[i]* nicht den Wert 0 hatte. Der Abbruchwert für i wird zu-

rückgegeben. Wenn aber keine 0 eingegeben wurde, wäre dieser
um 1 zu klein.

- Die Funktion *scanf( )* benötigt als Parameter Zeiger auf die Ele-
  mente *x[i]*, daher *scanf("%f", &x[i]);*.
- Die Funktion *ausgabe( )* erhält als Parameter einen Zeiger auf den
  Anfang des Vektors und die Anzahl der eingegebenen Zahlen.
- Mit *float list[30]* wird Platz für 30 *float*-Zahlen reserviert. *list* ist
  ein Zeiger auf die erste dieser Zahlen.

5.1.2 Vektor bei der Deklaration initialisieren

Sie können auch Speicherplatz bereitstellen, indem Sie den Vektor initialisieren. Dazu schreibt man die Elemente durch "," getrennt in *{ }* hin.
Im Programm VEK2 wird ein Vektor list mit fünf Elementen und den
Platznummern 0,1,2,3,4 initialisiert (anstelle von *list[ ]* kann man auch
list[5] schreiben):

```
/* ====== Programm VEK2 */
float list[] = { 1, 2, 3, 4, 5 };

main()
  {
  int i;
  float *p;
  for (i = 0; i <= 4; i++ )
    printf("%f ", list[i] );
  printf("\n");
  p = list;
  for (i = 0; i <= 4; i++, p++ )
    printf("%f ", *p );
  }
```

```
1.000000 2.000000 3.000000 4.000000 5.000000
1.000000 2.000000 3.000000 4.000000 5.000000
```

5.1.3 Funktionen malloc() und calloc()

Hat man eine Pointervariable definiert, so kann man sich mit den Funktionen *malloc( )* (memory allocation) oder *calloc( )* Speicherplatz schaffen,
auf den die Zeigervariable zeigt. Das Programm VEK3 verdeutlicht dies:

- Die Funktion *malloc( )* verlangt als Parameter die Anzahl der zu
  reservierenden Speicherstellen.

- Die Funktion calloc() verlangt die Anzahl der Objekte, für die Speicherplatz zu reservieren ist, und deren Länge.
- Der Rückgabewert ist ein Zeiger auf *void (void *)*; dieser wird mit dem *cast*-Operator *(float *)* in einen Zeiger auf *float* umgewandelt.

```
/* ====== Programm VEK3 */
#define ANZAHL 5
float *p, *q, *p0, *q0;

main()
  {
  int i;
  p0 = p = (float *) malloc( ANZAHL * sizeof(float) );
  q0 = q = (float *) calloc( ANZAHL, sizeof(float) );
  for (i = 0; i < ANZAHL; i++, p++, q++ )
    {
    *p = i;
    *q = *p * *p;
    }
  for (i = 0, p = p0, q = q0; i < ANZAHL; i++, p++, q++ )
    printf("%f %f\n", *p, *q );
  }
```

```
0.000000 0.000000
1.000000 1.000000
2.000000 4.000000
3.000000 9.000000
4.000000 16.000000
```

5.1.4 Array über geschachtelte Schleifen sortieren

Das Sortierprogramm SORT1 erwartet für einen Vektor N=5 Zahlen von der Tastatur. Der Vektor wird dann über die Funktion *sortiere( )* sortiert. Zunächst wird die erste Zahl mit den folgenden Zahlen verglichen. Ist die erste Zahl größer, werden die beiden verglichenen Zahlen vertauscht. Genauso verfahren wir mit der 2., 3., .. N-1. Zahl.

```
/* ====== Programm SORT1 */
#define N 5
int vek[N];

void eingabe(int *p, int n)
  {
```

```
      int i;
      printf("bitte %d Zahlen eingeben.\n", n );
      for ( i = 0; i < n; i++ )
        scanf("%d", p + i );
      }


   void ausgabe(int *p, int n )
     {
     int i;
     for ( i = 0; i < n; i++ )
       printf("%d ", *(p + i) );
     printf("\n");
     }


   void tausche( int *p, int *q )
     {
     int h;
     h = *p; *p = *q; *q = h;
     }


   void sortiere(int *p, int n )
     {
     int i,k;
     for (i = 0; i < n - 1; i++ )
       for ( k = i + 1; k < n; k++ )
         if ( p[i] > p[k] )
           tausche( &p[i], &p[k] );
     }


   main()
     {
     eingabe( vek, N );
     sortiere( vek, N );
     ausgabe( vek, N );
     }
```

Aufgabe 5.1/1: Welcher Unterschied besteht zwischen *int *p* und *int p[ ]* sowie zwischen *p[i]* und **(p+i)*. Zeigen Sie die Unterschiede an einem Demonstrationsprogramm namens PTTEST1 auf.

Aufgabe 5.1/2: Entwickeln Sie ein Programm VEKSUM1, das folgendes Problem löst: Mit rand() wird eine Zufallszahl kleiner als 20 erzeugt. Diese Zahl soll die Anzahl der Zufallszahlen darstellen, die dann in einem

Vektor unbestimmter Länge abzulegen sind. Die Elemente des Vektors sind auszugeben und ihre Summe und ihr Durchschnitt sind zu berechnen.

Aufgabe 5.1/3: Sieb des Erathostenes. Eine Methode zur Ermittlung von Primzahlen besteht darin, in einem Vektor alle Elemente, deren Index ein Vielfaches von 2 ist, zu markieren. Anschließend markiert man alle Elemente, deren Index ein Vielfaches von 3 ist, usw. Bei den übrigbleibenden Elementen ist der Index kein Vielfaches von irgendeiner Zahl, es sind also Primzahlen. Trifft man auf eine bereits markierte Zahl, so braucht man deren Vielfache nicht mehr zu markieren. Entwickeln Sie ein Programm SIEBERAT, das dieses Problem löst.

Aufgabe 5.1/4: In der Headerdatei *ctype.h* ist folgender Vektor deklariert, der zur Definition einiger Makros verwendet werden kann:

```
extern char _Cdecl _ctype[]; /* Character type array */
```
Ein Programm namens CTYPE1 soll diesen Vektor in hexadezimaler Form mit den zugehörigen Indizes anzeigen.

Aufgabe 5.1/5: In der Headerdatei *ctype.h* sind folgende Konstanten definiert.

```
#define IS_SP     1        /* is space */
#define IS_DIG    2        /* is digit indicator */
#define IS_UPP    4        /* is upper case */
#define IS_LOW    8        /* is lower case */
#define IS_HEX    16       /* [A-F or [a-f] */
#define IS_CTL    32       /* Control */
#define IS_PUN    64       /* punctuation */
```
Welchen Wert liefert das Makro

```
#define isalpha(c)  (_ctype[(c) + 1] & (IS_UPP | IS_LOW))
```
für $c == 0x41$ und für $c == 0x7F$?
Schreiben Sie ein Programm namens ISALPHA1, das alle Zeichen ausgibt, für die $isalpha(c) == 1$ erfüllt ist.

Aufgabe 5.1/6: Binäres Suchen. In einem Vektor seien aufsteigend sortierte *int*-Werte enthalten. Es ist ein Wert einzugeben und im Vektor zu suchen. Dabei ist der Vektor zu halbieren und festzustellen, ob der Wert sich in der oberen oder unteren Hälfte befindet. Die Hälfte, in der sich der Wert befindet, ist abermals zu halbieren ... Diese Halbieren ist zu wiederholen, solange die obere Grenze größer als die unteren Grenze ist. Entwickeln Sie ein Programm namens BINSUCH1.

Aufgabe 5.1/7: Entwickeln Sie ein Programm DEZDUAL1, das eine eingegebene Dezimalzahl als Dualzahl ausgibt. Die Umwandlung erfolgt nach dem Divisions-Rest-Verfahren. Man teilt dabei so lange durch 2, bis der

Quotient 0 wird. Die Reste in umgekehrter Reihenfolge gelesen stellen
dann die Dualzahl dar.

5.2 Matrizen als zweidimensionale Arrays

5.2.1 Zugriff über Zeilenindex und Spaltenindex

Eine Matrix kann man als Vektor der Zeilenvektoren auffassen. Bei der
Vereinbarung und beim Zugriff müssen für die waagerechte Zeile wie für
die senkrechte Spalte die entsprechenden Indizes in eckige Klammern geschrieben werden. Im Programm MAT1 wird eine 3*4-Matrix verarbeitet.
mat ist ein Zeiger auf das erste Element der Matrix:

```
/* ====== Programm MAT1 */
#define ZEILEN 3
#define SPALTEN 4
float mat [ZEILEN] [SPALTEN];

main()
  {
  int i, k;
  float *p;
  for ( i = 0, p = mat; i < ZEILEN * SPALTEN; i++, p++ )
    *p = i;
  for ( i = 0; i < ZEILEN; i++ )
    {
    for ( k = 0; k < SPALTEN; k++ )
      printf("%7.2f", mat[i][k]);
    printf("\n");
    }
  }
```

```
   0.00    1.00    2.00    3.00
   4.00    5.00    6.00    7.00
   8.00    9.00   10.00   11.00
```

5.2.2 Speicherplatz durch Initialisierung bereitstellen

Statt den Speicherbedarf durch Angabe der Zeilen- und Spaltenlänge anzugeben, kann man den Speicherplatz auch durch Initialisierung bereitstellen.

```
/* ====== Programm MAT2 */
float mat[ ][4] = { { 1, 2, 3, 4 },
                    { 11, 22, 33, 44 },
                    { 111, 222, 333, 444 } };

main()
  {
  int i, k;
  for ( i = 0; i < 3; i++ )
    {
    for ( k = 0; k < 4; k++ )
      printf("%5.0f", mat[i][k] );
    printf("\n");
    }
  }
```

1	2	3	4
11	22	33	44
111	222	333	444

Die Zeilenzahl kann bei der Initialisierung einer Matrix unbestimmt bleiben, die Spaltenzahl hingegen wird verlangt.

5.2.3 Benutzerdefinierter Datentyp für Matrizen

Mit *typedef* kann der Benutzer einem vorhandenen Datentyp einen zusätzlichen Namen geben. Damit ergeben sich zwei Vorteile:
1. Der Quelltext wird besser lesbar.
2. Bei einer Typänderung muß nur die eine Typdefinition am Anfang des Quelltextes geändert werden, nicht aber die ggf. zahlreichen Deklarationen innerhalb des Quelltextes.

Im folgenden Programm MAT3 wird eine Matrix wie folgt definiert:
- Mit *typedef MATTYP[ZEILEN][SPALTEN];* wird ein Datentyp namens *MATTYP* vereinbart, der später zur Definition von beliebig vielen Matrizen verwendet werden kann.
- *MATTYP mat;* definiert eine solche Matrix und stellt Speicherplatz zur Verfügung. *mat* ist ein Zeiger auf das erste Element dieser Matrix.
- Mit *malloc( )* wird Platz in der Größe der Matrix auf dem Heap geschaffen, auf den p0 und p zeigen.

```
/* ====== Programm MAT3 */
#define ZEILEN 3
#define SPALTEN 4
typedef float MATTYP[ZEILEN][SPALTEN];

main()
  {
```

```
   int i, k;
   float *p, *p0;
   MATTYP mat;
   p0 = p = (float *) malloc( sizeof(MATTYP) );
   printf("Die Matrix belegt %d Bytes\n"
          "und hat die Adresse %p\n", sizeof(mat), mat );
   for ( i = 0; i < ZEILEN; i++ )
     for ( k = 0; k < SPALTEN; k++, p++ )
       {
       *p = i + k;
       mat[i][k] = *p;
       }
   for ( i = 0; i < ZEILEN; i++ )
     {
     for ( k = 0; k < SPALTEN; k++ )
       printf("%4.0f", mat[i][k]);
     printf("\n");
     }
   printf("Dieselben Elemente befinden sich ab Adresse %p\n", p0);
   for ( i = 0, p = p0; i < ZEILEN * SPALTEN; i++, p++ )
     printf("%4.0f", *p);
   }


   Die Matrix belegt 48 Bytes
   und hat die Adresse FFAE
       0   1   2   3
       1   2   3   4
       2   3   4   5
   Dieselben Elemente befinden sich ab Adresse 06A6
       0   1   2   3   1   2   3   4   2   3   4   5
```

Aufgabe 5.2/1:   Schreiben Sie ein Programm MATAUS1, das die Elemente der folgenden Matrix ausgibt:

```
   int mat[][3] = {{1,2,3},{4,5,6}};
```

5.3 Dreidimensionale Arrays

Ein dreidimensionaler Array ist ein Vektor von Matrizen.

```
/* ====== Programm DREIDIM1 */
int dbl[1][2][3] = { { { 1, 2, 3},{ 4, 5, 6} },
                     { { 7, 8, 9},{10,11,12} },
                     { {13,14,15},{16,17,18} },
                     { {19,20,21},{22,23,24} } };
```

```
main()
  {
  int i,j,k;
  for ( j = 0; j < 2; j++ )
    {
    for ( i = 0; i < 4; i++ )
      {
      for ( k = 0; k < 3; k++ )
        printf("%3d", db[i][j][k] );
      printf("     ");
      }
    printf("\n");
    }
  }
```

```
 1  2  3        7  8  9       13 14 15       19 20 21
 4  5  6       10 11 12       16 17 18       22 23 24
```

Der Speicherplatz für *int db[4][2][3];* wurde durch Initialisierung bereitgestellt; dabei ist die erste Dimension explizit nicht angegeben worden (aber: nur die Angabe der esten Dimension kann entfallen).

5.4 Stringverarbeitung

5.4.1 Strings als Vektoren vom char-Typ

Ein Text in " " ist eine Stringkonstante. C kennt keinen String als Datentyp und demnach auch keine Stringvariablen. Man kann aber einen Vektor vom Typ *char* zur Aufnahme von Zeichen definieren; oder man definiert einen Zeiger *char *p*, der auf den Anfang eines Strings zeigt.

```
/* ====== Programm STR1 */
char buf[81] = "initialisierter Text";

main()
  {
  char *p;
  p = buf;
  printf("%s buf=%p p=%p *buf=%c *p=%c\n", buf, buf, p, *buf, *p);
  printf("%s\n", p );
  p = "Neutext";
  printf("%s\n", buf );
  printf("%s p=%p *p=%c\n", p, p, *p );

  }
```

Bei Ausführung des Programms STR1 ergibt sich folgende Ausgabe:

```
initialisierter Text buf=009A p=009A *buf=i *p=i
initialisierter Text
initialisierter Text
Neutext p=010D *p=N
```

Stringverarbeitung in Programm STR1:
- Mit *char buf[81]* wird Platz für 81 Zeichen reserviert. Die ersten dieser Speicherstellen werden mit der Zeichenfolge "initialisierter Text" initialisiert; die restlichen Plätze verbleiben auf '\0'.
- *buf* ist ein Zeiger auf das erste dieser Zeichen. Diesen Zeigerwert kann man einer Pointervariablen p zuweisen.
- Die Funktion *printf( )* kann mit der Formatangabe *%s* einen Text ausgeben. Als Parameter muß ihr dabei ein Zeiger auf den Textanfang übergeben werden. Mit der Formatangabe *%s* gibt *printf( )* so lange Zeichen aus, bis das Zeichen '\0' gefunden wird oder die in *%s* angegebene Länge erreicht ist.
- Der Ausdruck *"Neutext"* ist als ein Zeiger auf eine Zeichenfolge 'N' 'e' 'u' 't' 'e' 'x' 't' '\0' zu verstehen und kann folglich einer Zeigervariablen zugewiesen werden.
- *buf = "Neutext"* ist aber nicht erlaubt, da *buf* eine Pointerkonstante ist, und da man einer Konstanten keinen Wert zuweisen kann.

5.4.2 Einen String überschreiben

Das Programm STR2 demonstriert das Überschreiben eines Strings:
- Durch Initialisierung wurde Platz für die beiden Vektoren *a[ ]* und *b[ ]* geschaffen. Als letztes Zeichen Wird dabei automatisch '\0' angehängt.
- Die beiden Strings befinden sich im Speicher direkt hintereinander. Bei der Ausgabe mit dem Format *%s* wird ein Zeiger a bzw b auf den Stringanfang übergeben.
- Es werden so lange Zeichen ausgegeben, bis *0x0* erreicht wird.
- In der *for*-Schleife werden die Zeichen von *b[ ]* ohne *0x0* nach *a[ ]* übertragen; aus diesem Grunde wird der alte Rest von *a[ ]* mit ausgegeben.
- Überträgt man anschließend mit *a[i] = b[i];* auch noch die *0x0* (i ist ja um 1 weiter gezählt worden), so wird nur bis '\0' ausgegeben.
- Überschreibt man das erste Nullzeichen mit 'P' und das zweite mit '-', so werden beide Strings wie einer ausgegeben.

- *sizeof(a)* liefert die Anzahl der Zeichen von *a[ ]* einschließlich *\0*.

```
/* ====== Programm STR2 */
char a[] = "erster Text",
     b[] = "zweiter";

main()
  {
  int i;
  printf("%s %s\n", a, b);
  for ( i = 0; b[i] != '\0'; i++)
    a[i] = b[i];
  printf("%s\n", a);
  a[i] = b[i];
  printf("%s\n", a);
  a[i] = 'P';
  a[ sizeof(a) - 1 ] = '-';
  printf("%s\n", a);
  }
```

```
erster Text zweiter
zweiterText
zweiter
zweiterPext-zweiter
```

5.4.3 Strings übertragen

Mit der Funktion *strcpy( )* kann man einen String auf einen anderen übertragen. Mit der Funktion *strcat( )* kann man an einen String einen anderen String anhängen. Beide Funktionen verlangen als Parameter Pointer zum Stringanfang. Das Programm STR3 verwendet diese beiden Funktionen. Dabei ist *"und wie heisst Du ?"* ein Pointer auf diesen Text.

```
/* ====== Programm STR3 */
char *p = "ich heisse Emma",
     *q = "und Du heisst Fritz";

main()
  {
  printf("%s %s\n", p, q );
  strcpy( q, p );
  printf("%s %s\n", p, q );
  strcat( p, q );
  printf("%s\n", p );
```

```
strcat( p, "und wie heisst Du ?" );
printf("%s\n", p );
}
```

```
ich heisse Emma und Du heisst Fritz
ich heisse Emma ich heisse Emma
ich heisse Emmaich heisse Emma
ich heisse Emmaich heisse Emmaund wie heisst Du ?
```

Aufgabe 5.4/1: Definieren Sie einen Zeichenvektor *zv*, der einen String mit maximal 10 Zeichen aufnehmen kann. Initialisieren Sie *zv* mit dem String "Adam".

Aufgabe 5.4/2: Was wird in folgendem Programm ausgegeben?

```
#define FORMAT "%s FORMAT"
main()
  {
printf( FORMAT, FORMAT);
  }
```

Aufgabe 5.4/3: Einige Stringoperationen lassen sich mit der Funktion *sprintf( )* durchführen, die eine formatierte Ausgabe in einen String vornimmt. Damit lassen sich z.B. bequem Strings verketten oder Zahlen in einen String umwandeln. Entwickeln Sie ein Programm SPRINTF1, das einen einen String s erzeugt, der zwei Strings s1 und s2 durch eine Leerstelle getrennt enthält. Wandeln Sie anschließend eine *float*-Zahl in einen entsprechenden String mit 2 Nachkommastellen um.

5.5 Eingabe von Strings über die Tastatur

5.5.1 Eingabe mit scanf() und gets()

Das Programm STR4 zeigt, wie man einen String mit der Funktion *scanf( )* eingibt. *scanf( )* liest mit der Formatangabe *%s* nur bis zum ersten 'Whitespace'-Zeichen "*\n*", *tab, " "*. Führende 'Whitespace'-Zeichen werden überlesen.

```
/* ====== Programm STR4 */
char buf[81];

main()
  {
  char *p = "                              ";
```

```
printf("Bitte Name und Vorname eingeben:\n");
scanf("%s%s", buf, p );
printf("%s\n", buf );
printf("%s\n", p );
}
```

```
    Bitte Name und Vorname eingeben:
                    Weiss
          Adam     123
    Weiss
    Adam
```

Geeigneter für die Stringeingabe als *scanf( )* ist die Funktion *gets( )*. Im Programm STR5 werden diese Funktionen eingesetzt:

- *gets( )* liest Zeichen von *stdin* (Standard Input) in die durch den Zeiger angegebenen Positionen.
- Mit \n (neue Zeile) wird die Eingabe beendet. Das \n-Zeichen wird durch das \0-Zeichen ersetzt.
- Leerzeichen und Tabs werden angenommen.
- Wenn die vorgesehene maxmale Stringlänge überschritten wird, geschehen unvorhersehbare Dinge.
- Ein ^Z-Zeichen allein (EOF) bewirkt das Ende der Eingabe.
- *gets( )* gibt einen Zeiger auf den Stringanfang zurück, wenn erfolgreich gelesen wurde. Bei einem Lesefehler oder bei EOF wird der Nullzeiger zurückgegeben.

```
/* ====== Programm STR5 */
char a[10], b[10], *p, *q;

main()
  {
  printf("Bitte zwei Namen eingeben\n");
  p = gets(a);
  q = gets(b);
  printf(">%s<>%s<\n", a, b);
  printf(">%s<>%s<\n", p, q);
  }
```

```
  Bitte zwei Namen eingeben
  adam
  eva
  >adam<>eva<
  >adam<>eva<
```

```
Bitte zwei Namen eingeben
     adam
eva
>     adam<>eva    <
>     adam<>eva    <


Bitte zwei Namen eingeben
1111111111111111111
22
>1111111111X♥b♥11111<>22<
>1111111111X♥b♥11111<>22<


Bitte zwei Namen eingeben
^Z
><><
>(null)<>(null)<


Bitte zwei Namen eingeben
adam^Z
^Z
>adam<><
>adam<>(null)<
```

5.5.2 Eingabe mit cgets() und fgets()

Die im Programm STR6 verwendeten Funktionen *cgets( )* und *fgets( )*
bieten mehr Kontrolle über die Stringeingabe als *scanf( )* und *gets( )*. Vor
dem Aufruf von cgets() schreiben Sie in *string[0]* die maximale Länge
des zu lesenden Strings. Die Eingabe wird mit \n beendet. \n wird durch
\0 ersetzt. Nach der Eingabe befindet sich in *string[1]* die Anzahl der
eingelesenen Zeichen. *cgets( )* gibt einen Zeiger auf *&string[2]* zurück,
d.h auf die Stelle, wo der Text beginnt.

```
/* ====== Programm STR6 */
#define MAXLEN 20
char buf[MAXLEN+2];

main()
  {
  char *p;
  buf[0] = MAXLEN+1;
  printf("Bitte maximal %d Zeichen Text eingeben.\n", MAXLEN );
  p = cgets(buf);
  printf("\nSie haben %d Zeichen eingegeben.\n", buf[1] );
  puts(p);
  }
```

```
Bitte maximal 20 Zeichen eingeben.
12345678901234567890Bitte maximal 20 Zeichen Text eingeben.
Sie haben 20 Zeichen eingegeben.
12345678901234567890
```

Um MAXLEN Zeichen einzugeben, muß in *buf[0]* der Wert *MAXLEN+1*
stehen. *cgets( )* bewirkt keinen Zeilenvorschub. Soll der eingegebene Text
nicht überschrieben werden, ist zu Beginn des nächsten *printf( )* ein *\n*
anzugeben. Wenn Sie lediglich einen String ausgeben wollen, geht das mit
puts( ) einfacher als mit *printf( )*.

Das folgende Programm STR7 hat dieselbe Wirkung wie Programm STR6.
printf( ) wird dabei von rechts nach links abgearbeitet.

```c
/* ====== Programm STR7 */
#define MAXLEN 20
char buf[MAXLEN+2];

main()
  {
  buf[0] = MAXLEN+1;
  printf("Bitte maximal %d Zeichen Text eingeben.\n", MAXLEN );
  printf("\nSie haben %d Zeichen eingegeben.\n%s\n", buf[1], cgets(buf) );
  }
```

5.5.3 Eingabe von Strings in eine Matrix

```c
/* ====== Programm STR8 */
#define MAXLEN 20
#define MAXANZ 4
char buf[MAXANZ][MAXLEN+3];

main()
  {
  int i;
  printf("Geben Sie maximal %d Namen ein.\n", MAXANZ);
  printf("Nach dem letzten Namen nur die Eingabetaste drücken.\n\n");
  for ( i = 0; i<MAXANZ; i++ )
    {
    buf[i][0] = MAXLEN+1;
    cgets(buf[i]);
```

```
   putch('\n');
   if (buf[i][1] == 0)
     i = MAXANZ;
   }
puts("\nSie haben folgende Namen eingegeben.");
for ( i = 0; ( buf[i][1] != 0 ) && (i < MAXANZ ); i++ )
   printf("%s\n", buf[i]+2 );
}
```

```
Geben Sie maximal 4 Namen ein.
Nach dem letzten Namen nur die Eingabetaste drücken.
   1234567890
   1234 567
   Klaus Till
   09876543210987654321

   Sie haben folgende Namen eingegeben.
   1234567890
   1234 567
   Klaus Till
   09876543210987654321
```

Zur Aufnahme von 5 Namen ist Matrix *char strvek[5][21]* zu definieren, wobei jeder Name 20 Zeichen sowie \0 enthalten darf; dabei bleiben viele Speicherplätze ungenutzt.

Kontrolle über Zeiger: Platzsparender ist es, die Namen lückenlos aneinanderzuhängen und dafür einen Vektor mit Zeigern auf die Stringanfänge anzulegen. Das Programm STPTVEK1 demonstriert dieses Vorgehen:

```
/* ====== Programm STPTVEK1 */
#define N 5
char *p[N];               /* Vektor für N Zeiger auf char */
char buf[81];             /* enthält den eingegebenen String */
int i;
main()
  {
  printf("Bitte %d Namen eingeben.\n", N);
  for (i=0; i<N; i++ )
    {
    gets(buf);
    p[i] = (char *) malloc(strlen(buf) + 1);
    strcpy( p[i], buf );
    }
  puts("\n");
```

```
    for ( i=0; i<N; i++ )
     {
     puts(p[i]);
     }
    }
```

5.5.4 Eingabestring sortieren

Im Programm SORT2 werden die nach dem 'Verfahren STPTVEK1' eingegebenen Namen alphabetisch sortiert; dazu wird der Algorithmus von
Programm SORT1 (vgl. Abschnitt 5.1.4) verwendet.
- Den alphabetischen Vergleich kann man mit der Funktion *int*
  strcmp(char *s1, char *s2); vornehmen.
- Der Rückgabewert ist kleiner 0 (wenn s1 vor s2 kommt), gleich 0
  (wenn beide gleich sind) undgrößer 0 (wenn s1 > s2 ist).
- Wir können aber nicht die Strings selbst vertauschen, da sie unterschiedlich lang sind und lückenlos aneinanderstoßen. Stattdessen
  wollen wir die Zeiger vertauschen, die auf die Strings zeigen.

```
/* ====== Programm SORT2 */
#define N 5
char *p[N];              /* Vektor für N Zeiger auf char */
char buf[81];            /* enthält den eingegebenen String */
int i;

void eingabe(void)
  {
  printf("Bitte %d Namen eingeben.\n", N );
  for (i=0; i<N; i++ )
    {
    gets(buf);
    p[i] = (char *) malloc(strlen(buf) + 1 );
    strcpy( p[i], buf );
    }
  }

void ausgabe(void)
  {
  puts("\n");
  for (i=0; i<N; i++ )
    {
    puts(p[i]);
    }
  }
```

```
void tausche( char **p, char **q )
  {
  char *h;
  h = *p; *p = *q; *q = h;
  }


void sortiere(void)
  {
  int i,k;
  for (i = 0; i < N - 1; i++ )
    for ( k = i + 1; k < N; k++ )
      if ( strcmp( p[i], p[k] ) > 0 )
        tausche( &p[i], &p[k] );
  }


main()
  {
  eingabe();
  sortiere();
  ausgabe();
  }
```

Aufgabe 5.5/1: Schreiben Sie ein Programm NN2, über das Sie Ihren Namen und Ihren Vornamen in einem einzigen String eingeben können.

Aufgabe 5.5/2: Geben Sie in einen String b eine Dualzahl ein und berechnen Sie die Dezimalzahl s, indem Sie alle Stellenwerte *stw* addieren, an denen in b die Zahl 1 steht. Programmname sei DUALDEZ1,

5.6 Strings und Zahlen

5.6.1 Zahleneingabe über gets()

Man kann *gets( )* auch zur Zahleneingabe verwenden. Dazu muß der eingegebene String aber in eine Zahl umgewandelt werden.

```
/* ====== Programm STR9 */
#include <math.h>
#include <stdlib.h>
char buf[81];
int i;
long int l;
```

```
double f;

main()
  {
  do
    {
    printf("Bitte eine Zahl eingeben ( 0 = Ende ).\n");
    gets( buf );
    i = atoi(buf);
    l = atol(buf);
    f = atof(buf);
    printf("%d  %lu  %lf\n", i, l, f);
    }
  while ( i != 0 );
  }
```

```
Bitte eine Zahl eingeben ( 0 = Ende ).
12345
12345   12345   12345.000000
Bitte eine Zahl eingeben ( 0 = Ende ).
-1
-1   4294967295   -1.000000
Bitte eine Zahl eingeben ( 0 = Ende ).
1234567890
722   1234567890   1234567890.000000
Bitte eine Zahl eingeben ( 0 = Ende ).
12345678901234567890
2770   3944680146   1.23456789012345672e+019
Bitte eine Zahl eingeben ( 0 = Ende ).
0
0   0   0.000000
```

Mit *atoi( )* wandelt man einen String in eine *int*-Zahl um, mit *atol( )* in eine *long int*-Zahl und mit *atof( )* in eine *double float*-Zahl. Dabei muß ein Zeiger auf den String übergeben werden. Für *atof( )* ist ein Prototyp in der Headerdatei *math.h* deklariert; deshalb die Anweisung *#include <math.h>*.

5.6.2 Umwandlung von int-Zahl in String

Im Programm STR10 wird die Funktion itoa() eingesetzt, um eine *int*-Zahl in einen String umzuwandeln. Als Parameter werden die Zahl, ein Pointer auf den String (wo die umgewandelte Zahl hin soll) und die Basis des Zahlensystems 2..36 angegeben. Für eine Dezimalzahl gibt man die

Basis 10, für eine Dualzahl die Basis 2 und für eine Hexadezimalzahl die
Basis 16 an.

```
/* ====== Programm STR10 */
int n;
char *p = "                    ",
     *q = "                    ",
     *r = "                    "; .

main()
  {
  printf("p=%p q=%p r=%p\n", p, q, r );
  do
    {
    printf("Bitte eine int Zahl eingeben ( 0 = Ende ).\n");
    scanf("%d", &n );
    itoa( n, p, 10 );
    itoa( n, q, 2 );
    itoa( n, r, 16 );
    printf("%s %s %s\n", p, q, r );
    }
  while ( n != 0 );
  }
```

```
p=00A0 q=00B5 r=00CA
Bitte eine int Zahl eingeben ( 0 = Ende ).
255
255 11111111 ff
Bitte eine int Zahl eingeben ( 0 = Ende ).
-1
-1 1111111111111111 ffff
Bitte eine int Zahl eingeben ( 0 = Ende ).
0
0 0 0
```

5.6.3 Umwandlung von long-Zahl in String

Die im Programm STR11 eingesetzten Funktonen *ltoa( )* und *ultoa( )* wandeln eine *long*-Zahl bzw. eine vorzeichenlose *long*-Zahl in einen ASCII-
String um, der mit \0 beendet wird.

```
/* ====== Programm STR11 */
char *p = "                              ",
     *q = "                              ";
```

```
long l = -1234567890;
unsigned long u = 1234567890;
main()
  {
  printf("%s  %s\n", ltoa(l,p,10), ultoa(u,q,10));
  printf("%s  %s\n", ltoa(l,p,16), ultoa(u,q,16));
  printf("%s  %s\n", ltoa(l,p,2), ultoa(u,q,2));
  }
```

```
-1234567890  1234567890
b669fd2e  499602d2
10110110011010011111110100101110   1001001100101100000000101011010010
```

5.6.4 Umwandlung von double-Zahl in String

Mit der in Programm STR12 eingesetzten Funktion *ecvt( )* lassen sich *double*-Zahlen in einen String wie folgt umwandeln.

- Der String enthält die Ziffern der Zahl (ohne Vorzeichen und Dezimalpunkt), beginnend an der ersten Stringposition. Die Information über das Vorzeichen befindet sich hinterher in einer *int*-Variablen für das Vorzeichen. 1 bedeutet, daß es eine negative, 0 daß es eine positive Zahl war.
- Die Information über den Dezimalpunkt befindet sich in einer *int*-Variablen. Der Wert dieser Variablen gibt an, wo man sich den Dezimalpunkt, beginnend vom Stringanfang, zu denken hat. So ergibt die Zahl 0.125 den String "12500", wenn für die Stringlänge 5 angegeben war. Für das Vorzeichen steht 0 (da die Zahl positiv war) und für den Dezimalpunkt steht ebenfalls 0 (da man sich diesen am Stringanfang denken muß).
- Als Parameter müssen die Zahl, die Stringlänge, ein Zeiger auf die *int*-Zahl, die die Information über den Dezimalpunkt aufnehmen soll, und ein Zeiger auf die *int*-Zahl, die die Information über das Vorzeichen aufnehmen soll, übergeben werden.
- Beim Aufruf der *ecvt( )*-Funktion im Programm STR12 ist z die umzuwandelnde Zahl und 20 die Länge des erzeugten Strings; *dp* und *vz* enhalten hinterher die Informationen über den Dezimalpunkt und das Vorzeichen. Mit diesen Informationen läßt sich der String weiter bearbeiten.
- Der Rückgabewert von *ecvt( )* ist ein Zeiger auf den String.

```
/* ====== Programm STR12 */
double z;
int dp, vz;
```

```
main()
  {
  printf("Bitte eine Zahl eingeben: ");
  scanf("%lf", &z );
  printf("%lf\n", z );
  printf("%d %d %s\n", dp, vz, ecvt( z, 20, &dp, &vz ));
  }
```

```
Bitte eine Zahl eingeben: 123456.789
123456.789000
6 0 123456789000000004
Bitte eine Zahl eingeben: -0.000987
-0.000987
-3 1 987000000000000030
```

5.6.5 Umwandlung von String in Zahl

Das Programm STR13 setzt die Funktion und *strtol( )* ein, um einen String in eine *long int*-Zahl umzuwandeln:

- *strtol( )* verlangt drei Parameter. Zuerst einen Zeiger auf den umzuwandelnden String, hier *"1f$34"*.
- Der zweite Parameter *endptr* ist ein Zeiger auf einen Zeiger auf char. **endptr* zeigt auf das Zeichen, das als erstes nicht mehr umgewandelt werden konnte. *endptr* zeigt auf **endptr*. ***endptr* ist das Zeichen selbst.
- Der dritte Parameter ist die Basis des Zahlensystems *2..36*, in das der String umzuwandeln ist.
- Wenn in *endptr* der Zeiger 0000 steht, funktioniert die Funktion *strtol( )* nicht. *malloc(4)* weist *endptr* einen Zeigerwert zu, der auf 4 freie Bytes zeigt. Dort wird durch *strtol( )* ein Zeigerwert eingetragen, der auf das erste Zeichen zeigt, das in dem angegebenen Zahlensystem nicht umgewandelt werden konnte.

```
/* ====== Programm STR13 */
#define TESTSTRING "1f$34"
char **endptr;
long z = 0;

void aus(void)
  {
  printf("z = %ldd = %lXx\n", z, z);
  printf("&endptr = %p  endptr = %p  *endptr = %p  **endptr = %d = %c\n",
                    &endptr,      endptr,       *endptr,      **endptr, **endptr);
```

```
    }

main()
    {
    printf("TESTSTRING = %s\n", TESTSTRING);
    aus();
    endptr = (void *) malloc(4);
    aus();
    z = strtol( TESTSTRING, endptr, 10 );
    aus();
    z = strtol( TESTSTRING, endptr, 16 );
    aus();
    z = strtol( TESTSTRING, endptr, 2 );
    aus();
    }
```

```
    TESTSTRING = 1f$34
    z = 0d = 0x
    &endptr = 04A6   endptr = 0000   *endptr = 0000   **endptr = 0 =
    z = 0d = 0x
    &endptr = 04A6   endptr = 073C   *endptr = CD19   **endptr = -1 =
    z = 1d = 1x
    &endptr = 04A6   endptr = 073C   *endptr = 0104   **endptr = 102 = f
    z = 31d = 1Fx
    &endptr = 04A6   endptr = 073C   *endptr = 010B   **endptr = 36 = $
    z = 1d = 1x
    &endptr = 04A6   endptr = 073C   *endptr = 0110   **endptr = 102 = f
```

Umwandlung in double float: In Programm STR14 wird die Funktion *strtod( )* (string to double) eingesetzt, um einen String in eine *double float*-Zahl umzuwandeln. *strtod( )* verlangt zwei Parameter: Einen Zeiger auf den umzuwandelnden String und einen Zeiger vom Typ *char **endptr*. Nach Ausführung der Funktion *strtod( )* zeigt **endptr* auf das erste Zeichen, das nicht umgewandelt werden konnte.

```
/* ====== Programm STR14 */
#include <stdlib.h>

main()
    {
    char *ep = "A";
    char **endptr = &ep;
    double z;
    char buf[81];
```

```
printf("Welcher String ist umzuwandeln? ");

scanf("%s", buf );

z = strtod( buf , endptr );

printf("%lf\n", z );

printf("Umwandlungsfehler beim Zeichen %c\n", **endptr );

}
```

Aufgabe 5.6/1: Ist man bei der Umwandlung eines Strings in eine Zahl lediglich am Ergebnis interessiert, nicht aber an dem Zeichen, das nicht mehr umgewandelt werden konnte, kann auf die Definition von **endptr* verzichtet und statdessen der Nullpointer 0 verwendet werden. Schreiben Sie ein Programm STRTOL1, das wiederholt einen eingegebenen String mit *strtol( )* in eine Ganzzahl umwandelt, bis 'E' oder 'e' eingegeben wird.

Aufgabe 5.6/2: Wandeln Sie den String "-12345678.98765e-5****" mit *atof( )* und mit *strtod( )* in eine *double*-Zahl um. Programmname: ATOF2.

5.7 Zeichenweise Behandlung von Strings

5.7.1 Funktion zur Stringeingabe

Die beste Kontrolle über den Eingabetext hat man, wenn man den Text zeichenweise behandelt. Im nächsten Programm STR15 wird die Funktion *stringein( )* aufgerufen, die (wie *gets( )*) Zeichen von der Tastatur in einem String ablegt und an das Ende \0 anhängt. Der String wird anschließend mit der Funktion *stringaus( )* ausgegeben.

- Ohne #*include* <*stdio.h*> könnte *getchar( )* zum Einlesen eines Zeichens nicht gefunden werden. Das Makro getchar() gibt das eingegebene Zeichen als *int*-Wert zurück.
- Das zuletzt eingegebene Zeichen \n soll durch \0 ersetzt werden. Dazu wird der Zähler i um 1 zurückgesetzt: *x[--i] = '\0';*.
- **Schleife mit Leeranweisung:** Die *while*-Schleife besteht nur aus der leeren Anweisung *;*. Die Eingabe, das Weiterzählen und der Vergleich erfolgen in der Schleifenbedingung.
- Die Zeigervariable x ist lokal und man enthält den Wert *buf*, der auf den Stringanfang zeigt.
- Die Funktion *stringein( )* gibt einen Zeiger auf den Stringanfang zurück und kann daher in *puts( )* und *printf( )* eingesetzt werden.
- In *stringaus( )* werden so lange mit *putchar( )* Zeichen ausgegeben, bis \0 erreicht ist. Die Bedingung *while (x[i] != '\0')* läßt sich auch als *while (x[i])* kürzer formulieren.

```
/* ====== Programm STR15 */
#include <stdio.h>


char *stringein(char *x)
  {
  int i = 0;
  while ( (x[i++] = getchar() ) != '\n' );
  x[--i] = '\0';
  return(x);
  }


void stringaus(char *x)
  {
  int i = 0;
  while ( x[i] )            /* x[i] != '\0' */
    putchar(x[i++]);
  putchar('\n');
  }


main()
  {
  char buf[81] = "123456789";
  puts(stringein(buf));
  printf("%s\n", stringein(buf));
  stringaus(stringein(buf));
  stringaus(buf);
  }
```

5.7.2 Eingabe eines Kennworts ohne Echo

Im Programm STR16 wird gezeigt, wie aus Gründen der Geheimhaltung
ein Kennwort ohne Bildschirmecho eingegeben wird. Dazu bietet sich die
Funktion *getch( )* an, mit der man ein Zeichen ohne Echo einlesen kann:
- Die Eingabe soll mit der Eingabetaste beendet werden. Das Betäti-
  gen der Eingabetaste bewirkt die Eingabe des 13. ASCII-Zeichens,
  daher die Bedingung *(buf[i] = getch( )) != 13*.
- Mit der Funktion *strcmp(char *str1, char *str2);* lassen sich zwei
  Strings vergleichen. Der Rückgabewert ist 0 (bei Gleichheit der
  Strings), kleiner 0 (wenn str1 vor str2 kommt) bzw. größer 0
  (wenn str1 nach str2 kommt).
- *getch( )* kann auch verwendet werden, um das Programm anzuhal-
  ten, wobei das eingetippte Zeichen aber nicht auf dem Bildschirm
  erscheinen soll.

- Mit *system( )* können Funktionen des DOS-Kommandoprozessors aufgerufen werden. *system("cls");* löscht den Bildschirm.

```
/* ====== Programm STR16 */
#define KENNWORT "xyz"

main()
  {
  int i;
  char buf[21], *kw = KENNWORT;
  printf("Kennwort %s\n", kw);
  printf("\n\n\nBitte eine Taste druecken.");
  getch();
  system("cls");
  printf("Geben Sie Ihr Kennwort ein.\n");
  for ( i = 0; (( buf[i] = getch() ) != 13 ) && (i<20); i++ );
  buf[i] = '\0';
  if ( strcmp( kw, buf ) )
    puts("falsches Kennwort");
  else
    puts("richtiges Kennwort");
  }
```

Aufgabe 5.7/1: Mit der Bibliotheksfunktion *unsigned strlen(char *s);*, die in *string.h* deklariert ist, kann man die Länge eines Strings bestimmen. Entwickeln Sie ein Programm STRLEN1, mit dem mit gets() ein String eingegeben wird, um dann mit *strlen( )* dessen Länge zu bestimmen. Die Längenbestimmung soll in der benutzerdefinierten Funktion *stringlen* übernommen werden.

Aufgabe 5.7/2: Schreiben Sie ein Programm namens ZENTR1, das einen über die Tastatur eingegebenen String zentriert in der Zeilenmitte des Bildschirms anzeigt.

5.8 Strukturen

5.8.1 Zugriff über den Namen mit dem Punkt-Operator

Arrays enthalten Komponenten mit gleichen Datentypen. Mit *struct* kann man einen Verbund von Daten mit unterschiedlichen Datentypen vereinbaren. Eine Struktur bezeichnet man auch als Verbund bzw. Datensatz. Die Komponenten einer Struktur nennt man auch Strukturfelder bzw. Datenfelder.

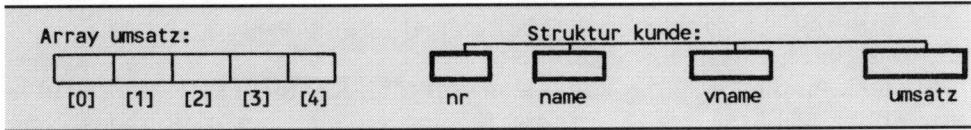

Array (Feld) und Struktur (Verbund)

```
/* ====== Programm SATZ1 */
struct
  {
  int nr;
  char name[15];              /* 4 Komponenten der Struktur deklarieren */
  char vname[15];
  float umsatz;
  } kunde;                    /* kunde als Variable vom Strukturtyp */

void eingabe(void)
  {
  int a;
  printf("Nr: "); scanf("%d", &kunde.nr);
  printf("Name: "); scanf("%s", kunde.name);
  printf("Vorname: "); scanf("%s", kunde.vname);
  printf("Umsatz: "); scanf("%f", &kunde.umsatz);
  }

void ausgabe(void)
  {
  printf("\n%d\n", kunde.nr);
  printf("%s\n", kunde.name);
  printf("%s\n", kunde.vname);
  printf("%.2f DM\n", kunde.umsatz);
  }

main()
  {
  eingabe();
  ausgabe();
  }
```

Nr. 123
Name: Till
Vorname: Klaus
Umsatz: 12345.67

123
Till
Klaus
Umsatz: 12345.67 DM

Im Programm SATZ1 wird eine Variable namens *kunde* vereinbart, die
aus vier Elementen mit unterschiedlichen Datentypen besteht.

`kunde.nr`	vom Typ *int*.
`kunde.name`	Zeiger auf einen Zeichenvektor für 15 Zeichen. *kunde.name[0]* bzw. **kunde.name* als 1. Zeichen.
`kunde.vname`	Zeiger auf einen Zeichenvektor.
`kunde.umsatz`	vom Typ *float*.

Variable kunde als Verbund bzw. Datensatz

Mit dem Punkt-Operator kann man auf die Komponenten der Struktur
zugreifen: *kunde.nr* greift auf die Komponente *nr* des Verbundes *kunde*
zu.

Definition einer Struktur-Variablen:

```
struct                              struct
  {                                   {
    /* Komponenten deklarieren */     int nr;
                                      char name[15]; ....;
  } Variablenname;                   } kunde;
```

Direktzugriff auf Strukturkomponenten mit dem Punkt-Operator:

```
strukturname1.komponentenname       kunde.nr = 9999;
                                    kundeneu.name = "Klaus";
```

Deklaration und Zugriff auf eine Strukturvariable

5.8.2 Zugriff über Zeiger mit dem Pfeil-Operator

Das Programm SATZ2 hat dieselbe Wirkung wie das Programm SATZ1
von Abschnitt 5.8.1, nur daß der Strukturtyp explizit vereinbart und mit
Zeigern auf die Struktur *kunde* zugegriffen wird:
- Zuerst wird eine Struktur namens *satztyp* vereinbart. Der Daten-
  typname ist also explizit benannt.
- Dann wird mit *struct satztyp kunde;* eine Variable *kunde* vom Typ
  satztyp deklariert.
- *struct satztyp *x* definiert x als einen Zeiger auf eine Variable
  vom *satztyp*.

- In den Funktionen *eingabe( )* und *ausgabe( )* werden Strukturen als
  Funktionsargumente genannt: C übergibt eine Kopie der jeweiligen
  Struktur.
- Beim Aufruf *eingabe(&kunde);* wird ein Zeiger auf *kunde* übergeben. x zeigt somit auf *kunde*.
- Die Komponenten einer Struktur, auf die ein Zeiger x zeigt, lassen
  sich mit dem Pfeil-Operator -> erreichen.
  x->nr, x->name, x->vname, x->umsatz ist identisch mit
  kunde.nr, kunde.name, kunde.vname, kunde.umsatz.
- Bei der Funktion *scanf( )* muß man darauf achten, daß Zeiger
  übergeben werden. *x->nr* ist ein *int*-Wert, aus diesem Grunde
  wird *&x->nr* übergeben. *x->name* hingegen ist schon ein Zeiger,
  und zwar auf kunde.name[].

```
/* ====== Programm SATZ2 */
struct satztyp
  {
  int nr;
  char name[15];
  char vname[15];
  float umsatz;
  };


struct satztyp kunde;

void eingabe( struct satztyp *x )
  {
  printf("Nr: "); scanf("%d", &x -> nr );
  printf("Name: "); scanf("%s", x -> name );
  printf("Vorname: "); scanf("%s", x -> vname );
  printf("Umsatz: "); scanf("%f", &x -> umsatz );
  }

void ausgabe( struct satztyp *x )
  {
  printf("\n%d\n", x -> nr );
  printf("%s\n", x -> name );
  printf("%s\n", x -> vname );
  printf("%.2f DM\n", x -> umsatz );
  }

main()
  {
  eingabe( &kunde );
  ausgabe( &kunde );
  }
```

5.8.3 Möglichkeiten zur strukt-Vereinbarung

Möglichkeit 1:
Der Strukturtyp wird unbenannt zwischen *{ .. }* angegeben und die Variablen (hier *kunde1* und *kunde2*) werden direkt zu dieser Struktur vereinbart.

```
struct
  { ...
  } kunde1, kunde2;
```

Möglichkeit 2:
Zusätzlich zu den Variablen (hier nur *kunde1*) wird der Datentyp benannt (hier *kundtyp*):

```
struct kundtyp
  {
  } kunde1;
```

Später können dann zu diesem *kundtyp* beliebig viele neue Variablen vereinbart werden (hier die Variablen *kunde2* und *kunde3*):

```
struct kundtyp kunde2, kunde3;
```

Möglichkeit 3:
Mit *typedef* wird explizit ein Datentyp vereinbart (hier *kundentyp*):

```
typedef struct
  {
  } kundentyp;
```

Zu diesem Datentyp können dann beliebig viele Variablen vereinbart werden (hier *kunde1* und *kunde2*); dabei wird das Wort *struct* nicht mehr benötigt

```
kundentyp kunde1, kunde2;
```

Möglichkeit 4:
Die Vorgehensweisen bei Möglichkeit 2 und Möglichkeit 3 werden wie folgt kombiniert:

```
typedef struct kundtyp
  {
  } kundentyp;
```

Die Datentypen *kundtyp* und *kundentyp* sind im Prinzip identisch, in der formalen Anwendung unterscheiden sie sich aber. Dazu ein Beispiel:

```
kundentyp kunde1, kunde2;
struct kundtyp kunde3, kunde4;
```

Verwenden Sie typedef: Durch die Verwendung von *typedef* schafft die Möglichkeit 3 den am besten lesbaren Quelltext.

5.8.4 Eine vordefinierte Struktur nutzen

In *time.h* ist ein Strukturtyp namens *tm* für Zeit- und Datum definiert. Das Programm TIME1 verarbeitet diesen Datentyp.

- Der Aufruf von *time(&sek);* schreibt in die *long*-Variable *sek* die seit 1900 vergangenen Sekunden. Diese Zahl kann von anderen Funktionen weiterverarbeitet werden.
- *ctime(&sek);* erzeugt aus der *long*-Zahl *sek* einen String und liefert einen Zeiger auf diesen String zurück.
- *localtime(&sek);* schreibt in eine Struktur vom Typ *tm* die entsprechenden Zeitwerte und gibt einen Zeiger auf diese Struktur zurück.
- *gmtime(&sek);* nimmt an, daß sich in *sek* eine amerikanische Zeit befindet und rechnet diese in die Greenwich-Zeit um. Die Sommerzeit nimmt auch amerikanische Regelungen an.

In *time.h* vordefinierter Typ:

```
struct tm
     {
     int     tm_sec;
     int     tm_min;
     int     tm_hour;
     int     tm_mday;
     int     tm_mon;
     int     tm_year;
     int     tm_wday;
     int     tm_yday;
     int     tm_isdst;
     };

/* ====== Programm TIME1 */
#include <time.h>
struct tm *p,*q;
time_t sek;  /* in time.h als long int definiert */
char *zeitstringpt;

void tmaus( struct tm *x )
   {
   printf("%3d Sekunden\n",          x->tm_sec  );
   printf("%3d Minuten\n",           x->tm_min  );
   printf("%3d Stunden (0..23)\n",   x->tm_hour );
```

```
    printf("%3d Monatstag (1..31)\n",  x->tm_mday );
    printf("%3d Monat (0..11)\n",      x->tm_mon  );
    printf("%3d Jahr\n",               x->tm_year );
    printf("%3d Wochentag (0..6)\n",   x->tm_wday );
    printf("%3d Jahrestag (0..365)\n", x->tm_yday );
    printf("%3d Sommerzeit\n",         x->tm_isdst);
    }


main()
  {
  time(&sek);
  printf("%ld Sekunden seit 1.1.1970 0 Uhr vergangen\n", sek);
  zeitstringpt = ctime(&sek);
  printf("%ld Sekunden ergibt %s\n", sek, zeitstringpt);
  p = localtime(&sek);
  tmaus( p );
  q = gmtime(&sek);   /* Greenwich Mean Time */
  printf("\nDie Greenwich Zeit ist jetzt\n");
  tmaus( q );
  }
```

Das Programm TIME1 ergibt folgende Ausgabe (nur muß man in Amerika leben, damit die Greenwich Zeit stimmt):

```
  570079573 Sekunden seit 1.1.1970 0 Uhr vergangen
  570079573 Sekunden ergibt Sun Jan 24 22:26:13 1988

   13 Sekunden
   26 Minuten
   22 Stunden (0..23)
   24 Monatstag (1..31)
    0 Monat (0..11)
   88 Jahr
    0 Wochentag (0..6)
   23 Jahrestag (0..365)
    0 Sommerzeit

  Die Greenwich Zeit ist jetzt
   13 Sekunden
   26 Minuten
    3 Stunden (0..23)
   25 Monatstag (1..31)
    0 Monat (0..11)
   88 Jahr
    1 Wochentag (0..6)
   24 Jahrestag (0..365)
    0 Sommerzeit
```

Aufgabe 5.8/1: Es sollen drei Variablen *kunde1*, *kunde2*, *kunde3* mit der Struktur *struct {char name[21]; float umsatz;}* definiert werden. Beschreiben Sie die unterschiedlichen Möglichkeiten.

Aufgabe 5.8/2: Mit einer einzigen Zuweisungsoperation können Sie eine ganze Struktur einer anderen Struktur zuweisen. Schreiben Sie ein Programm STRUKOP1, in dem zwei Strukturen *satz* und *satz1* mit den Komponenten *name* und *umsatz* definiert werden. Geben Sie mit *scanf( )* Werte für *satz* ein. Nach der Wertzuweisung *satz1 = satz;* soll der Inhalt der Struktur satz1 ausgegeben werden.

Aufgabe 5.8/3: Auch eine Struktur kann man initialisieren; dazu schreibt man die Komponenten durch Komma getrennt in geschweifte Klammern. Definieren Sie eine Struktur *satz* mit den Komponenten *nr, name, umsatz* und initialisiern Sie diese. Programmname sei INISTRU1.

5.9 Vektoren von Strukturen

Will man mehrere Datensätze bzw. Strukturen im Speicher halten, so bietet es sich an, einen   Vektor von Strukturen anzulegen. Im Programm STRUVEK1 wird mit *satztyp vek[MAXANZ];* ein Vektor mit 10 bzw. MAXANZ Elementen vom Typ *satztyp* definiert. Ein Datentyp mit dem Namen *satztyp* wird zuvor mit *typedef strukt { ... } satztyp;* vereinbart.

```
/* ====== Programm STRUVEK1 */
typedef struct              /* Für die Struktur wird der */
    {                       /* satztyp als Datentypname */
    unsigned nr;            /* vergeben */
    char     name[20];
    float    umsatz;
    } satztyp;
#define MAXANZ 10
satztyp vek[ MAXANZ ];

int eingabe( void )
  {
  int i;
  i = 0;
  do {
```

```
                   printf("\nNummer: (0 = Ende) "); scanf("%u", &vek[i].nr);
                   if ( ! vek[i].nr ) return(i);
                   printf("Name: "); scanf("%s", vek[i].name);
                   printf("Umsatz: "); scanf("%f", &vek[i].umsatz);
                   i++;
                   } while ( i < MAXANZ );
             return MAXANZ;
             }


        void ausgabe( int n )
           {
           int i;
           for ( i = 0; i < n; i++ )
              printf("%6u %-20s %8.2f\n", vek[i].nr, vek[i].name, vek[i].umsatz);
           }


        main()
           {
           int n;
           printf("\n%d Saetze eingegeben\n\n", (n = eingabe()) );
           ausgabe(n);
           }
```

Aufgabe 5.9/1: Vektoren von Strukturen kann man initialisieren, indem man die Elemente durch Komma getrennt in geschweifte Klammern hinschreibt. Initialisieren Sie einen Vektor *struvek[ ]* mit 3 Strukturelementen vom Typ *satztyp* und den Komponenten *nr, name, umsatz* (Programmname sei INISTRU2).

5.10 Varianten

5.10.1 Variante als Komponente einer Struktur

Eine Variante (engl. union für Vereinigung) ist eine Variable bzw. eine Komponente einer Struktur. Mit *union* kann man einen Bereich definieren, der zur Aufnahme unterschiedlicher Datentypen dienen kann. Formal wird der *union*-Typ wie eine Struktur behandelt. Der Unterschied ist, daß eine *union* jeweils nur eine der angegebenen Komponenten enthält, während eine Struktur alle Komponenten enthält.

```
/* ====== Programm UNI1 */
union
  {
  int   i;
  float f;
  char  name[20];
  int   *p;
  struct
    {
    char nam[20];
    char *q;
    } stru;
  } var;
```

```
22
ABC
A
ABC 0325
0325 C
00B6 XYZ
```

```
main()
  {
  printf("%d\n", sizeof(var) );
  var.name[0] = 'A';
  var.name[1] = 'B';
  var.name[2] = 'C';
  var.name[3] = 0;
  printf("%s\n", var.stru.nam );
  printf("%c\n", var );
  var.stru.q = &var;
  printf("%s %p\n", var.stru.q -> name, var.stru.q -> stru.q );
  var.stru.q -> p = &var;
  printf("%04X %c\n", var.i, *(((char *) var.p ) + 2 ) );
  var.p = "XYZ";
  printf("%04X %s\n", var.i, var.p );
  }
```

Zum Ablauf von Programm UNI1:

- Zunächst wird eine Variable *var* vom *union*-Typ definiert. *var* kann einer der fünf Variablen *i*, *f*, *name[20]*, *p* oder *stru* entsprechen. *var* muß Platz für den längsten dieser Datentypen haben; das ist die Variable *stru* mit 22 Bytes.
- Zunächst haben wir *var* als Zeichenvektor aufgefaßt und die Zeichen 'A','B','C' sowie '\0' hineingeschrieben.
- Der Komponente q der Struktur stru wird dann &var zugewiesen. q zeigt damit auf var.
- Nun werden die Komponenten von *stru* über diesen Zeiger q ausgegeben. *var.stru.q->p = &var;* weist p die Adresse &var zu. p belegt dabei denselben Speicherplatz, den die Zeichen 'A' und 'B' einnahmen.
- Diese Adresse befindet sich auch in der Variablen i, da i denselben Speicherplatz belegt. Das Format "%04X" gibt i als vierstellige Hexadezimalzahl mit führenden Nullen aus.

- *var.p* zeigt auf einen *int*-Wert, der bei *&var* steht.
- *(char *) var.p* wandelt diesen Zeiger in einen Zeiger auf *char* um.
- *(char *) var.p + 2* rückt diesen Zeiger 2 Stellen weiter und zeigt auf 'C'.
- **((char *) var.p + 2)* ist der Inhalt 'C' dieser Speicherstelle.
- *var.p = "XYZ"* weist p einen Zeigerwert zu, der auf eine Speicherstelle zeigt, an der sich der String "XYZ" befindet. Das ist außerhalb von var.

5.10.2 Nutzung eines vordefinierten union-Typs

In *dos.h* ist ein *union*-Typ REGS definiert, der eine der Strukturtypen WORDREGS oder BYTEREGS darstellen kann:

```
struct WORDREGS
    {
    unsigned int      ax, bx, cx, dx, si, di, cflag, flags;
    };


struct BYTEREGS
    {
    unsigned char     al, ah, bl, bh, cl, ch, dl, dh;
    };


union       REGS   {
    struct  WORDREGS x;
    struct  BYTEREGS h;
    };
```

Standardausgabeeinheit bedienen: Das folgende Programm INTDOS1 gibt die Zeichen AB auf der Standardausgabeeinheit aus.
- Die Funktion *intdos( )* ruft den MSDOS interrupt 0x21 auf. Vor dem Aufruf von *int 0x21* müssen einige Register gesetzt sein. Dieses Setzen der Register wird durch *intdos( )* vorgenommen. Dazu schaut *intdos( )* in einer *union* vom Typ REGS nach, welche Werte dort eingetragen sind. Die Adresse dieser *union* muß an *intdos( )* übergeben werden. *intdos( )* ist vereinbart als:

  ```
  int intdos(union REGS *inregs, union REGS *outregs);
  ```
- *inregs* und *outregs* sind Zeiger auf eine *union* vom Typ REGS. inregs zeigt auf eine *union*, die die zu setzenden Registerwerte enthält. *outregs* zeigt auf eine *union*, die die Registerwerte nach der Ausführung von *int 0x21* enthält. inregs und outregs können identisch sein.
- Das Programm INTDOS1 verwendet zur Ausgabe eines Zeichens die Funktion 2 des Interrupts *0x21*. Dazu muß das Register *ah* die

Funktionsnummer 2 und das Register *dl* das auszugebende Zeichen enthalten.

```
/* ====== Programm INTDOS1 */
#include <dos.h>
union REGS *inregs, unionregs;

main()
  {
  inregs = &unionregs;
  inregs->h.ah = 0x2;
  inregs->h.dl = 0x41;
  intdos( inregs, inregs);
  unionregs.h.dl = 0x42;
  intdos( &unionregs, &unionregs);
  }
```

Die im Programm SEGREAD1 aufgerufene Funktion *segread( )* ermittelt den Inhalt der Segmentregister. Ihr muß ein Zeiger auf eine Struktur vom Typ SREGS übergeben werden. Der Typ SREGS ist in dos.h definiert:

```
struct SREGS
  {
  unsigned int es;
  unsigned int cs;
  unsigned int ss;
  unsigned int ds;
  };
```

```
/* ====== Programm SEGREAD1 */
#include <dos.h>
struct SREGS sregs, *segp;

main()
  {
  segp = &sregs;
  segread( segp );
  printf("ES= %04X  CS= %04X  SS= %04X  DS= %04X",
          sregs.es, sregs.cs, sregs.ss, sregs.ds );
  }
```

Ausgabe mit intdosx(): Das Programm INTDOSX1 gibt die Zeichenkette "abc" auf der Standardausgabeeinheit aus. Dazu wird von der Funktion *intdosx( )* die Funktion *0x9* des DOS Interrupts *0x21* aufgerufen.

- Die Funktion *0x9* des Interrupts *0x21* verlangt im Register *AH* die Funktionsnummer und in den Registerpaaren *DS:DX* einen Zeiger auf den auszugebenden String. Der String muß mit einem $-Zeichen abschließen.
- Die Funktion *intdosx( )* ist vereinbart als:

```
int intdosx(union REGS *inregs,union REGS *outregs, struct SREGS *segregs);
```

- Der Inhalt des DS-Registers wird durch *segread(segregs);* ermittelt.
- In das DX-Register wird der Offset der Adresse *vek* geschrieben.

```
/* ====== Programm INTDOSX1 */
#include <dos.h>
union REGS *inregs, *outregs, unionregs;
struct SREGS segmentregister, *segregs;
char vek[] = {'a','b','c','$'};

main()
  {
  inregs = outregs = &unionregs;
  segregs = &segmentregister;
  segread( segregs );
  inregs->x.dx = (unsigned) vek;
  inregs->h.ah = 0x9;
  intdosx( inregs, outregs, segregs );
  }
```

Etwas allgemeiner als *intdos( )* und *intdosx( )* sind die Funktinen *int68( )* und *int68x( )*, die die Übergabe einer beliebigen DOS-Interruptnummer erlauben und nicht nur *int 0x21* ausführen. intno gibt die Nummer des DOS Interrups an.

```
int int86( int intno, union REGS *inregs, union REGS *outregs);
int int86x(int intno, union REGS *inregs, union REGS *outregs,
           struct SREGS *segregs);
```

5.11 Bitfelder

Wozu Bitfelder? Bitfelder belegen 16 Bit im Speicher. Gruppen dieser Bits lassen sich zur Speicherung kleiner *signed*- oder *unsigned int*-Werte verwenden. Mit Bitfeldern kann man somit Speicherplatz einsparen, einzelne Bits setzen oder abfragen. Bitfelder werden formal wie Elemente ei-

ner Struktur behandelt. In *bitfelder* belegen a zwei Bits sowie b und c je
ein Bit. Zwischen b und c liegen 5 unbenutzte Bits. Das höchstwertige Bit
eines Bitfeldes wird als Vorzeichenbit verwendet.

```
/* ====== Programm BITFELD1 */
struct bitfelder
  {
  int     a: 2;
  unsigned b: 1;
  int      : 5;
  int     c: 1;
  int     d: 1;
  };
struct bitfelder bf;

main()
  {
  bf.a = 3;
  bf.b = 1;
  bf.c = -1;
  bf.d = 1;
  printf("%d %d %d %d\n", bf.a, bf.b, bf.c, bf.d );
  }
```

Ausführung zu Programm BITFELD1:

```
-1 1 -1 -1
```

Zum Demonstrationsprogramm BITFELD2:
- Die Variable *satz* vom Typ *satztyp* enthält die *union testfeld*.
  testfeld kann aufgefaßt werden als *int z* oder als Bitfeld x. x ist 16
  Bits lang (Summe der Bitfeldlängen).
- Mit *satz.testfeld.z = 0* werden alle Bits von Testfeld auf 0 gesetzt.
- Für *gesch* ist 1 Bit in *testfeld* reserviert.
- *Mit satz.testfeld.x.gesch = -1* werden alle Bits von gesch auf 1
  gesetzt. Da *gesch* nur ein Bit lang ist, erhält *satz.testfeld.z* den
  Wert 0x0001.
- Für den Familienstand sind zwei Bits reserviert. In zwei Bits lassen
  sich vier Werte 0, 1, 2 oder 3 darstellen.
- Reserviert man sieben Bits für *alter*, so lassen sich damit Alter
  von 0 bis 127 darstellen.

```
/* ====== Programm BITFELD2 */
#include <stdio.h>
#define MAENNLICH -1
```

```
#define WEIBLICH 0
#define TESTAUS "testfeld = %04X\n", satz.testfeld.z

typedef struct
   {
   int        gesch:1;
   unsigned stand:2;
   int             :1;
   unsigned alter:7;
   int             :1;
   unsigned staat:2;
   int             :2;
   } bitfeldtyp;

typedef struct
   {
   char nr[6];
   union
      {
      bitfeldtyp x;
      int z;
      } testfeld;
   } satztyp;

satztyp satz;
char buf[9] = "\7";

void eingabe()
   {
   int i,k;
   char a;
   for ( i = 0; i < 6; i++ )
      satz.nr[i] = 0;
   satz.testfeld.z = 0;
   printf( TESTAUS );
   printf("Personalnummer: ");
   strcpy( satz.nr, cgets( buf ) );
   printf("\nGeschlecht (m/w): "); scanf("%1s", &a);
   if ( a == 'm' )
      satz.testfeld.x.gesch = MAENNLICH;
   else
      satz.testfeld.x.gesch = WEIBLICH;
   printf( TESTAUS );
   printf("Familienstand 0 = ledig, 1 = verheiratet, 2 = verwitwet,"
          " 3 = geschieden: "); scanf("%1s", &k );
```

```
    satz.testfeld.x.stand = k;
    printf( TESTAUS );
    printf("Alter: "); scanf("%d", &k);
    satz.testfeld.x.alter = k;
    printf( TESTAUS );
    }


void anzeige()
  {
  int i;
  printf("Nummer = ");
  for ( i = 0; i < 6; i++ )
    putchar( satz.nr[i] );
  printf("\ngesch = %d\nstand = %u\nalter = %u\n", satz.testfeld.x.gesch,
          satz.testfeld.x.stand, satz.testfeld.x.alter );
  }


main()
  {
  printf("Satzlaenge = %d\n", sizeof(satz) );
  eingabe();
  anzeige();
  }
```

Ausführung zu Programm BITFELD2:

```
    Satzlaenge = 8
    testfeld = 0000
    Personalnummer: 123
    Geschlecht (m/w): m
    testfeld = 0001
    Familienstand 0 = ledig, 1 = verheiratet, 2 = verwitwet, 3 = geschieden: 3
    testfeld = 0007
    Alter: 127
    testfeld = 07F7
    Nummer = 123
    gesch = -1
    stand = 3
    alter = 127
```

III Programmierkurs mit Turbo C Grundkurs

6.1 Streams und Files

6.1.1 Textstream und Binärstream

Stream als Schnittstelle: Für Ein- und Ausgabeoperationen stellt C eine logische Schnittstelle bereit, die Stream genannt wird. Das hat den Vorteil, daß sich der Anwender nicht um die Eigenschaften des jeweiligen Gerätes zu kümmern braucht. Er verkehrt einfach mit dem Stream, und die Verbindung zwischen dem Stream und dem jeweiligen Gerät stellt das C-System her. Das Gerät wird File bzw. Datei genannt. Man unterscheidet zwei Typen von Streams: Textstreams und Binärstreams.

Textstream: Ein Textstream besteht aus Zeilen von Zeichen. Jede Zeile wird mit einem Zeilenendezeichen \n beendet. Die Zeilen werden so aufbereitet, daß sie als Text dem jeweiligen Gerät übergeben werden können (Drucker, Bildschirm, Diskettendatei).

Binärstream: Ein Binärstream besteht aus Bytes, die unverändert übertragen werden. Am Ende werden eventuell noch \0-Zeichen angefügt, um einen Sektor zu füllen.

6.1.2 Datei öffnen und schließen

open-Anweisung zum Öffnen: Um eine Verbindung zwischen einem Stream und einem Gerät herzustellen, muß eine *open*-Anweisung ausgeführt werden. Wenn beim zugeordneten File (Gerät) ein Direktzugriff möglich ist, setzt die *open*-Anweisung den Positionszeiger auf den Dateianfang. Bei jedem anschließenden Zugriff wird der Positionszeiger automatisch erhöht.

close-Anweisung zum Schließen: Die Verbindung zwischen einem Stream und einem bestimmten File wird durch eine close-Anweisung wieder gelöst; der Stream kann nun mit einem anderen File verbunden werden. Bei Ausgabedateien bewirkt die close-Anweisung, daß noch nicht übertragene Daten vom Puffer auf den Externspeicher geschrieben werden.
- Bei normaler Programmbeendigung oder durch eine *exit( )*-Anweisung werden automatisch alle Streams geschlossen.
- Zu Beginn der Programmausführung werden automatisch drei Streams mit den Namen *stdin*, *stdout* und *stderr* eröffnet.
- Jeder Stream besitzt eine Kontrollstruktur vom Typ FILE, die in *stdin.h* deklariert ist.

Filepointer: Um auf Files zuzugreifen, benutzt man den Filepointer. Das ist ein Zeiger auf eine Struktur vom Typ FILE. Der Filepointer wird durch die Funktion *fopen( )* zurückgegeben und kann einer Zeigervariablen zugewiesen werden. Die Funktion *fopen( )* ist definiert als:

```
FILE *fopen(char *filename, char *modus);
```

fopen( ) ist eine Funktion, die einen Zeiger auf eine FILE-Struktur liefert. Im Falle eines Fehlers wird der Zeigerwert NULL zurückgeliefert. *filename* ist ein Zeiger auf einen String, der den Filenamen enthält. *modus* ist ein Zeiger auf einen String, der Informationen über die Zugriffsart enthält. Für den Filemodus gibt es folgende Möglichkeiten.

r	Nur lesen (read).
w	Neue Datei zum Schreiben erzeugen (write).
a	an das Ende der Datei schreiben, oder eine neue Datei erzeugen, wenn sie nicht existiert (append).
r+	Eine existierende Datei zum Lesen oder Schreiben öffnen.
w+	Eine neue Datei zum Lesen oder Schreiben erzeugen.
a+	Am Dateiende lesen oder schreiben.
rt, wt, at, *r+t, w+t, a+t*	Das t kennzeichnet die Datei als Textdatei.
rb, wb, ab, *r+b, w+b, a+b*	Das b gibt an, daß die Datei als Binärdatei bearbeitet werden soll.

Filemodi für den modus-Parameter in Funktion fopen( )

Die FILE-Struktur ist in *stdio.h* wie folgt definiert:

```
typedef struct
{
short            level;          /* fill/empty level of buffer */
unsigned         flags;          /* File status flags     */
char             fd;             /* File descriptor       */
char             hold;           /* Ungetc char if no buffer */
short            bsize;          /* Buffer size           */
unsigned char    *buffer;        /* Data transfer buffer */
unsigned char    *curp;          /* Current active pointer */
short            token;          /* Used for validity checking */
} FILE;                          /* This is the FILE object */
```

Beim Öffnen einer Datei mit *fopen( )* wird ein Zeiger auf eine Struktur vom Typ FILE zurückgegeben, welche Informationen über die Datei enthält.

6.1.3 Struktur einer Textdatei anzeigen

Durch das folgende Programm FILE1 wird die Struktur von FILE1.C als
Textdatei angezeigt, auf die der durch *fopen( )* zurückgegebene Zeiger
zeigt.

- Das Programm FILE1.C eröffnet seinen eigenen Quellcode als
  Textdatei zum Lesen im Modus *rt*.
- Der zurückgegebene Zeiger auf die Struktur vom Typ FILE wird
  der Zeigervariablen *fp* (filepointer) zugewiesen. Mit diesem Zeiger
  und dem Pfeil-Operator -> können die Elemente der Struktur angezeigt werden.
- Die Funktion *fclose( )* verlangt als Parameter den Filepointer und
  ist wie folgt definiert:
      ```
      int fclose(FILE *stream);
      ```
- Bei erfolgreicher Ausführung wird der Wert 0 zurückgegeben.

```
/* ====== Programm FILE1 */
#include <stdio.h>
FILE *fp;

main()
  {
  fp = fopen("file1.c", "rt");
  if ( fp == NULL )
    printf("Fehler beim Eröffnen der Datei\n");
  printf("level = %d\n", fp -> level );
  printf("flags = %u\n", fp -> flags );
  printf("fd = %d\n", fp -> fd );
  printf("hold = %d\n", fp -> hold );
  printf("bsize = %d\n", fp -> bsize );
  printf("buffer = %p\n", fp -> buffer );
  printf("curp = %p\n", fp -> curp );
  printf("token = %d\n", fp -> token );
  fclose(fp);
  }
```

Das Ausführungsprotokoll zu Programm FILE1 zeigt die Strukturdaten
der Quelltextdatei FILE1.C wie folgt am Bildschirm an:

```
        level = 0
        flags = 5
        fd = 5
        hold = 0
        bsize = 512
        buffer = 0446
        curp = 0446
        token = 428
```

6.2 Textdateien

6.2.1 Programm zur Ausgabe des eigenen Quelltextes

Um mit Dateien zu arbeiten, kann man die Funktionen *getchar( )*, *putchar( )*, *printf( )*, *scanf( )*, *gets( )*, *puts( )* der Standardbibliothek *stdio.h* verwenden, welche auf die Standardeinheiten stdin und stdout zugreifen. Zur Ausgabe des Quelltextes einer Datei hat man drei Möglichkeiten:

1. In der DOS-Ebene kann man durch die Umlenkung

   ```
   B>PROG >AUSGABE <EINGABE
   ```

   die Dateien EINGABE und AUSGABE verwenden.

2. Eine andere Möglichkeit besteht darin, mit der Pipe

   ```
   B>PROG1 | PROG2
   ```

   die Standardausgabe von PROG1 zur Standardeingabe von PROG2 zu machen.

3. Es ist aber auch möglich, Dateien explizit mit *fopen( )* zu eröffnen und dann die Funktionen *getc( )*, *putc( )*, *fprintf( )*, *fscanf( )*, *fgets( )*, *fputs( )* zu verwenden. Das nachfolgende Programm FILE2 zeigt dies; das Programm FILE2 gibt seinen eigenen Quelltext und anschließend EOF = -1 aus.
   - *getc(fp)* liest ein Zeichen von dem durch *fp* gekennzeichneten Stream und gibt einen *int*-Wert zurück.
   - Das Dateiendezeichen wird durch *getc( )* in -1 umgewandelt.
   - Als Parameter muß ein Zeiger auf den Typ FILE übergeben werden.
   - *putchar(ch)* gibt ein Zeichen auf dem Bildschirm aus.

```
/* ====== Programm FILE2 */
#define DATEINAME "file2.c"
#include <stdio.h>
FILE *fp;
```

```
main()
 {
 int ch;
 fp = fopen(DATEINAME, "rt");
 if ( fp == NULL )
   printf("Fehler beim Eröffnen der Datei\n");
 while ( (ch = getc( fp )) != EOF )
   putchar( ch );
 printf("EOF = %d", ch);
 fclose( fp );
 }
```

6.2.2 Text in eine Datei schreiben und wieder lesen

Das Programm FILE3 erstellt eine Datei mit einem frei wählbaren Namen und liest diese anschließend von Diskette in den RAM ein.

- Die Funktion *neunam( )* erzeugt eine neue Textdatei, weil in der Funktion *fopen( )* der Typ *wt* (erzeuge zum Schreiben Textdatei) angegeben wurde.
- *gets(buf)* liest einen String von der Tastatur in den Speicherbereich, auf den der Zeiger *buf* zeigt. Das Zeilenendezeichen wird durch \0 ersetzt. Bei Eingabe von ^Z gilt die Bedingung *gets(buf) == NULL*.
- *fputs(buf, datei);* schreibt den String, auf den *buf* zeigt, in die Datei, auf die der Dateizeiger *datei* zeigt.
- *fputc('\n',datei);* hängt noch das Neue-Zeile-Zeichen \n an den String.
- Die Funktion *lesnam( )* liest Zeilen von der Datei.
- *fgets( )* liest Zeichen in den Vektor *buf[ ]*, bis ein \n-Zeichen gefunden wird oder BUFLEN - 1 Zeichen gelesen sind, um dann \0 an das Stringende anzuhängen.
- Das \n-Zeichen wird von *fgets( )* nicht weitergegeben.

```
/* ====== Programm FILE3 */
#include <stdio.h>
#define BUFLEN 81
char buf[BUFLEN];
FILE *datei;

void neunam( char *dateiname)
 {
 datei = fopen( dateiname, "wt");
 printf("Namen eingeben ( ^Z = Ende )\n");
 while ( (gets( buf ) != NULL) )
   {
   fputs( buf, datei );
```

```
        fputc( '\n', datei );
        }
    fclose(datei);
    }


void lesnam(char *dateiname)
    {
    datei = fopen( dateiname, "rt" );
    while ( (fgets( buf, BUFLEN, datei) != NULL ) )
        printf("%s", buf );
    fclose(datei);
    }


main()
    {
    char *dn = "                    ";
    printf("Dateiname: "); scanf("%s", dn);
    neunam( dn );
    printf("\nDie Datei %s wird gelesen\n", dn);
    lesnam( dn );
    }
```

Das Programm FILE3 ergibt zum Beispiel folgendes Dialogprotokoll:

```
Dateiname: b:txt1
Namen eingeben ( ^Z = Ende )
Tillmann
Klaus
Anita
^Z


Die Datei b:txt1 wird gelesen


Tillmann
Klaus
Anita
```

6.2.3 Gepufferte und ungepufferte Eingabe

Für die zeichenweise Eingabe gibt es in C eine Reihe von Funktionen und Makros, die zum Teil ungepuffert, doch meist gepuffert sind. Die gepufferte Eingabe hat den Vorteil, daß noch Korrekturen vorgenommen werden können, bevor die Eingabetaste betätigt wird. Um den Unter-

schied zwischen gepufferter und ungepufferter Eingabe zu verdeutlichen,
betrachten wir das folgende Programm EINGABE1.

```
/* ====== Programm EINGABE1 */
#include <stdio.h>

main()
  {
  int c;
  printf("Ungepufferte Eingabe mit getch()\n");
  printf("Zeichen eingeben mit ^Z beenden\n");
  while ( (c = getch()) != 0x1A )     /* 0x1A == ^Z */
    putch(c);
  printf("\nUngepufferte Eingabe mit getche()\n");
  printf("Zeichen eingeben mit ^Z beenden\n");
  while ( (c = getche()) != 0x1A )     /* 0x1A == ^Z */
    putchar(c);
  printf("\nGepufferte Eingabe mit getchar()\n");
  printf("Zeichen eingeben mit ^Z beenden\n");
  while ( (c = getchar()) != EOF )
    fputchar(c);
  printf("\nGepufferte Eingabe mit getc(stdin)\n");
  printf("Zeichen eingeben mit ^Z beenden\n");
  while ( (c = getc(stdin)) != EOF )
    fputc( c, stdout );
  printf("\nGepufferte Eingabe mit fgetc(stdin)\n");
  printf("Zeichen eingeben mit ^Z beenden\n");
  while ( (c = fgetc(stdin)) != EOF )
    putc( c, stdout );
  printf("\nGepufferte Eingabe mit fgetchar()\n");
  printf("Zeichen eingeben mit ^Z beenden\n");
  while ( (c = fgetchar()) != EOF )
    putc( c, stdout );
  }
```

Das Programm EINGABE1 ergibt folgendes Dialogprotokoll:

```
Ungepufferte Eingabe mit getch()
Zeichen eingeben mit ^Z beenden
qwer
Ungepufferte Eingabe mit getche()
Zeichen eingeben mit ^Z beenden
qqwweerr
Gepufferte Eingabe mit getchar()
Zeichen eingeben mit ^Z beenden
```

```
qwer
qwer
^Z
Gepufferte Eingabe mit getc(stdin)
Zeichen eingeben mit ^Z beenden
qwer
qwer
^Z
Gepufferte Eingabe mit fgetc(stdin)
Zeichen eingeben mit ^Z beenden
qwer
qwer
^Z
Gepufferte Eingabe mit fgetchar()
Zeichen eingeben mit ^Z beenden
qwer
qwer
^Z
```

Die Ausgabe mit

```
int putc(int c, FILE *fp);
int fputc(int c, FILE *fp);
int fputchar( char c );
void putch(int c);
int putchar(int c);
```

erfolgt jeweils zeichenweise.

6.3 Binärdateien

6.3.1 Strukturen als Datensätze

Datei - Datensatz - Datenfeld: Die wichtigsten Anwendungen im kaufmännischen Bereich sind Dateien mit Datensätzen, deren Komponenten
unterschiedliche Datentypen aufweisen. Mit dem Programm FILE4 sollen
fünf Datensätze auf eine Datei geschrieben und anschließend wieder gelesen werden. Zum Lesen und Schreiben bieten sich die Funktionen
fread( ) und *fwrite( )* an.

int fread(void *ptr, int size, int n, FILE *fp);
int fwrite(void *ptr, int size, int n, FILE *fp);

- *ptr* ist ein Zeiger auf das Datenelement, in das gelesen bzw. von dem aus auf die Datei geschrieben werden soll.
- *size* ist die Länge des Datenelementes das übertragen werden soll.
- *n* ist die Anzahl dieser Datenelemente.
- *fp* ist ein Filepointer, der durch *fopen( )* zurückgegeben wird.
- *fread( )* gibt die Anzahl der gelesenen Sätze zurück. Am Dateiende wird 0 zurückgegeben.

Funktionen fread( ) und fwrite( ) zum Lesen und Schreiben

```
/* ====== Programm FILE4 */
#include <stdio.h>
FILE *fp;
typedef struct {
      unsigned nr;
      char name[20];
      float umsatz;
      } satztyp;


main()
  {
  int i;
  satztyp satz;
  satz.nr = 555;
  strcpy( satz.name, "Tilli");
  satz.umsatz = 12345.67;
  if ( (fp = fopen( "d:vertr", "wb" )) == NULL )
    {
    printf("Fehler beim Eröffnen der Datei\n");
    exit(1);
    }
  for (i=0; i<5; i++ )
    {
    fwrite( &satz, sizeof(satz), 1, fp );
    satz.nr += 10; satz.umsatz += 10;
    }
  fclose(fp);
  if ( (fp = fopen( "d:vertr", "rb" )) == NULL )
    {
    printf("Fehler beim Eröffnen der Datei\n");
    exit(1);
    }
  while ( fread( &satz, sizeof(satz), 1, fp ) )
    printf("%u %s %.2f\n", satz.nr, satz.name, satz.umsatz );
```

```
    fclose(fp);
  }
```

Das System bewegt den Positionszeiger: Im Programm FILE4 wird eine
Binärdatei zum Schreiben geöffnet, beschrieben und geschlossen. Anschließend wird sie zum Lesen eröffnet, gelesen und geschlossen. Wir sehen, daß der Positionszeiger in der Datei automatisch um die Anzahl der
übertragenen Bytes weiterrückt. Das Programm FILE4 ergibt folgende
Ausgabe.

```
  555 Tilli 12345.67
  565 Tilli 12355.67
  575 Tilli 12365.67
  585 Tilli 12375.67
  595 Tilli 12385.67
```

6.3.2 Direktzugriff auf bestimmte Datensätze

Im Programm FILE5 soll der 3. Satz der durch Programm FILE4 (Ab-
schnitt 6.3.1) erzeugten Datei *vertr* geändert werden.
- Das Eröffnen der Datei mit *r+b* ermöglicht den lesenden und
  schreibenden Zugriff auf eine existiernde Datei.
- Die Funktion *fseek* bringt den Positionszeiger auf die gewünschte
  Stelle in der Datei. Wenn man den 3. Satz lesen möchte, berechnet
  sich die Position aus 2 * Satzlänge.
- Mit der Funktion *ftell( )* kann diese Position angezeigt werden.
- Wir sehen, daß durch *fread( )* die Position weitergerückt wird; aus
  diesem Grunde ist vor dem Zurückschreiben ein Zurücksetzen des
  Positionszeigers mit *fseek* erforderlich.
- Die Angabe *SEEK_SET* besagt, daß sich die Position auf den
  Dateianfang bezieht. Mit SEEK_CUR bezieht sich die Positions-
  angabe auf die vorige Position und mit SEEK_END ist sie relativ
  zum Dateiende.
- *fflush(fp)* erzwingt das physikalische Schreiben des Dateipuffers.
- Bei der Ausgabe wird mit *rewind(fp)* der Positionszeiger auf den
  Dateianfang gesetzt.

```
/* ====== Programm FILE5 */
#include <stdio.h>
FILE *fp;
typedef struct
      {
      unsigned nr;
      char name[20];
```

```
        float umsatz;
        } satztyp;
satztyp satz;

void ausgabe( void )
  {
  rewind(fp);
  while ( fread( &satz, sizeof(satz), 1, fp ) )
    printf("%u %s %.2f\n", satz.nr, satz.name, satz.umsatz );
  }

void eroeffnen(void)
  {
  if ( (fp = fopen( "d:vertr", "r+b" )) == NULL )
    {
    printf("Fehler beim Eröffnen der Datei\n");
    exit(1);
    }
  }

main()
  {
  int position;
  position = 2*sizeof(satz);
  eroeffnen();
  fseek( fp, position, SEEK_SET );
  printf("Dateiposition %ld\n", ftell(fp) );
  fread( &satz, sizeof(satz), 1, fp );
  printf( "Dateiposition %ld\n", ftell(fp) );
  printf( "%d %s %.2f\n\n", satz.nr, satz.name, satz.umsatz );
  strcpy( satz.name,"Otto");
  printf( "%d %s %.2f\n\n", satz.nr, satz.name, satz.umsatz );
  fseek( fp, position, SEEK_SET );
  fwrite( &satz, sizeof(satz), 1, fp );
  fflush(fp);
  ausgabe();
  fclose(fp);
  }
```

Das Programm FILE5 ergibt folgendes Ausführungsprotokoll:

```
Dateiposition 52
Dateiposition 78
575 Tilli 12365.67
```

```
575 Otto 12365.67


555 Tilli 12345.67
565 Tilli 12355.67
575 Otto 12365.67
585 Tilli 12375.67
595 Tilli 12385.67
```

6.3.3 Hinzufügen von Datensätzen

Das Programm FILE6 soll an das Ende der Datei *vertr* einige Datensätze
anfügen. Die Sätze sind über die Tastatur einzugeben.
- Mit *a+b* wird die Datei zum Schreiben an das Dateiende eröffnet.
  Das *+* bewirkt, daß von der Datei auch gelesen werden kann.
- Es werden so lange Sätze eingegeben und auf die Datei geschrie-
  ben, bis *satz.nr == 0* eingegeben wurde.
- Zur Kontrolle wird die ganze Datei noch ausgegeben.

```c
/* ====== Programm FILE6 */
#include <stdio.h>
#define DATEI "b:vertr"
FILE *fp;
typedef struct
      {
      unsigned nr;
      char name[20];
      float umsatz;
      } satztyp;
satztyp satz;

void ausgabe( void )
  {
  rewind(fp);
  while ( fread( &satz, sizeof(satz), 1, fp ) )
    printf("%u %s %.2f\n", satz.nr, satz.name, satz.umsatz );
  }

void eroeffnen(void)
  {
  if ( (fp = fopen( DATEI, "a+b" )) == NULL )
    {
    printf("Fehler beim Eröffnen der Datei\n");
    exit(1);
    }
  }
```

```
int eingabe( satztyp *x )
  {
  printf("\nEingabe eines Datensatzes\nVetreternummer (0 = Ende): ");
  scanf("%u", &x->nr );
  if (!(x->nr)) return(0);
  printf("Name: "); scanf("%s", x->name );
  printf("Umsatz: "); scanf("%f", &x->umsatz );
  return(1);
  }


main()
  {
  eroeffnen();
  while ( eingabe( &satz ) )
    {
    fwrite( &satz, sizeof(satz), 1, fp );
    }
  ausgabe();
  fclose(fp);
  }
```

Aufgabe 6.3/1: Schreiben Sie ein Programm DUMP, das sich selbst in Blöcken von 128 Bytes liest und im wiedergegebenen Format ausgibt. Das Programm ist bei *feof( )* oder bei Eingabe von Q zu beenden . Nichtdruckbare Zeichen sind als '.' auszugeben. Mit der Funktion *int isprint(int c);* aus *ctype.h* läßt sich feststellen, ob ein Zeichen druckbar ist.

```
Eine Taste druecken oder mit Q beenden
d
2F 2A 20 44 55 4D 50 2E 43 20 2A 2F 0D 0A 23 69    /* DUMP.C */..#i
6E 63 6C 75 64 65 20 3C 73 74 64 69 6F 2E 68 3E    nclude <stdio.h>
0D 0A 23 69 6E 63 6C 75 64 65 20 3C 63 74 79 70    ..#include <ctyp
65 2E 68 3E 0D 0A 23 64 65 66 69 6E 65 20 44 41    e.h>..#define DA
54 45 49 4E 41 4D 45 20 22 62 3A 64 75 6D 70 2E    TEINAME "b:dump.
63 22 0D 0A 23 64 65 66 69 6E 65 20 42 55 46 4C    c"..#define BUFL
45 4E 20 31 32 38 0D 0A 63 68 61 72 20 62 75 66    EN 128..char buf
5B 42 55 46 4C 45 4E 5D 3B 0D 0A 0D 0A 76 6F 69    [BUFLEN];....voi
d
64 20 61 75 73 67 61 62 65 28 20 69 6E 74 20 62    d ausgabe( int b
79 74 65 73 20 29 0D 0A 20 20 7B 0D 0A 20 20 69    ytes )..  {..  i
6E 74 20 69 2C 6A 3B 0D 0A 20 20 70 72 69 6E 74    nt i,j;..  print
66 28 22 5C 6E 22 29 3B 0D 0A 20 20 66 6F 72 20    f("\n");..  for
28 69 3D 30 3B 20 69 20 3C 20 62 79 74 65 73 2F    (i=0; i < bytes/
31 36 3B 20 69 2B 2B 20 29 0D 0A 20 20 20 20 7B    16; i++ )..    {
0D 0A 20 20 20 20 20 66 6F 72 20 28 20 6A 3D 30 3B   ..     for ( j=0;
20 6A 3C 31 36 3B 20 6A 2B 2B 29 0D 0A 20 20 20    j<16; j++)..
q
```

Aufgabe 6.3/2: Index-sequentielle Dateiverarbeitung: Erzeugen Sie zu der Datei "b:vertr" des Programms FILE6 eine Indexdatei "b:vertrnr.ndx", die zu jeder Nummer *nr* die Satznummer *sn* enthält und die nach *nr* aufsteigend sortiert ist. Speichern Sie das Programm unter dem Namen INDEX1.

Aufgabe 6.3/3: Ein Satz der Datei "b:vertr" (Aufgabe 6.3/2) soll folgendermaßen gelesen werden: Eingabe der Vertreternummer *nr*. Sequentielles Suchen in der Indexdatei "b:vertrnr.ndx", bis die Vertreternummer gefunden wurde. Mit der in der Indexdatei gefundenen Satznummer ist auf den entsprechenden Satz in der Datei "b:vertr" direkt zuzugreifen. Programmname: INDEX2.

6.4 Dateizugriff über den Handle

6.4.1 Handle als ungepuffertes Ein-/Ausgabesystem

Eine weitere Möglichkeit des Dateizugriffs auf niedriger Ebene bietet die Benutzung eines File Descriptors (handle). Dieser UNIX-artige Zugriff wird als ungepuffertes Ein-/Ausgabesystem bezeichnet, da der Programmierer selbst für die Bereitstellung der Diskettenpuffer sorgen muß. Die Benutzung dieser Funktionen erfordern die Einbeziehung der Headerdatei *io.h*. Es handelt sich um die Funktionen *read( )*, *write( )*, *open( )*, *close( )*, *lseek( )* und *unlink( )*. In einem Programm sollten diese Funktionen nicht mit den früher besprochenen Funktionen des s.g. gepufferten Ein-/Ausgabesystems gemischt werden. Der ANSI-Standard unterstützt das ungepufferte Ein-/Ausgabesystem nicht.

Ein Handle ist eine *int*-Zahl, die auf Informationen über die Datei verweist. Der Handle wird durch *open( )* oder *creat( )* zurückgegeben. Beim Programmstart bekommen *stdio* automatisch den Handle 0, *stdout* den Handle 1 und *stderr* den Handle 2. Die *open*-Anweisung ist wie folgt definiert:

```
#include <fcntl.h>
int open( char *dateiname, int accees, ... (*,int permiss *) );
```

permiss dient dabei nur der Kompatibilität zu UNIX-Systemen. Es gibt auch eine DOS-spezifische Version:

```
#include <fcntl.h>
int _open( char *dateiname, int access );
```

6.4.2 Schreibender und lesender Zugriff

Anhand der folgenden Programms SATZ4 soll der schreibende und lesende Zugriff über den Handle dargestellt und erläutert werden. Dazu
sollen die beiden Funktionen *write( )* und *read( )* verwendet werden.

```c
/* ====== Programm SATZ4 */
#include <fcntl.h>
#include <io.h>
#include <stdio.h>
#include <stdlib.h>
#include <stat.h>
#define DATEI "b:datei"


typedef struct
  {
  int nr;
  char name[15];
  char vname[15];
  float umsatz;
  } satztyp;


satztyp kunde;
int handle;

int eingabe( satztyp *x )
  {
  printf("Nr: (0 = Ende) "); scanf("%d", &x->nr );
  if ( x->nr == 0 )
    return(0);
  printf("Name: ");    scanf("%s", x -> name );
  printf("Vorname: "); scanf("%s", x -> vname );
  printf("Umsatz: ");  scanf("%f", &x->umsatz );
  return(1);
  }


void ausgabe( satztyp *x )
  {
  write( handle, (void) x, sizeof( satztyp ) );
  }
```

```
void lesen( satztyp *x )
  {
  handle = open( DATEI, O_RDONLY );
  while ( read( handle, (void) x, sizeof( kunde ) ) != 0 )
    {
    printf("%d\n", x -> nr);
    printf("%s\n", x -> name );
    printf("%s\n", x -> vname );
    printf("%.2f\n\n", x -> umsatz );
    }
  close( handle );
  }


void schreiben( satztyp *x )
  {
  handle =  creat( DATEI, S_IWRITE );
  while (eingabe( x ) != 0 )
    ausgabe( x );
  close( handle );
  }


main()
  {
  schreiben( &kunde );
  lesen( &kunde );
  }
```

Zum Vorgehen von Programm SATZ4 mit Handle:
-   Die Funktion *write( )* hat drei Argumente: einen File Descriptor
    (Handle), einen Zeiger auf einen Pufferbereich, der die zu über-
    tragenden Zeichen aufnehmen soll, und die Anzahl der zu übertra-
    genden Bytes.
-   *write( )* gibt die Anzahl der geschriebenen Bytes zurück, oder aber
    -1 (im Falle eines Fehlers).
-   Die Funktion *read( )* benötigt als Parameter den Handle, einen
    Zeiger auf einen Pufferbereich und die Anzahl der zu lesenden
    Bytes.
-   Die Funktion *creat( )* erzeugt eine neue Datei oder überschreibt
    eine bestehende unter dem angegebenen Namen. Die Argumente
    sind ein Zeiger auf den Dateinamen und einer der Werte
    S_IWRITE (Erlaubnis zum Schreiben), *S_IREAD* (Erlaubnis zum
    Lesen) bzw.*S_IREAD | S_IWRITE* (Erlaubnis zum Lesen und
    Schreiben). Der Rückgabewert von *creat( )* ist der Handle oder -1,
    wenn die Datei nicht erzeugt werden konnte.

- Eröffnet man eine Datei mit *open( )*, so kann man folgende Flags setzen:

  ```
  O_RDONLY
  O_WRONLY
  O_RDWR
  O_APPEND
  O_CREAT
  O_TRUNG
  O_BINARY
  O_TEXT
  ```

- Benutzt man das *O_CREAT flag*, sind noch die Angaben *S_IWRITE, S_IREAD* bzw. *S_IREAD | S_IWRITE* möglich. Ein Beispiel:

  ```
  handle = open( "datei", O_RDWR | O_CREAT, S_IREAD | S_IWRITE );
  ```

- *close(handle)* schreibt noch eventuell im Puffer befindliche Daten auf die Datei und gibt den Handle wieder frei.

6.4.3 Datei kopieren

Das Programm COPFILE1 kopiert die von Programm SATZ4 erzeugte Datei auf die Standardausgabeeinheit *stdout*. Beim Start eines C-Programmes werden automatisch drei Dateien eröffnet:
1. stdin mit dem Handle 0
2. stdout mit dem Handle 1
3. stderr mit dem Handle 2

- *stdout* braucht also nicht explizit eröffnet zu werden, sondern kann direkt mit dem Handle 1 angesprochen werden.
- Wenn die zu lesende Datei nicht eröffnet werden kann, weil sie z.B. nicht existiert, liefert *open( )* den Wert -1 und mit *exit(1)* wird das Programm beendet.
- *read( )* liefert die Anzahl n der Bytes, die in den Puffer gestellt wurden, oder aber 0, wenn das Dateiende erreicht ist.
- Solange *n > 0* ist, wird der Pufferinhalt auf *stdout* mit dem Handle 1 geschrieben.

Durch Umlenkung können Sie erreichen, daß die Datei auf eine andere Datei kopiert wird:

```
B>COPFILE1 > B:TEMP1.AUS
```

```
/* ====== Programm COPFILE1 */
#include <fcntl.h>
#define BUFLEN 512
int handle;
```

```
char *datei = "b:datei";
char buf[BUFLEN];

main()
  {
  int n;
  handle = open( datei, O_RDONLY );
  if (handle == -1)
    {
    printf("Datei kann nicht eröffnet weden"); exit(1);
    }
  while ( (n = read( handle, buf, BUFLEN )) > 0 )
    write( 1 , buf, n );
  close(handle);
  }
```

Verallgemeinerung: Wir wollen das Programm COPFILE1 nun so zu einem Programm COPFILE verallgemeinern, daß beim Programmaufruf die Zieldatei und die Quellendatei angegeben werden kann.

```
/* ====== Programm COPFILE */
#include <fcntl.h>
#include <io.h>
#include <stat.h>
#define BUFLEN 512
int handleziel, handlequelle;
char buf[BUFLEN];
char *ziel;
char *quelle;

main(int argc, char *argv[] )
  {
  int n;
  if (argc < 3)
    {
    printf("Quelldatei und Zieldatei angeben"); exit(1);
    }
  ziel = (char *) argv[2];
  quelle = (char *) argv[1];
  printf("Ziel = %s\n", ziel );
  printf("Quelle = %s\n", quelle );
  handlequelle = open( quelle, O_RDONLY );
  if (handlequelle == -1)
    {
    printf("Datei %s kann nicht eröffnet weden", quelle ); exit(1);
```

```
      }
   handleziel = open( ziel, O_WRONLY | O_CREAT, S_IREAD | S_IWRITE );
   if (handleziel == -1)
      {
      printf("Datei %s kann nicht eröffnet werden", ziel ); exit(1);
      }
   while ( (n = read( handlequelle, buf, BUFLEN )) > 0 )
      write( handleziel, buf, n );
   close(handleziel);
   close(handlequelle);
   }
```

Beim Aufruf von Programm COPFLILE geben sie an:

```
   B>COPFILE quelldatei zieldatei
```

Zum Ablauf von Programm COPFILE:
- Die Übergabe der beiden Dateinamen wird möglich, weil in *main( )* die beiden Argumente *argc* und **argv[ ]* angegeben sind.
- In *argc* wird die Anzahl der Argumente auf der Kommandozeile abgelegt (hier 3), weil der Programmname ebenfalls gezählt wird.
- *argv* ist ein Zeiger auf einen Vektor von Zeigern auf Strings.
- *argv[0]* zeigt auf den Programmnamen, *argv[1]* zeigt auf den Namen der Quelldatei und *argv[2]* zeigt auf den Namen der Zieldatei.
- Die Quelldatei wird zum Lesen eröffnet. Die Zieldatei wird zum Schreiben eröffnet und - falls sie nicht existiert - erzeugt. Wenn die Datei erzeugt wird, wird sie so angelegt, daß sowohl der Schreib- wie auch der Lesezugriff erlaubt sind.
- Beim Auftreten eines Fehlers wird das Programm mit exit(1) verlassen. Beim Lesen wird *handlequelle* und beim Schreiben *handleziel* angegeben.

6.4.4 Anwendung mit struct und union

In einem Heiratsinstitut sei in Abhängigkeit vom Geschlecht das Alter bzw. das Bruttoeinkommen in einem Datensatz abzulegen. Das Programm UNI2 verwaltet eine entsprechende Datei wie folgt:
- *scanf( )* beendet die Eingabe eines Strings, sobald ein Leerzeichen eingegeben wird, und eignet sich deshalb nicht zur Eingabe von Vor- und Nachname. Wir geben den Namen mit *cgets( )* ein. Da *cgets( )* zwei Bytes mehr erfordert, als zur Speicherung notwendig ist, kopieren wir den in *buf[ ]* eingegebenen String mit *strcpy( )* nach *satz.name.*

- *buf[0]* enthält die maximale Anzahl der eingegebenen Zeichen und *buf[1]* die Anzahl der eingegebenen Zeichen. Ab *buf[2]* stehen die eingegebenen Zeichen. Drückt man bei der Namenseingabe sofort die Returntaste, so steht in *buf[1]* 0 für 0 eingegebene Zeichen.
- Die eingegebenen Sätze sollen in eine Datei geschrieben werden. Die Option *O_RDWR* besagt, daß die Datei zum Lesen und Schreiben benützt werden soll.
- *O_CREAT* besagt, daß die Datei neu angelegt werden soll, falls sie noch nicht existiert.
- *O_APPEND* bewirkt, daß eingegebene Sätze an das Dateiende angehängt werden. *S_IREAD | S_IWRITE* in Verbindung mit *O_CREAT* ergibt die Berechtigung zum Lesen und Schreiben auf die Datei, wenn die Datei neu angelegt wird.
- Nach Abschluß der Eingabe setzt die Funktion *lseek( )* den Dateizeiger auf den Dateianfang, *0L* Bytes vom Dateianfang *SEEK_SET* entfernt.
- Die Funktion *read( )* liest so lange Datensätze von der Datei, bis sie am Dateiende 0 zurückgibt.

```
/* ====== Programm UNI2 */
#include <stdio.h>
#include <fcntl.h>
#include <io.h>
#include <stat.h>
#define MAXNAM 20
#define DATEI "b:uni2.dat"
char buf[MAXNAM + 3];
int handle;

typedef union
        {
        char gebdat[8];
        float brutto;
        } uniontyp;

typedef struct
        {
        char name[ MAXNAM + 1];
        char gesch;
        uniontyp x;
        } satztyp;


satztyp satz;
```

```
void anzeige()
  {
  if (satz.gesch == 'w')
    printf("%s %c %s\n", satz.name, satz.gesch, satz.x.gebdat );
  else
    printf("%s %c %.2f\n", satz.name, satz.gesch, satz.x.brutto );
  }


int eingabe(void)
  {
  buf[0] = MAXNAM;
  printf("Name: ( <RETURN> fuer Ende) ");
  strcpy( &satz, cgets(buf) );
  if (buf[1] == 0 )
    return( EOF );
  printf("\nGeschlecht (m/w): "); scanf("%s", &satz.gesch);
  if (satz.gesch == 'm')
    {
    printf("Bruttolohn: "); scanf("%f", &satz.x.brutto);
    }
  else
    {
    printf("Geburtsdatum: "); scanf("%s", satz.x.gebdat );
    };
  anzeige();
  return(0);
  }


main()
  {
  handle = open( DATEI, O_RDWR | O_CREAT | O_APPEND, S_IREAD | S_IWRITE );
  while ( eingabe() != EOF )
    write(handle, (void) &satz, sizeof(satz) );
  printf("\n\nAusgabe der Datei\n\n");
  lseek( handle, OL, SEEK_SET );
  while( read(handle, (void) &satz, sizeof(satz) ) != 0 )
    anzeige();
  close(handle);
  }
```

III Programmierkurs mit Turbo C Grundkurs

Zur Schreibweise der Aufgabenlösungen:

Aufgabe 3.1/2 kennzeichnet die Lösung zur 2. Aufgabe von Abschnitt 2. Die Lösungen werden entsprechend ihrer Reihenfolge im Programmierkurs wiedergegeben.

Aufgabe 2.6/1: main() {}

Aufgabe 3.1/1: Wenn Sie zur größten int-Zahl 32767 die 1 addieren, erhalten Sie die kleinste int-Zahl -32768. Wenn Sie bei Überlauf falsche Ergebnisse vermeiden wollen, müssen Sie entsprechende Prüfungen vornehmen.

Aufgabe 3.1/2:

010 Oktalzahl	-> 8
0x10 Hexadezimalzahl	-> 16
10L Speicherung im Format long	-> 10
'A'	-> 65
3e-5	-> 0.00003

Aufgabe 3.2/1:

```
main()
  {
  int a,b,c;          /*  2 Bytes */
  long d,e,f;         /*  4 Bytes */
  float g,h,i;        /*  4 Bytes */
  double j,k,l;       /*  8 Bytes */
  char m,n,o;         /*  1 Byte  */
  unsigned char p;    /*  1 Byte  */
  a = 3.75;           /* a=3                       */
  b = 2/3;            /* b=0                       */
  d = 1000 * 1000;    /* d=1000000                 */
  c = d;              /* c=16960                   */
  g = 1/3;            /* g=0.000000                */
  h = 1.0/3.0;        /* h=0.333333313465118408    */
  j = 1.0/3.0;        /* j=0.333333333333333315    */
  m = 127;            /* m=127                     */
  n = m + 1;          /* n=-128                    */
  o = 255;            /* o=-1                      */
  p = -1;             /* p=255                     */
  }
```

Aufgabe 3.3/1:

```
/* ====== Programm PRINTF1 */
main()
  {
  printf("Klaus Jakob Kaier \n");
  printf("Im Rotbad 22\n");
  printf("4300 Essen 1\n");
  }
```

Aufgabe 3.3/2: Quelltext zu Programm PRINTF2:

```
/* ====== Programm PRINTF2 */
#include <math.h>
main()
  {
  printf("%.3f  %.3e\n", M_E, M_E );
  printf("%.3f  %.3e\n", M_PI, M_PI );
  printf("%.3f  %.3e\n", M_SQRT2, M_SQRT2 );
  }
```

Aufgabe 3.3/3: Quelltext zu Programm PRINTF3:

```
/* ====== Programm PRINTF3 */
main()
  {
  printf("Das Zeichen fuer eine neue Zeile ist \'\\n\'\n");
  }
```

Aufgabe 3.3/4:

```
/* ====== Programm NN1 */
main()
  {
  printf("\"Adam Schulz\"\n");
  printf("\"%s\"\n", "Gabriele Hahn");
  }
```

Aufgabe 3.3/5:

```
3  5.000000  6.500000e+001
```

Aufgabe 3.3/6:

```
12 177777
a ffff
```

%o bewirkt die Ausgabe als Oktalzahl, %x als Hexadezimalzahl.

Aufgabe 3.3(7:

```
/* Kommentar */
```

Aufgabe 3.4/1:

```
sizeof(5)      -> 2
```

sizeof(32000)   -> 2
sizeof(65000)   -> 4 läßt sich nicht mehr als *int* in 2 Bytes darstellen
sizeof(5.0)   -> 8 Gleitpunktkonstanten werden als *double* dargestellt
sizeof(5L)   -> 4 Darstellung als *long int* erzwungen
sizeof('A')   -> 2

Aufgabe 3.5/1:

```
main()
  {
  int *p,**q;
  p = (int *) &p;
  printf("%p %p %X %X\n", p, *p, *p, p );
  q = (int **) &q;
  printf("%p %p %p\n", q, *q, **q );
  }
```

Aufgabe 3.7/1:

```
15
17  2
```

Aufgabe 3.8/1:

```
/* ====== Programm ATOF1 */
#include <stdlib.h>
main()
  {
  double a;
  float b;
  b = a = atof("-1234567.89e-4****");
  printf("%lf  %f\n", a, b );
  }
```

Aufgabe 3.12/1:

```
/* ====== Programm ZERLEGEN */
float z,f;
int i;
main()
  {
  printf("bitte eine Zahl eingeben: ");
  scanf("%f", &z );
  i = (int) z;
  f = z - i;
  printf("%f\n%d\n%f\n", z, i, f );
  }
```

Aufgabe 3.12/2: Quelltext zu Programm RUNDEN1:

```
/* ====== Programm RUNDEN1 */
float z;
long i;
main()
  {
  printf("bitte eine Zahl eingeben: ");
  scanf("%f", &z );
  i = (long) ( z + 0.5);
  printf("%d", i );
  }
```

Aufgabe 3.13/1: Mit *const L = 5;* wird L als *int*-Konstante mit dem Wert 5 vereinbart. Wenn Sie versuchen, L einen anderen Wert zuzuweisen erhalten Sie die Fehlermeldung: *Cannot modify a const object.*

Aufgabe 4.1/1: Quelltext zu Programm IF1:
```
/* ====== Programm IF1 */
  int z;
  main()
    {
    scanf("%d", &z );
    if ( z > 5 )
      {
      if ( z < 10 )
        printf("A");
      }
    else
      printf("B");
    }
```

Aufgabe 4.1/2:
```
/* Programm QUAG */
#include <math.h>

main()
  {
  double p,q,d,x,x1,x2;
  printf("p = "); scanf("%lf", &p );
  printf("q = "); scanf("%lf", &q );
  d = p*p/4 - q;
  if (d < 0)
    printf("keine Loesung");
  else if (d == 0)
      {
      x = -p/2;
```

```
        printf("%f", x );
        }
    else
        {
        x1 = -p/2 + sqrt(d);
        x2 = -p/2 - sqrt(d);
        printf("x1 = %f   x2 = %f", x1, x2 );
        }
    }
```

Aufgabe 4.1/3:

```
/* ====== Programm FEHLER1 */
main()
    {
    int a = b = 0;           /* b ist nicht vereinbart */
    if a = b                 /* die Bedingung muss in Klammern stehen */
                             /* es soll wohl  if (a == b)  heissen    */
        then printf("a und b sind gleich\n")
                             /* in C gibt es kein then                */
                             /* jede Anweisung muss mit  ;  enden     */
        else printf "a und b sind nicht gleich\n";
                             /* eine Funktion benötigt Klammern       */
    if (a <> 0)              /* es heisst   if (a != 0)               */
        printf("a ist ungleich 0\n");
    }
```

Aufgabe 4.3/1:
```
/* ====== Programm LOG2 */
    int a;
    main()
        {
        printf("Bitte eine int Zahl eingeben: ");
        scanf("%d", &a );
        if (!(a%2))
            if (!(a%3))
                if (!(a%5))
                    printf("Die Zahl ist durch 2, 3 und 5 teilbar\n");
        if (a<10)
            printf("Die Zahl ist kleiner als 10 oder größer als 20\n");
        if (a>20)
            printf("Die Zahl ist kleiner als 10 oder größer als 20\n");
        }
```

Aufgabe 4.3/2:

```
 ⌠ 1 0
 │ 6 5 5
```

Bei *a++* ∥ *b++* wird *b++* nicht mehr ausgeführt, wenn der erste Ausdruck a wahr ist. Bei *0 && ++c* wird *++c* nicht mehr ausgeführt, da 0 bereits falsch ist.

Aufgabe 4.4/1: Ausführungsbeispiel zu Programm SKONTO1:

```
Bruttobetrag incl. MWST
Welcher Nettobetrag? 100
Ohne  MWST     A
Volle MWST     B
Halbe MWST     C
Wahl A, B oder C: b
Bruttobetrag: 114.00 DM
```

Aufgabe 4.5/1:
a) −1 ist identisch mit 255;die Schleife würde nicht ausgeführt.
b) Der Nachfolger von 255 ist 0; man hätte eine unendliche Schleife.

Aufgabe 4.5/2:
```
/* ====== Programm GGT */
int x,y,a,b;
main()
  {
  printf("bitte zwei Ganzzahlen eingeben\n");
  scanf("%d  %d", &x, &y );
  a = x; b = y;
  while (a != b)
    if (a > b)
      a = a - b;
    else b = b - a;
  printf("Der GGT von %d und %d ist %d\n", x, y, a );
  }
```

Aufgabe 4.5/3:
```
/* ====== Programm BREAKWHL */
int z = 1;
main()
  {
  while (1)
    {
    printf("%d ", z );
    if (z++ == 100)
      break;
```

```
      }
      printf("Programmende");
   }
```

Aufgabe 4.5/4:

      2 4 6 8 10

Bei *while (i++ < 10)* wird zuerst der Ausdruck *i < 10* ausgewertet. Wenn
wahr, wird die Schleife ausgeführt; doch zuvor wird i inkrementiert. In
der Schleife hat i den erhöhten Wert.

Aufgabe 4.6/1:

```
   /* ====== Programm TEILER1 */
   int z,i,p = 0;
   main()
     {
     printf("bitte eine Ganzzahl eingeben: ");
     scanf("%d", &z );
     for (i = 2;  i <= z/2; i++ )
       if ( !( z % i) )
         {
         printf("%d ", i );
         p++;
         }
     if (p == 0)
       printf("%d ist eine Primzahl", z );
     }
```

Aufgabe 4.6/2:

```
   /* ====== Programm PRIM1 */
   int z,i,p;
   main()
     {
     for ( z = 2; z <= 100; z++ )
       {
       p = 0;
       for (i = 2; i <= z/2; i++ )
         if ( !( z % i) )
           p++;
       if (p == 0)
         printf("%d ", z );
       }
     }
```

Aufgabe 4.6/3:

```
float z;
int i,n;
long m = 10;
main()
  {
  printf("Bitte eine Zahl eingeben: ");
  scanf("%f", &z );
  printf("Auf wieviele Stellen runden? ");
  scanf("%d", &n );
  if (n == 0)
    z = (long) (z + 0.5);
  else
    {
    for (i = 1; i < n; i++)
      m = m * 10;
    z = z * m;
    z = z + 0.5;
    z = (long int) z;
    z = z/m;
    }
  printf("%f\n", z );
  }
```

Aufgabe 4.6/4:

```
1 2 3 4
2 3 4
3 4
4
```

Aufgabe 4.6/5:

```
0 2 4 6 8 10
```

Ein fehlender *ausdruck2* ist immer wahr. Zum Verlassen der *for*-Schleife wurde *break* verwendet.

Aufgabe 4.6/6:

Es erfolgt so lange eine Tastatureingabe mit getch() und einer anschlie-ßenden Ausgabe mit *putch( )*, bis die Tate 'e' getippt wird.

Aufgabe 4.6/7:

Das Programm LEER1 führt zunächst eine unendliche Schleife aus, da nicht angegebene Bedingungen als wahr angenommen werden. Die Schleife wird mit *break* abgebrochen.

Aufgabe 4.7/1:

```
/* ====== Programm RATEN1 */
int n,z,i=0;
main()
  {
  srand(time(0));
  n = rand() % 100;
  do {
     printf("Bitte eine Zahl raten: "); scanf("%d", &z );
     if (n < z)
       printf("zu groß\n");
     else if (n > z)
          printf("zu klein\n");
     i++;
     } while ( n != z );
  printf("geraten nach %d Versuchen.", i );
  }
```

srand( ) setzt einen neuen Startwert für die Berechnung der Zufallszahlen. *time(0)* gibt die seit 1970 verstrichenen Sekunden an. Da diese sich ständig ändern, können der Startwert und damit die Zufallszahl nicht vorausgesagt werden. Hier bietet sich eine nicht abweisende Schleife an, da mindestens einmal geraten werden muß.

Aufgabe 4.7/2:

```
/* ====== Programm CONT3 */
main()
  {
  int i = 0;
  do {
    if (i % 2)
      continue;
    else
      printf("%d ", i );
    } while (i++ < 10);
  }
```

Das Programm CONT3 ergibt folgende die Ausgabe: 0 2 4 6 8 10

Aufgabe 4.9/1:

```
/* ====== Programm SUMPAR */
main( int argc, char **argv )
  {
  int a,b;
  a = atoi( argv[1] );
  b = atoi( argv[2] );
```

```
        printf("%d", a + b );
        }
```

Aufgabe 4.10/1:
```
    /* ====== Programm INKREM */
    void inkrement( int *x )
        {
        *x += 1;
        }

    main()
        {
        int a;
        a = 1;
        inkrement(&a);
        printf("%d", a );
        }
```

Aufgabe 4.10/2:
3 6 3
Im inneren Block wird mit *int i=6* der alte Wert *int i=3* überlagert. Der
Wert im inneren Block ist im äußeren Block unsichtbar. Es handelt sich
um zwei Variablen mit demselben Namen. Änderungen der Variablen, die
im inneren Block lokal definiert sind, haben keinen Einfluß auf den
äußeren Block (Ausblenden-Regel).

Aufgabe 4.10/3: Variablen müssen am Anfang eines Blocks definiert sein.

Aufgabe 4.13/1: Der Aufruf *quadrat(4 + 1)* wird durch den Präprozessor
durch *4 + 1 * 4 + 1* ersetzt, was das Ergebnis 9 ergibt. Ruft man aber
quadrat((4 + 1)) auf, so entsteht der richtige Ausdruck *(4 + 1) * (4 + 1)*.
Noch besser ist es, das Makro mit
```
    #define quadrat(a) (a)*(a)
```
zu definieren. Ersetzt man hier das a durch 4+1, so entsteht der richtige
Ausdruch *(4+1)*(4+1)*.

Aufgabe 4.13/2:
```
    /* ====== Programm MAKRO2 */
    #define vorz(a) ( sss = ( (a > 0) ? 1 : -1 ) , ( (a == 0) ? 0 : sss ) )
    int sss;
    main()
        {
        printf("Das Vorzeichen von %d ist %d\n", 5, vorz(5) );
        printf("Das Vorzeichen von %d ist %d\n", 0, vorz(0) );
        printf("Das Vorzeichen von %d ist %d\n", -5, vorz(-5) );

        }
```

Auch hier wäre es sicherer, a im Ersatzausdruck einzuklammern.

Aufgabe 4.13/3:

```
/* ====== Programm CURSOR2 */
#include <stdio.h>
#define CUR_MV(zeile, spalte) printf("\x01B[%d;%dH", zeile, spalte);
#define CUR_SAVE printf("\x01B[s" );
#define CUR_REST printf("\x01B[u" );
int z, s;
main()
  {
  CUR_MV(10,50);
  CUR_SAVE
  printf("Zeile: "); scanf("%d", &z );
  CUR_REST
  printf("                      ");
  CUR_REST
  printf("Spalte: "); scanf("%d", &s );
  CUR_MV(z,s);
  putchar('X');
  CUR_REST
  printf("Y");
  }
```

Aufgabe 4.13/4:

```
/* ====== Programm NEUTAST1 */
char *buf[81];
main()
  {
  printf("%s", "Vertauschung der Tasten A und Q\n" );
  printf("%s", "\x01B[65;81p" );        /* A wird zu Q */
  printf("%s", "\x01B[97;113p" );       /* a wird zu q */
  printf("%s", "\x01B[81;65p" );        /* Q wird zu A */
  printf("%s", "\x01B[113;97p" );       /* q wird zu a */
  printf("Tippen Sie jetzt Q q A a\n");
  scanf("%s", buf );
  printf("Wir machen die Vertauschung wieder Rückgängig.\n");
  printf("%s", "\x01B[65;65p" );
  printf("%s", "\x01B[97;97p" );
  printf("%s", "\x01B[81;81p" );
  printf("%s", "\x01B[113;113p" );
  printf("Tippen Sie jetzt Q q A a\n");
  scanf("%s", buf );
  }
```

Aufgabe 4.13/5:

```
/* ====== Programm NEUTAST2 */
main()
  {
  printf("%s", "\x01B[0;68;\"dir b:/w\";13p" );
  }
```

Aufgabe 4.13/6:

```
/* ====== STERNE1 */
#include <stdio.h>
#define pos(z,s)  printf("\033[%d;%dH", z, s)

void positionieren(void)
  {
  int z,s;
A:z = rand()%25+1; s = rand()%80+1;
  if ( (z == 25) && (s == 80) )
    { putchar('\7'); goto A; }         /* um Bildschirmvorschub zu vermeiden */
  pos(z,s);
  }


main()
  {
  int i;
  while (!kbhit())
    {
    positionieren(); putchar('*');
    for (i=0; i<10; i++)
      {
      positionieren(); putchar(' ');
      }
    }
  }
```

Aufgabe 4.14/1:

```
/* ====== Programm NFAK */
typedef unsigned long int langzahl;

langzahl fak( langzahl x )
  {
  if (x == 1)
    return(1);
  else
    return( x * fak(x-1) );
  }
```

```
main()
  {
  int i;
  for (i = 1; i<=10; i++ )
    printf("%2d! = %lu\n", i, fak(i) );
 }
```

Aufgabe 4.14/2:

```
/* ====== Programm NFAK2 */
main()
  {
  unsigned long z;
  int i,n;
  printf("n! berechnen  n = "); scanf("%d", &n );
  for ( z = 1, i = 1 ; i <= n; z *= i, i++ )
     ;
  printf("%d ! = %lu\n", n, z );
  }
```

Aufgabe 4.14/3: Das Programm REKURS3 liefert folgende Ausgabe:
        5 4 3 2 1.
Die lokale Variable x nimmt bei den einzelnen Aufrufen von *plus3( )* folgende Werte an:
- 1. Aufruf 1, 2. Aufruf 2, 3. Aufruf 3, 4. Aufruf 4, 5. Aufruf 5, 6. Aufruf 6.
- Beim 6. Aufruf wird die Funktion verlassen sowie die lokale Variable x und die Rücksprungadresse gelöscht.
- Jetzt befinden wir uns in der 5. Aufrufebene, die noch nicht beendet ist. Es wird noch der Wert 5, den x in der 5 Aufrufebene hatte, ausgegeben.
- Die Funktion ist jetzt zu Ende und kehrt zu der Stelle zurück, wo sie aufgerufen wurde. Das ist die 4. Aufrufebene, wo noch der Wert 4 ausgegeben wird.
- Nach der Rückkehr in die 3., 2. und 1. Aufrufebene gelangt das Programm zurück ins Hauptprogramm, welches nach dem Aufruf *plus3(1);* beendet wird.

Aufgabe 5.1/1:

```
/* ====== Programm PTTEST1 */
int z = 5;
int *q = &z;

funk1()
  {
```

```
      int *p;
      p = q;
      printf("%d %p\n", *p, p);
      p[0] = 3;
      p[] = q;                /*Fehler: Expression syntax in function funk1 */
      p[] = 3;                /*Fehler: Expression syntax in function funk1 */
      printf("%d\n", q[0]);
      }


  funk2()
      {
      int p[] = { 5,6,7,8,9 };
      p = q;                  /* Fehler: Lvalue reqiered in function funk2 */
      printf("%d\n", *p );
      p[] = q;                /* Fehler: Expression syntax in function funk2 */
      printf("%X\n", p[] );   /* Fehler: Expression syntax in function funk2 */
      PRINTF("%d\n", *(p+3) );
      }


  main()
      {
      printf("%d %p %p\n", z, &z, q);
      funk1();
      funk2();
      }
```

p[ ] dient zur Definition und Initialisierung eines Vektors. *p[i]* und *(p+i)* bedeuten dasselbe. *p = q;* ist nicht möglich, wenn p als Vektor vereinbart ist.

Aufgabe 5.1/2:

```
      /* ====== Programm VEKSUM1 */
      main()
          {
          int *p;
          unsigned long s;
          int len, i;
          float durch;
          srand(time(0));
          len = rand() % 20 + 1;                /* +1 damit len != 0 */
          printf("len = %d\n", len );
          p = (int *) malloc( sizeof(int) );    /* Vektor p[] initialisieren */
          for ( i = 0; i<len; i++ )
            {
```

```
      p[i] = rand();
      malloc( sizeof(int) );
      }
   for ( s=i=0; i<len; i++ )              /* Vektor p[] ausgeben */
      {                                   /* und addieren */
      printf("%d ", *(p+i) );
      s += p[i];
      }
   printf("\ns = %ld", s );
   durch = (float) s / (float) len;       /* ohne (float) würde eine int */
   printf("\ndurch = %f", durch );        /* Division durchgeführt werden */
   }
```

Aufgabe 5.1/3:

```
   /* ====== Programm SIEBERAT */
   #define MAXLEN 100
   char x[ MAXLEN + 1 ];

   main()
     {
     int i,n;

     for ( n = 2; n <= MAXLEN/2; n++)
       if (x[n] == 1)
         n++;
       else
         for (i = 2*n; i <= MAXLEN; i += n )
           x[i] = 1;

     for (i=2; i <= MAXLEN; i++)
       if (x[i] == 0)
         printf("%d ", i );
     }
```

Aufgabe 5.1/4:

```
   /* ====== Programm CTYPE1 */
   #include <ctype.h>

   main()
     {
     int i;
     for (i=0; i<=139; i++)
       printf("%3d %02X  ", i, _ctype[i]);
     }
```

0 00	1 20	2 20	3 20	4 20	5 20	6 20	7 20	8 20	9 20
10 21	11 21	12 21	13 21	14 21	15 20	16 20	17 20	18 20	19 20
20 20	21 20	22 20	23 20	24 20	25 20	26 20	27 20	28 20	29 20
30 20	31 20	32 20	33 01	34 40	35 40	36 40	37 40	38 40	39 40
40 40	41 40	42 40	43 40	44 40	45 40	46 40	47 40	48 40	49 02
50 02	51 02	52 02	53 02	54 02	55 02	56 02	57 02	58 02	59 40
60 40	61 40	62 40	63 40	64 40	65 40	66 14	67 14	68 14	69 14
70 14	71 14	72 04	73 04	74 04	75 04	76 04	77 04	78 04	79 04
80 04	81 04	82 04	83 04	84 04	85 04	86 04	87 04	88 04	89 04
90 04	91 04	92 40	93 40	94 40	95 40	96 40	97 40	98 18	99 18
100 18	101 18	102 18	103 18	104 08	105 08	106 08	107 08	108 08	109 08
110 08	111 08	112 08	113 08	114 08	115 08	116 08	117 08	118 08	119 08
120 08	121 08	122 08	123 08	124 40	125 40	126 40	127 40	128 20	129 00
130 00	131 00	132 00	133 00	134 00	135 00	136 00	137 00	138 00	139 00

Für einen Index > 128 sind also keine Einträge in _ctype[ ] vorhanden.

Aufgabe 5.1/5:

```
#define IS_UPP       4
#define IS_LOW       8

#define isalpha(c)   (_ctype[(c) + 1] & (IS_UPP | IS_LOW))

_ctype[(0x41) + 1] -> 0x14; IS_UPP | IS_LOW -> 0x14; 0x14 & 0x14 -> 0x14 != 0;
_ctype[(0x7F) + 1] -> 0x20; IS_UPP | IS_LOW -> 0x14; 0x14 & 0x20 -> 0;


/* ====== Programm ISALPHA1 */
#include <ctype.h>

main()
  {
  int i;
  for (i=0; i<=128; i++)
    if (isalpha(i))
      printf("%3d %c   ", i, i);
  }
```

Aufgabe 5.1/6:

```
/* ====== Programm BINSUCH1 */
int v[] = { 2,5,7,8,11,14,17,23,27,32,44,55,61,62,64,70,74,80 };

main()
  {
  int n,i,s,unten,oben,mitte;
```

```
        n = sizeof(v)/sizeof(int);

        for (i=0; i<n; i++ )
          printf("%d ", v[i] );
        printf("\nwelche dieser Zahlen suchen ? "); scanf("%d", &s );

        unten = 0; oben = n - 1;
        while( unten <= oben )
          {
          mitte = (unten + oben)/2;
          printf("mitte = %2d ergibt %2d   unten = %2d  oben = %2d\n",
                  mitte, v[mitte], unten, oben );
          if (s < v[mitte] )
            oben = mitte - 1;
          else
            if ( s > v[mitte] )
              unten = mitte + 1;
            else
              break;
          }

        if ( v[mitte] == s )
          printf("%d\n", v[mitte] );
        else
          printf("Zahl nicht gefunden\n");
        }
```

Aufgabe 5.1/7:

```
    /* ====== Programm DEZDUAL1 */
    #define MAXLEN 35
    int r[MAXLEN];
    unsigned long z,q;
    int i;

    main()
      {
      printf("Welche Dezimalzahl in eine Dualzahl umwandeln ? ");
      scanf("%lu", &z );

      for ( q = z, i = MAXLEN-1; i >= 0; i-- )
        {
        r[i] = q % 2;
        q = q/2;
        }
```

```
      for ( i = 0; !r[i]; i++ );
      for ( ; i < MAXLEN; i++ )
        printf("%d ", r[i] );
      if ( !z ) printf("0");
      }
```

Aufgabe 5.2/1:

```
/* ====== Programm MATAUS1 /*
int mat[][3] = {{1,2,3},{4,5,6}};
main()
   {
   int i,k;
   for (i=0; i<2; i++)
     for (k=0; k<3; k++)
       printf("%d ", mat[i][k]);
   }
```

Aufgabe 5.4/1:

```
char zv[11] = "Adam";
main()
   {
   printf("%c   %c", zv[0], zv[strlen(zv)-1]);
   }
```

Eine Stelle ist für das Grenzzeichen \0 erforderlich. *sizeof(zv)* würde 11 ergeben.

Aufgabe 5.4/2:

```
%s FORMAT FORMAT
```

Aufgabe 5.4/3:

```
/* ====== Programm SPRINTF1 */
main()
   {
   int i;
   char s[80], h[80], s1[] = "Sebastian", s2[] = "Kneipp";
   sprintf( s, "%s %s", s1, s2 );
   puts(s);
   sprintf( s1, "%.2f", 4.0/-3 );
   puts(s1);
   }
```

Aufgabe 5.5/1:

```
/* ====== Programm NN2 */
main()
```

```
{
char *name = "                                                    ";
char name1[30];
printf("Name und Vorname eingeben: "); gets( name );
puts( name );
printf("Name und Vorname eingeben: ");
scanf("%s%s", name, name1 );
printf("%s\n", name );
printf("%s\n", name1 );
strcat( name, " " );
strcat(name, name1 );
printf("%s\n", name );
}
```

Das Programm NN2 ergibt folgendes Dialogprotokoll.

```
Name und Vorname eingeben: Meier Otto
Meier Otto
Name und Vorname eingeben: Hahn Renate
Hahn
Renate
Hahn Renate
```

Die Funktion *scanf( )* liest nur bis zum ersten *whitespace*-Zeichen. Hier
wird mit einer *scanf( )*-Anweisung in zwei Variablen gelesen, die mit
strcat( ) aneinandergehängt sind. Die Funktion *strcat( )* ist definiert als
char *strcat(char *dest, char *src); Die Funktion *strcat( )* hängt die Zeichen von *src* an *dest* und liefert einen Zeiger auf das erste Zeichen von
dest zurück.

Aufgabe 5.5/2:

```
/* ====== Programm DUALDEZ1 */
main()
  {
  char b[40];
  unsigned long s, stw;
  int i;
  printf("Bitte eine Dualzahl eingeben: "); gets(b);
  for ( i = strlen(b) - 1, s = 0, stw = 1; i >= 0; stw *= 2, i-- )
    s += ( b[i] - 48 ? stw : 0 );
  printf("%lu\n", s );
  }
```

Aufgabe 5.6/1:

```
/* ====== Programm STRTOL1 */
```

```
char *str = "                                              ";
long z;
main()
  {
  do
    {
    printf("\nBitte einen String eingeben. (E = Ende)\n");
    scanf("%s", str );
    z =  strtol( str, 0, 10 );
    printf("ergibt die Ganzzahl %ld\n", z );
    }
  while ( !((str[0] == 'E') || (str[0] == 'e')) );
  }
```

Aufgabe 5.6/2:

```
/* ====== Programm ATOF2 */
#include <stdlib.h>
main()
  {
  char e;
  char *ep = &e;
  char **endptr = &ep;
  char buf[] = "-12345678.98765e-5****                    ";
  double a,b;
  a = atof(buf);
  printf("%lf\n", a );
  b = strtod( buf, endptr );
  printf("%lf\n", b );
  printf("%s\n", *endptr );
  printf("%c\n", **endptr );
  }
```

Aufgabe 5.7/1:

```
/* ====== Programm STRLEN1 */
char *buf[81];

unsigned stringlen(char *x)
  {
  unsigned i;
  for (i=0; x[i] != '\0'; i++ );
  return(i);
  }

main()
  {
```

```
      printf("Bitte einen String eingeben\n");
      gets(buf);
      printf("Stringlänge ist %u\n", strlen(buf) );
      printf("Stringlänge ist %u\n", stringlen(buf) );
      }
```

Aufgabe 5.7/2:

```
  /* ====== Programm ZENTR1 */
  #include <stdio.h>
  #define MAXLEER 80/2
  char *buf[81];
  int leer,i;
  main()
    {
    printf("Bitte einen String eingeben.\n");
    gets(buf);
    leer = MAXLEER - strlen(buf)/2;
    for ( i = 0 ; i < leer; i++ )
      putchar(' ');
    puts(buf);
    }
```

Aufgabe 5.8/1:

```
  /* ====== Programm STRUDEF1 */
  #define AUSGABE(x) printf("%s %.2f\n", (x).name, (x).umsatz)

  fall1()
    {
    struct
      {
      char name[21];
      float umsatz;
      } kunde1, kunde2, kunde3;

    strcpy(kunde1.name,"Klaus"); kunde1.umsatz = 1234.56;
    kunde3 = kunde2 = kunde1;
    AUSGABE(kunde1); AUSGABE(kunde2); AUSGABE(kunde3);
    }

  fall2()
    {
    struct strukturname
      {
      char name[21];
      float umsatz;
```

```
        } kunde1;

    struct strukturname kunde2, kunde3;

    strcpy(kunde1.name,"Anita"); kunde1.umsatz = 234.56;
    kunde3 = kunde2 = kunde1;
    AUSGABE(kunde1); AUSGABE(kunde2); AUSGABE(kunde3);
    }


fall3()
    {
    typedef struct strukturname
        {
        char name[21];
        float umsatz;
        } STRUKTURTYP;

    STRUKTURTYP kunde1, kunde2;
    struct strukturname kunde3;

    strcpy(kunde1.name,"Tillmann"); kunde1.umsatz = 34.56;
    kunde3 = kunde2 = kunde1;
    AUSGABE(kunde1); AUSGABE(kunde2); AUSGABE(kunde3);
    }


main()
    {
    fall1();
    fall2();
    fall3();
    }
```

Aufgabe 5.8/2: Sie sehen, daß eine Kopie von *satz.name* und nicht nur eine Kopie der Adresse vorgenommen wurde.

```
/* ====== Programm STRUKOP1 */
struct satztyp
    {
    char name[20];
    float umsatz;
    }


main()
    {
    struct satztyp satz, satz1;
    printf("Name:   "); scanf("%s", satz.name);
```

```
      printf("Umsatz: "); scanf("%f", &satz.umsatz );
      printf("satz:      %s %.2f\n", satz.name, satz.umsatz );
      satz1 = satz;
      printf("satz1:     %s %.2f\n", satz1.name, satz1.umsatz );
      printf("Name:   "); scanf("%s", satz.name);
      printf("Umsatz: "); scanf("%f", &satz.umsatz );
      printf("satz:      %s %.2f\n", satz.name, satz.umsatz );
      printf("satz1:     %s %.2f\n", satz1.name, satz1.umsatz );
      }
```

```
Name:    Meier
Umsatz: 1234.56
  satz:         Meier 1234.56
  satz1:        Meier 1234.56
Name:    Weber
Umsatz: 8888
  satz:         Weber 8888.00
  satz1:        Meier 1234.56
```

Aufgabe 5.8/3:

```
/* ====== Programm INISTRU1 */
typedef struct st {
  int nr;
  char name[30];
  double umsatz;
  } satztyp;


satztyp satz2 = { 666, "Huber Simone", 2345.67 };


main()
  {
  static satztyp satz1 = { 555, "Meier Otto", 12345.67 };
  static struct st satz3 = { 777, "Hintermoser Angelika", 34567.89 };
  printf("%5d %-30s %10.2lf\n", satz1.nr, satz1.name, satz1.umsatz );
  printf("%5d %-30s %10.2lf\n", satz2.nr, satz2.name, satz2.umsatz );
  printf("%5d %-30s %10.2lf\n", satz3.nr, satz3.name, satz3.umsatz );
  }


/* in Funktionen: Initialisierung nur mit Speicherklasse static möglich */
```

Aufgabe 5.9/1:

```
/* ====== Programm INISTRU2 */
#define FORMAT "%5d %-30s %10.2lf\n"
typedef struct {
  int nr;
```

```
  char name[30];
  double umsatz;
  } satztyp;


satztyp struvek[] =  { 555, "Meier Otto", 12345.67,
                       666, "Huber Simone", 2345.67,
                       777, "Hintermoser Angelika", 34567.89 };


main()
  {
  printf( FORMAT, struvek[0].nr, struvek[0].name, struvek[0].umsatz );
  printf( FORMAT, struvek[1].nr, struvek[1].name, struvek[1].umsatz );
  printf( FORMAT, struvek[1].nr, struvek[1].name, struvek[1].umsatz );
  }
```

Aufgabe 6.3/1:

```
/* ====== Programm DUMP */
#include <stdio.h>
#include <ctype.h>
#define DATEINAME "b:dump.c"
#define BUFLEN 128
char buf[BUFLEN];


void ausgabe( int bytes )
  {
  int i,j;
  printf("\n");
  for (i=0; i < bytes/16; i++ )
    {
    for ( j=0; j<16; j++)
      printf("%02X ", buf[i*16+j]);
      printf("   ");
    for ( j=0; j < 16; j++)
      if ( isprint( buf[i*16+j] ) )
        printf("%c", buf[i*16+j] );
      else printf(".");
    printf("\n");
    }
  }


main()
  {
  FILE *fp;
  int bytesgelesen;
```

```
    if ( ( fp = fopen( DATEINAME, "rb" ) ) == NULL )
      {
      printf("Datei kann nicht eroeffnet werden");
      exit(1);
      }

    printf("Eine Taste druecken oder mit Q beenden\n");
    while ( !feof(fp) && (toupper(getche()) != 'Q') )
        {
        bytesgelesen = fread( buf, 1, BUFLEN, fp );
        ausgabe(bytesgelesen);
        }
    }
```

Die Funktion *int toupper(int c);* in *ctype.h* wandelt Kleinbuchstaben in Großbuchstaben um.

Aufgabe 6.3/2:

```
/* ====== Programm INDEX1 */
#include <stdio.h>
#define MAXZAHL 100
#define DATEI "b:vertr"
#define INDEXDATEI "b:vertrnr.ndx"
FILE *fp, *fpndx;

typedef struct {
        unsigned nr;
        char name[20];
        float umsatz;
        } satztyp;

typedef struct {
        unsigned nr;
        int sn;
        } indexsatztyp;

satztyp satz;
indexsatztyp indexsatz;
indexsatztyp v[MAXZAHL];
int n;

int eingabe( void )
  {
  int i = -1;
  while ( fread( &satz, sizeof(satz), 1, fp ) )
    {
```

```
          printf("%u %s %.2f\n", satz.nr, satz.name, satz.umsatz );
          v[++i].sn = i;
          v[i].nr = satz.nr;
          printf("%d  %u\n", v[i].sn, v[i].nr );
          }
       return(i+1);  /* Anzahl der gelesenen Saetze */
       }


void sortieren(int n)
   {
   int i,k;
   indexsatztyp h;
   for (i = 0; i < n-1; i++)
      for (k = i + 1; k < n; k++)
         if (v[i].nr > v[k].nr)
            {
            h = v[i]; v[i] = v[k]; v[k] = h;
            }
   for (i = 0; v[i].nr; i++)
      printf("\n%u %d", v[i].sn, v[i].nr);
   }


void ausgabe(int n)
   {
   if ( fwrite( v, 4, n, fpndx) != n)
      printf("Fehler beim Schreiben\n");
   }


void eroeffnen(void)
   {
   if ( (fp = fopen( DATEI, "rb" )) == NULL )
      {
      printf("Fehler beim Eröffnen der Datei\n");
      exit(1);
      }
   if ( (fpndx = fopen( INDEXDATEI, "wb" )) == NULL )
      {
      printf("Fehler beim Eröffnen der Datei\n");
      exit(1);
      }
   }


main()
   {
   eroeffnen();
```

```
      n = eingabe(); printf("\n%d Saetze\n", n );
      sortieren(n);
      ausgabe(n);
      fclose(fp);
      fclose(fpndx);
      }
```

Aufgabe 6.3/3:

```
/* ====== Programm INDEX2 */
#include <stdio.h>
#define DATEI "b:vertr"
#define INDEXDATEI "b:vertrnr.ndx"
FILE *fp, *fpndx;

typedef struct {
      unsigned nr;
      char name[20];
      float umsatz;
      } satztyp;

typedef struct {
      unsigned nr;
      int sn;
      } indexsatztyp;

satztyp satz;
indexsatztyp indexsatz;

void lesen(unsigned nr)
  {
  do {
     if (!fread( &indexsatz, sizeof(indexsatz), 1, fpndx))
       {
       printf("Nummer nicht vorhanden\n"); exit(1);
       }
     printf("%u %d\n", indexsatz.nr, indexsatz.sn );
     } while (indexsatz.nr < nr);
  if (indexsatz.nr != nr)
    {
    printf("Diese Nummer existiert nicht\n"); exit(1);
    }
  fseek( fp, indexsatz.sn * sizeof(satz), SEEK_SET);
  fread( &satz, sizeof(satz), 1, fp );
  printf("%u %s %.2f\n", satz.nr, satz.name, satz.umsatz );
  }
```

```
void eroeffnen(void)
  {
  if ( (fp = fopen( DATEI, "rb" )) == NULL )
    {
    printf("Fehler beim Eröffnen der Datei\n");
    exit(1);
    }
  if ( (fpndx = fopen( INDEXDATEI, "rb" )) == NULL )
    {
    printf("Fehler beim Eröffnen der Datei\n");
    exit(1);
    }
  }


main()
  {
  unsigned nr;
  eroeffnen();
  printf("Vertreternummer: "); scanf("%u", &nr);
  lesen( nr );
  fclose(fp);
  fclose(fpndx);
  }
```

ASCII-Tabelle

Zeichen	Dez	Hex	Zeichen	Dez	Hex	Zeichen	Dez	Hex	Zeichen	Dez	Hex
	0	00	\<space\>	32	20	@	64	40	`	96	60
☺	1	01	!	33	21	A	65	41	a	97	61
☻	2	02	"	34	22	B	66	42	b	98	62
♥	3	03	#	35	23	C	67	43	c	99	63
♦	4	04	$	36	24	D	68	44	d	100	64
♣	5	05	%	37	25	E	69	45	e	101	65
♠	6	06	&	38	26	F	70	46	f	102	66
•	7	07	'	39	27	G	71	47	g	103	67
▫	8	08	(	40	28	H	72	48	h	104	68
○	9	09	)	41	29	I	73	49	i	105	69
◎	10	0A	*	42	2A	J	74	4A	j	106	6A
♂	11	0B	+	43	2B	K	75	4B	k	107	6B
♀	12	0C	,	44	2C	L	76	4C	l	108	6C
♪	13	0D	-	45	2D	M	77	4D	m	109	6D
♫	14	0E	.	46	2E	N	78	4E	n	110	6E
☼	15	0F	/	47	2F	O	79	4F	o	111	6F
►	16	10	0	48	30	P	80	50	p	112	70
◄	17	11	1	49	31	Q	81	51	q	113	71
↕	18	12	2	50	32	R	82	52	r	114	72
‼	19	13	3	51	33	S	83	53	s	115	73
¶	20	14	4	52	34	T	84	54	t	116	74
§	21	15	5	53	35	U	85	55	u	117	75
▬	22	16	6	54	36	V	86	56	v	118	76
↨	23	17	7	55	37	W	87	57	w	119	77
↑	24	18	8	56	38	X	88	58	x	120	78
↓	25	19	9	57	39	Y	89	59	y	121	79
→	26	1A	:	58	3A	Z	90	5A	z	122	7A
←	27	1B	;	59	3B	[	91	5B	{	123	7B
∟	28	1C	<	60	3C	\	92	5C	|	124	7C
↔	29	1D	=	61	3D	]	93	5D	}	125	7D
▲	30	1E	>	62	3E	^	94	5E	~	126	7E
▼	31	1F	?	63	3F	_	95	5F	⌂	127	7F

Zeichen	Dez	Hex	Zeichen	Dez	Hex	Zeichen	Dez	Hex	Zeichen	Dez	Hex
Ç	128	80	á	160	A0	└	192	C0	α	224	E0
ü	129	81	í	161	A1	┴	193	C1	β	225	E1
é	130	82	ó	162	A2	┬	194	C2	Γ	226	E2
â	131	83	ú	163	A3	├	195	C3	π	227	E3
ä	132	84	ñ	164	A4	─	196	C4	Σ	228	E4
à	133	85	Ñ	165	A5	┼	197	C5	σ	229	E5
å	134	86	ª	166	A6	╞	198	C6	μ	230	E6
ç	135	87	º	167	A7	╟	199	C7	τ	231	E7
ê	136	88	¿	168	A8	╚	200	C8	Φ	232	E8
ë	137	89	⌐	169	A9	╔	201	C9	Θ	233	E9
è	138	8A	¬	170	AA	╩	202	CA	Ω	234	EA
ï	139	8B	½	171	AB	╦	203	CB	δ	235	EB
î	140	8C	¼	172	AC	╠	204	CC	∞	236	EC
ì	141	8D	¡	173	AD	═	205	CD	φ	237	ED
Ä	142	8E	«	174	AE	╬	206	CE	ε	238	EE
Å	143	8F	»	175	AF	╧	207	CF	∩	239	EF
É	144	90	░	176	B0	╨	208	D0	≡	240	F0
æ	145	91	▒	177	B1	╤	209	D1	±	241	F1
Æ	146	92	▓	178	B2	╥	210	D2	≥	242	F2
ô	147	93	│	179	B3	╙	211	D3	≤	243	F3
ö	148	94	┤	180	B4	╘	212	D4	⌠	244	F4
ò	149	95	╡	181	B5	╒	213	D5	⌡	245	F5
û	150	96	╢	182	B6	╓	214	D6	÷	246	F6
ù	151	97	╖	183	B7	╫	215	D7	≈	247	F7
ÿ	152	98	╕	184	B8	╪	216	D8	°	248	F8
Ö	153	99	╣	185	B9	┘	217	D9	∙	249	F9
Ü	154	9A	║	186	BA	┌	218	DA	·	250	FA
¢	155	9B	╗	187	BB	█	219	DB	√	251	FB
£	156	9C	╝	188	BC	▄	220	DC	η	252	FC
¥	157	9D	╜	189	BD	▌	221	DD	²	253	FD
₧	158	9E	╛	190	BE	▐	222	DE	■	254	FE
ƒ	159	9F	┐	191	BF	▀	223	DF		255	FF

Registerverzeichnis

Register sind schnelle Speicher des Mikroprozessors. Der Prozessor 8086 verfügt über 16 Bit breite Register, die folgenden Zwecken dienen:

Vier allgemeine Register:
- *AX* (Akkumulator) zum Rechnen.
- *BX* (Basisregister) als Zeiger auf Tabellen.
- *CX* (Count Register) als Zähler zur Schleifensteuerung.
- *DX* (Data Register) zur Aufnahme von Daten.
  Die Register dienen als Zwischenspeicher- und Datenregister.
  Bei diesen Registern läßt sich das höherwertige Byte (Higher Byte) AH, BH, CH, DH und das niederwertige Byte (Lower Byte) AL, BL, CL und DL jeweils gesondert ansprechen.

Vier Segmentregister:
- CS als Code Segment
- DS als Data Segment
- ES als Extra Segment
- SS als Stack Segment
  Die Register enthalten den Segmentwert von Adressen.

Zwei Indexregister:
- SI als Source Index.
- DI als Destination Index.
  Die Register enthalten den relativen Offset von Daten und Befehlen.

Zwei Pointerregister:
- BP (Base Pointer) zeigt auf die derzeitige Stapelspitze.
- SP (Stack Pointer) zeigt auf die Spitze des Stapels (noch nicht belegte Speicherstelle).

Ein Befehlsregister:
- IP (Instruction Pointer) zeigt auf den nächsten auszuführenden Befehl.

Ein Statusregister:
- Flags zeigt den Prozessorstatus an.

Allgemeine Register: Pointerregister:

AX | AH   AL | BP |

BX | BH   BL | SP |

CX | CH   CL

DX | DH   DL   Segmentregister:

                                                  | SC |

Indexregister: | DS |

| SI | | ES |

| DI | | SS |

Befehlsregister: Statusregister:

| IP | | Flags |

Bildung von Adressen: Eine Adresse wird gebildet, indem an den Inhalt eines Segmentregisters vier Nullen angehängt werden und dann der Offset addiert wird. Beispiel:

```
CS        0 0 0 0   0 0 0 0   0 0 0 0   1 1 1 1
IP                  1 1 1 1   0 0 0 0   0 0 0 0   1 1 1 1
---------------------------------------------------------
Adresse:  0 0 0 0   1 1 1 1   0 0 0 0   1 1 1 1   1 1 1 1
```

Rechnerische Entsprechung der Adresse: CS * 16 + IP
Eine Adresse besteht aus 20 Bit. Damit lassen sich 1 MByte adressieren.

Programmverzeichnis nach Abschnitten

Hinter dem Programmnamen wird jeweils die Seitenzahl angegeben. Der Zusatz "A" weist darauf hin, daß es sich bei dem Programm um eine Aufgabe handelt. Bei fehlernder Typangabe liegt eine C-Datei vor.

Programmverzeichnis nach Alphabet

Sachwortverzeichnis

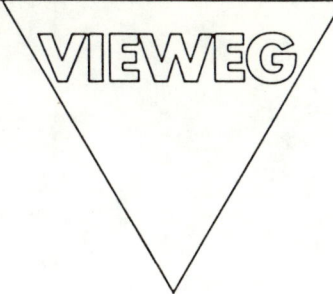

Andreas Dripke

IBM PC und Kompatible Programmierbegleiter

BIOS, DOS, Grafik, Floppy, Festplatte, Tastatur. 1988. VI, 89 S. 16,2 x 22,9 cm. Kart.
Jeder IBM PC Programmierer, ganz besonders aber der Besitzer kompatibler
Rechner steht vor dem Problem einer unzureichenden Gerätedokumentation. Das
Buch bietet dem fortgeschrittenen PC-Programmierer eine kompakte und effektive
Informationsgrundlage für die tagtägliche Arbeit an seinem Gerät.
Aus dem Inhalt:
– BIOS
– Befehle (Stapelverarbeitung, DOS, EDLIN)
– Floppy und Festplattenstation (Aufzeichnung, Dateibelegung)
– Grafik (Speicherung, Farben)
– DOS-Routinen
– Tastatur
Für alle professionellen PC-Benutzer, die die Leistungsmerkmale ihres Rechners voll
ausnutzen möchten, ein zuverlässiger Programmierbegleiter!

Peter Norton

Programmierhandbuch für den IBM PC

Das vollständige und umfassende Nachschlagewerk für die IBM Personal
Computer. (A Programmer's Guide to the IBM PC, dt.) Aus dem Amerik. übers. von
Andreas Dripke und Angelika Schätzel. Ein Microsoft Press/Vieweg-Buch. 1986. VIII,
403 S. 18,5 x 23,5 cm. Kart.
Inhalt: Aufbau des PC – Interne Kommunikation – ROM-Software – Der Bildschirm –
Grundlegendes über Disketten und Festplatten – Die Tastatur – Tonerzeugung –
Grundlegendes über das ROM-BIOS – Disketten und Plattenroutinen im ROM-BIOS
– Die Tastaturroutinen im ROM-BIOS – Verschiedene BIOS-Routinen – DOS-Inter-
rupts – Zusammenfassung: ROM-BIOS – Traditionelle DOS-Funktionen – Neue
DOS-Funktionen – Erstellen eines Programmes – Programmiersprachen.
Dieses Programmierhandbuch bietet eine Fülle interner Informationen zu den Rech-
nern der IBM PC-Familie und für den Benutzer hilfreiche Nachschlagetabellen zur
Orientierung.

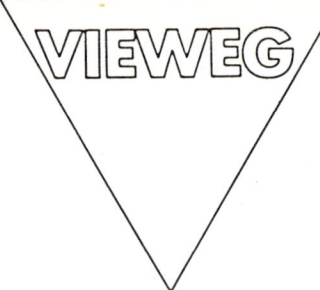

Van Wolverton

MS-DOS

Das optimale Benutzerhandbuch von Microsoft für das Standardbetriebssystem des IBM PC und mehr als 50 anderen Personal-Computern. (Running MS-DOS, dt.) Aus dem Amerik. übers. von Gerald Pommranz. Ein Microsoft Press/Vieweg-Buch. 2., überarb. und erw. Aufl. 1987. XXII, 408 S. 18,5 x 23,5 cm. Kart.

Nunmehr liegt die 2., überarbeitete und erweiterte Auflage des erfolgreichen Benutzerhandbuches zum Betriebssystem MS-DOS von Microsoft Press vor. Die Presse schreibt zur 1. Auflage des Buches:

„Die ausführliche Beschreibung aller Problembereiche und der dazugehörigen Befehle, zahlreiche Anregungen und viele Beispiele machen auch die deutsche Ausgabe des hervorragend ausgestatteten Buchs zu einem Lesevergnügen, wie es nicht allzuoft im Mikrocomputerbereich zu finden ist."
(micro)

„Der Unterschied dieses Buches zu den mit den Systemen mitgelieferten Handbüchern? Keine Befehlsauflistung, sondern ein strukturierter Aufbau mit didaktischem Flair. Kein Buch zum Lesen – ein Buch zum Anwenden!"
(Faszination)

Aufbaukurs MS-DOS

Das Microsoft-Handbuch zum professionellen Programmieren für den fortgeschrittenen Anwender. (Supercharging MS-DOS, dt.) Aus dem Amerik. übers. und bearb. von G. Pömmranz. Ein Microsoft Press / Vieweg-Buch. 1988. XIV, 369 S. 18,5 x 23,5 cm. Kart.

Nach den beiden Erfolgsbüchern zu MS-DOS (MS-DOS, MS-DOS griffbereit) hat V. Wolverton nun ein Buch geschrieben, das dem fortgeschrittenen DOS-Benutzer eine umfangreiche Tool-Bibliothek mit Routinen liefert, die zu einer optimalen Anwendungsumgebung zusammengefügt werden können. Die Programme sind unverzichtbare Hilfsmittel für eine effiziente Arbeit unter MS-DOS. Das Buch „MS-DOS Aufbaukurs" ist die Fortsetzung des Erfolgstitels „MS-DOS" von V. Wolverton.

Die Software zum Buch:
5 1/4"-Diskette für IBM PC und Kompatible unter MS-DOS.

MS-DOS griffbereit

(Quick Reference Guide to MS-DOS Commands, dt.) Aus dem Amerik. übers. von Andreas Dripke und Angelika Schätzel. Ein Microsoft Press/Vieweg-Buch. 2., verb. und erw. Aufl. 1987. X, 44 S. 10,8 x 27,8 cm. Kart.

Für alle Versionen 2.0 bis 3.2 des Betriebssystems MS-DOS wird ein alphabetisches Nachschlagewerk in Kurzform vorgelegt. Jeder Eintrag umfaßt die vollständige Form des Befehls, eine Beschreibung mit Erläuterungen zu den Parameterangaben und schließt mit einer Beispielanwendung ab. Diese jederzeit griffbereite Kurzübersicht über alle wichtigen MS-DOS Befehle ist ein unverzichtbarer Begleiter für jeden PC-Benutzer.